4·16구술증언록 단원고 2학년 5반 제9권

# 그날을 말하다

## 건우 아빠 김광배

이 도서의 국립중앙도서관 출판예정도서목록(CIP)은 서지정보유통지원시스템 홈페이지(http://seoji.nl.go.kr)와
국가자료공동목록시스템(http://www.nl.go.kr/kolisnet)에서 이용하실 수 있습니다.
CIP제어번호: CIP2019009642

4·16구술증언록 단원고 2학년 5반 제9권

# 그날을 말하다

## 건우 아빠 김광배

4·16기억저장소 기획 편집
(사) 4·16세월호참사가족협의회 지원 협조

일러두기

1. 음절로 식별 가능한 소리를 들리는 대로 전사하는 것을 원칙으로 한다.

2. 의미를 파악하기 위해 추가 설명이 필요할 경우 [ ]로 표시한다.

3. 몸짓, 어조 등 비언어적 행위는 ( )로 표시한다.

4. 구술자가 말을 잇지 못해 말줄임표를 사용하는 경우 ……, …로 길고 짧음을 표시한다.

5. 비공개 영역은 〈비공개〉로 표시한다.

6. 비공개해야 하는 희생자 형제자매의 이름은 ○○, △△ 등의 도형기호로, 생존자의 이름은 A, B, C 등 알파
   벳 대문자로 표시한다.

7. 비공개해야 하는 제3자는 직분이나 소속, 성만 공개하고, 이름은 ××로 표시한다. 비공개해야 하는 숫자는
   자릿수에 상관없이 □로 표시하며, 지명은 □□로 표시한다.

4·16기억저장소에서는 세월호 참사 5주기를 맞아 구술증언 수집 사업의 결과물 일부를 100권의 책으로 발간하게 되었습니다. 이 사업은 2015년 6월부터 다양한 학문 분야 구술 연구자들의 자발적인 참여로 진행되어 왔으며, 세월호 참사를 좀 더 정확하고 다각적으로 기록하고 기억하고자 하는 노력의 일환으로 수행되었습니다.

2014년 참사 발생 이후, 참사 피해자들의 목격담과 경험은 안타깝게도 공식적인 국가기관과 언론의 기록 속에서 철저히 소외되거나 왜곡되었습니다. 그것은 세월호 참사가 우리에게 안긴 죽음과 고통의 충격만큼이나 우리 사회의 끔찍한 비극이었습니다. 따라서 사업을 진행하면서 세월호 참사 희생자 가족, 생존자, 생존자 가족, 어민, 잠수사, 활동가, 기자 등등, 참사의 초기 과정을 직접 경험한 분들의 증언을 우선적으로 수집했습니다. 구술자는 이 사업의 취

5

책머리에

지와 방식에 개인적으로 동의한 분 중에서 선정했으며, 참여 과정에 어떠한 금전적 보상이나 이익이 제공되지 않았습니다. 또한 구술증언 수집 사업을 진행하는 동안, 면담자는 연구자이자 참사를 겪은 공동체 시민으로서 최대한 윤리적이고자 노력했습니다.

　구술자마다 매회 약 2시간씩 3회를 원칙으로 음성 녹취와 영상 촬영을 하는 방식으로 진행되었고, 증언의 일관성을 확보하기 위해 면담자는 큰 틀에서 공통 질문지를 사용했습니다. 공통 질문지의 내용은 참사와 구술자 간의 관계성에 따라 차이가 있지만, 유가족 구술의 경우 1회차 '참사 이전의 삶, 팽목항과 진도에서의 경험, 자녀에 대한 기억'을, 2회차 '참사 이후 투쟁과 공동체 활동 경험'을, 3회차 '참사 이후 개인 및 가족이 경험한 삶의 변화와 깨달음, 자녀의 현재적 의미'를 중심으로 했습니다. 이처럼 증언 내용은 참사 이전에서 시작해 참사 발생 당시의 경험과 이후의 변화 과정까지 폭넓게 수집했고, 면담자는 구술 채록 과정에서 구술자의 발화를 최대한 존중하고자 했으며, 무엇보다 각자의 특수한 경험과 다른 시각을 충실히 반영하고자 했습니다.

　이 구술증언록의 발간을 위해, 채록된 음성 자료는 문서로 변환해 구술자와 함께 검토했고, 현재 시점에서 공개할 수 있는 영역과 할 수 없는 영역으로 구별했습니다. 따라서 책에 실린 내용은 모두 구술자로부터 공개를 허락받은 부분입니다. 비공개 영역은 추후 구술자의 동의를 받아 적절한 절차를 거쳐 추가로 공개될 수 있으리라 생각합니다.

이 구술증언록 100권에는 그동안 우리 사회에 왜곡되어 알려지거나 잘 알려지지 않았던, 참사 발생 직후 팽목항과 진도 혹은 바다에서의 초기 상황에 관한 중요한 증언이 포함되어 있습니다. 또한, 자녀를 잃는 잔인하고 애통한 상황을 겪으면서도 그 누구보다 강인한 정치적 주체로 성장할 수밖에 없었던 유가족의 마음과 경험을 구체적으로, 그리고 여러 각도에서 살펴볼 수 있습니다. 그 외에도, 이 구술증언록은 2014년을 전후한 한국 사회의 여러 측면을 드러내는 귀중한 자료가 되리라고 생각합니다. 무엇보다 국내외의 많은 분이 이 책을 읽어, 장차 세월호 참사의 진상 규명과 역사 서술에 기여할 수 있기를 바랍니다.

구술증언 수집 사업이 진행되고, 책으로 출간되기까지 많은 분의 도움과 지지가 있었습니다. 이 지면을 빌려 부족하나마 감사의 말씀을 전하고자 합니다.

먼저 (사)4·16세월호참사가족협의회와 4·16기억저장소에 감사를 드립니다. 이분들의 신뢰와 적극적인 협조가 없었다면, 이 사업은 처음부터 시작할 수조차 없었을 것입니다. 또한 어려운 정치 환경 속에서도 사업의 취지에 공감해 재정 지원을 결정해 준 아름다운가게와 역사문제연구소에 감사드립니다. 두 단체 덕분에, 이 사업을 4년 동안 계속해 올 수 있었습니다. 그리고 구술증언록 100권의 발간에 동의하고, 바쁜 일정에도 출판 실무를 기꺼이 맡아주신 한울엠플러스(주)에도 감사를 드립니다. 이 외에도 많은 개인과 단체가 직간접적으로 많은 도움을 주시고 격려해 주셨습니다. 여기에 모두 밝히지 못하는 것을 죄송하게 생각합니다.

말할 필요도 없이, 가장 크고 또 가슴 아픈 감사는 구술자 한 분 한 분께 드리고자 합니다. 이 책이 발간될 수 있었던 것은, 무엇보다 용기를 내어 아픔과 고통의 기억을 다시 떠올리고 장시간 진심으로 이야기를 해주신 구술자가 있었기 때문입니다. 오랜 시간 이야기를 나누며 함께 공감하기도 했지만, 그 아픔과 고통을 어떻게 가늠할 수 있을까 싶습니다. 더 큰 도움이 되지 못함을 안타까워하며, 이 구술증언록 100권의 발간이 피해자분들에게 조금이라도 위로가 될 수 있기를 기원합니다.

2019년 4월

4·16기억저장소 구술팀 책임자
서울대학교 인류학과 교수 이현정

# 차례

■ 1회차 ■

■ 4회차 ■

# 건우 아빠 김광배

구술자 김광배는 단원고 2학년 5반 김건우의 아빠다. 5반에는 김건우가 두 명이 있는데, 구술자의 아들은 '큰 건우'라 불렸다. 건우는 말수가 많지는 않았지만, 다정하고 배려심이 깊으며 손재주가 좋았다. 참사 직후 직장으로 복귀했던 아빠는 이후 건우 아빠로서 해야 하는 역할이 4·16 참사 진상 규명이라 여기며 직장을 그만두고 4·16가족협의회의 임원으로서 곳곳을 뛰어다니며 활동에 전념하고 있다.

김광배의 구술 면담은 2018년 9월 5일, 12일, 21일, 28일, 10월 4일, 12일, 6회에 걸쳐 총 15시간 15분 동안 진행되었다. 면담자는 이예성, 촬영자는 강재성·김대현·박서진이었다.

구술자 본인의 프라이버시나 제3자의 프라이버시를 보호해야 할 부분을 제외하고는 구술자의 발화를 있는 그대로 전사했다.

# 1회차

2018년 9월 5일

# 1
## 시작 인사말

**면담자**　　본 구술증언은 4·16 사건에 대한 참여자들의 경험과 기억을 기록으로 남김으로써 이후 진상 규명 및 역사 기술에 기여하고자 합니다. 지금부터 김광배 씨의 증언을 시작하겠습니다. 오늘은 2018년 9월 5일이며, 장소는 안산시 단원구 4·16기억교실입니다. 면담자는 이예성이며, 촬영자는 강재성입니다.


# 2
## 구술증언 참여 동기 및 근황

**면담자**　　아버님 지금 가협[4·16세월호참사가족협의회]에서 어떤 일을 맡고 계신지요?

**건우 아빠**　　저는 지금 현재 가족협의회의 사무처에서 팀장을 맡고 있습니다. 특별히 정해진 파트는 없는데 일종의 각 분과의 지원이라 그럴까요, 협력이라 그럴까, 그쪽 파트에서 지금 같이 일하고 있습니다.

**면담자**　　그럼 약간 작은 조직에서의 전체 총무 역할이랑 비슷한 건가요?

**건우 아빠**　　총무, 약간 그렇지요. 비슷하다고 해야 되겠네요.

| 면담자 | 사무처 팀장 일은 얼마나 하신 거예요? |

건우 아빠  조금 헷갈리는데, 작년 요맘때 한 1년 정도 된 거 같아요. 1년은 조금 넘었네. 작년 6월이나 7월경?

면담자  먼저 구술증언에 참여하시게 된 동기와 구술증언이 어떻게 쓰였으면 좋겠는지 등에 대해서 말씀해 주세요.

건우 아빠  일단 동기는 뭐 특별한 동기라고 할 것까진 없는데, 사실 이런 구술증언이 있다는 것은 진작부터 알고 있었어요. 뭐 [구술증언에 대해] 제 자신이 부담을 느끼거나 그런 게 있었던 것도 아니고, 단지 그냥 요번처럼 연결이 안 되었었던 것뿐이고. 그리고 몇몇 구술증언을 하셨던 분들과 얘기도 해봤고 깊은 얘기는 아니지만, 어떤 분위기나 어떤 내용들이냐 이런 정도에서 얘기를 해봤고. 그래서 하고 안 하고의 명확한 구분보다도 기회가 되면 할 수 있고 그런 생각을 쭉 하고 있었거든요.

[생각을] 하고 있었는데 얼마 전에 저희 집사람, 그러니까 건우 엄마가 먼저 얘기하더라고요. "구술증언 해야 되는데 생각 있냐?"고 그래서 "한번 시간 되면 하지, 큰 다른 이유는 없다"[라고 말했어요]. 그런 상태에서 그때 목포에 내려가다가 제가 그냥 먼저 걸렸죠. 날짜는 특별하게 정해진 건 아니었고 김익한 교수님하고 통화할 때 그때 날짜가 잡힌 거고. 그래서 구술증언을 하게 된 특별한 동기가 있는 건 아닌데 염두는 해두고 있었고. '적당한 때가 되면 할 수 있겠구나'라는 생각을 갖고 있었기 때문에 그 적당한 때가 지

금이 된 것 같고요.

그리고 이 자료들이 제 개인적으로는 아마 많은 분들이 같은 생각을 하실 거라고 생각을 하는데 이게 흔히들 얘기하는 팩트잖아요, 사실. 사실적인 면에서 앞으로 이 대한민국이라는 사회에서 국가에서 국민의 생명, 기본권, 그리고 또 대한민국 사회의 안전, 이런 모든 분야에 사실적인 증거가 됐으면 하는 그런 바람입니다. 크게는 그런 바람이고, 또 개인적으로도 그런 생각을 하고 있고요. 이게 어떤 방법, 예를 들어서 책으로 나와도 좋고, 어떤 방법으로든 많은 분들한테 이런 내용들이 전달이 되고 서로 공감할 수 있고, 그런 가장 사실적인 자료가 됐으면 하는 바람입니다.

면담자        추가적으로 다른 간담회나 인터뷰와 달리 구술증언은 어떤 의미로 다가오셨는지 여쭤보려고 했는데, 그것을 많이 설명해 주신 거 같아요. (구술자 : 그랬나요?) 구술증언이라고 했을 때 다른 것과 차이를 느껴지셨는지요?

건우 아빠        아니요. 그런 건 없었어요. 똑같이 간담회도 좋고 인터뷰도 좋고, 이런 비슷한 형식이라 그럴까요? 비슷한 형식의 인터뷰라든가 그런 것들은 몇 번 해봤거든요. 대체적으로 다른 점은 없는 거 같아요. 그렇습니다.

# 3
## 이전의 직업과 삶

면담자　　　오늘은 아버님의 이전의 삶, 어린 시절부터 여쭤볼게요. 일단 안산에 언제 오시게 되셨는지요?

건우 아빠　　　제가 안산에 처음 오게 된 건, 시간적인 의미로 따지면 아주 어렸을 때예요. 그러니까 국민학교 저학년 때. 왜냐면 예전엔 이 안산이, 아실진 모르겠는데 바닷가예요, 바닷가. 시화호 생기기 전. 그리고 사리포구, 사리포구라는 동네가 있고 거[기]까지 바다가 들어오고. 친척 중에 한 분이 거기 사셨었거든요. 그때 제 기억으로는 거기 전기가 안 들어왔는데 아무튼 바닷가에서 굴도 캐고 그 기억이 나요, 어렸을 때.

그러고 나서 후에 제가 성인이 되고 나서 온 게 93년도예요, 1993년. 어떻게 보면 1993년이라는 그 시기, 그러니까 1991년부터 93년까지 약 3년 동안의 그 시간이 저라는 사람의 한 사람의 인생, 그 이후의 인생을 바뀌게 하는 전환점이라 그럴까, 그런 계기가 됐던 때이기도 하고요. 93년도에 내려왔는데 내려오게 된 계기는, 제가 91년도 1991년 날짜도 아직 생생한데 어떤 우주의 법칙이라 그럴까. 그런 생각도 가끔 드는 게 우리 아이들이 4월 16일이잖아요. 근데 제가 91년 4월 15일 날 교통사고를 당했어요. 사고를 당해서 죽었다가 살아났다 그러더라고요. "4일 만에 깨어났다"고 그 얘기를 들었었는데, 그 이후로 병원생활만 한 1년 정도 했어요.

그때 당시에는 제가 하던 일이 소프트웨어 쪽이었었거든요, 소프트웨어. 그러니까 기업 전산화라고 흔히들 얘기하죠, 이디피에스(EDPS, 전자정보처리시스템)라고 얘기하고. 기업 전산화 쪽으로 일을 하고 있었는데 그때 당시에 프리랜서로 하고 있었어요. 잘 아시겠지만 그 주병진 씨가 만든 속내의, 언더웨어 그 상호 있었죠, 옛날에. '제임스딘'. 아, 기억 못 하시나요, 세대 차이가 나는 건가요? (면담자 : 그런 게 있었던 것 같긴 한데요) '제임스딘'에서는 이름도 '좋은사람들'로 바뀌고 했었는데, 그때 '제임스딘' 초창기였었어요. 한참 막 올라가고 사람들한테 많이 알려, 젊은 층들에게 많이 알려지고 했었는데 그 회사에 전산화를 해주고 있었던 중이었거든요. 거의 막바지 무렵이었었는데 그때가 91년 4월 15일이었었고, 그때 사고가 난 이후로 1년 동안 병원생활을 하고.

거의 1년 가까이 일도, 정확한 일도 없이 시간을 보내고 있던 차에 학교 동기한테 연락을 받고 안산에 있는 회사에 취업 때문에 면접을 보러 내려왔었죠. 그때가 93년 10월 달이었었거든요. 9월 달이었구나. 9월 달에 면접을 보고 일단 합격을 해서 그 10월, 93년 10월부터 그 회사를 다니게 됐고. 그 회사에서 건우 엄마를 만나서, 그 흔히 얘기하는 사내 커플로 만나서 결혼을 하게 됐고. 96년도에 결혼을 했어요, 96년 5월 12일 날 결혼을 했고.

실질적으로 제가 안산에 내려오게 된 거는 93년도였죠. 93년도였고…. 그때 당시에 집은 광명에 있었고, 광명시에. (면담자 : 일을 안산에서 하시고요?) 예, 안산. 안산에 그 기숙사, 회사 기숙사에서 생활을 했었어요. 그때부터 안산에서 생활을 하게 된 거죠. 처음 내려온 게 90. '처음 내려왔다'라는 의미로 따지면은 93년도 10월 그때죠. (면담자 : 91년 이전에는 원래 어디에 계셨었죠?) 그때는 광명에 있었어요. 원래 제가 고향이 서울이거든요. 그래서 고등학교까지는 다 서울에서 나오고. 그리고 광명은 저희 외가, 외가가 광명이고 저희 부모님이 광명에 사셨었고. 거의 청년 시기 그 20대, 20대 시기는 제가 집에서 생활한 거는 거의, 거의 좀 드물었어요. 주로 자취하고 그런 식으로 생활을 했었고. 그러다 사고가 난 이후로 집에서 같이 부모님과 있었죠.

**면담자**      어떤 사고를 당하셨나요?

**건우 아빠**      교통사고요. (면담자 : 큰 사고 같네요. 어떤 사고였나요?) 큰 사고였어요. [큰 사고였다는 건] 제가 들은 얘기고 사고 내용은 그 조서를 본 내용인데, 제가 기억나는 거는 지금 그 서울 구로역 있잖아요. 구로역이 사거리잖아요, 사거리. 거기 지하차도가 있고, 그리고 지금 거의 육교는 아마 없어졌을 거예요. 지금은 양쪽으로 다 개발되면서 [나중에 만들어진] 육교는 없어졌을 텐데, 그때 당시에 거기 육교가 없었어요. 그래서 사거리를 횡단보도로 건넜는데 제가 은행에, 구로역 맞은편에 조흥은행이 있었는데 그때 당시에 그 조흥은행에 가서 돈을 좀 찾아가지고 그 횡단보도 넘어오다가 사고가 났는데. 파란불 딱 켜진 거 보고 첫발을 딱 내딛은 거까지는 기억이 나.

근데 그때 사고가 났더라고요. 근데 그 조서를 보니까 신호위반을 한 그때 그 베스타, 베스타라는 승합차가 있어요. 베스타라는 승합차가 있는데, 그게 신호위반을 해서 교차로 들어와서 교통경찰한테 걸린 상태에서 내빼다가 저를, 횡단보도 첫발 내딛은 저를 친 거죠. 근데 죽을 운명은 아니었었던 거 같은 게, 만약 차에 차체 전면에 부딪혔으면 아마 그 자리에서 즉사를 했을 거예요. 근데 그 사이드미러 있죠? 사이드미러. 조수석 쪽에 사이드미러에 이 왼쪽을 부딪혔어요. 부딪혀서 그렇게 사고가 난 거죠. 뭐 보니까 그때 당시 기억나는 게, 이 머리 수술을 두 번 했어요. 요 부분에 지금 머리가 살짝 비었잖아요. 여기가 수술한 자리거든요. 피가 여기, 머릿속에 피가 고여가지고 그 피를 빼내기 위해서 여길 이렇게 도려내고 피 꺼내고 두 번 그 작업을 했다 그러더라고요. 수술을 두 번 하고. 저 영등포구청 그 옆에 있는 영등포 성모병원 거기에 입원을 했었는데, 한 1년 가까이 입원했었거든요. 64주, 64주인가? 나왔더라고요, 진단이. 그러니 뭐 '죽었다 살아났다'고 봐야죠. 하여튼 "4일 만에 깨어났다"고 얘기를 들었어요.

처음에는 아무도 몰라봤대요. 어머니도 몰라보고 아버지도 몰라보고 "아무도 몰라봤다"고 하더라고요. 근데 다행히 목숨은 부지했고 살아났는데, 그런 사고였어요. (면담자 : 그래서 인생에 큰 전환이 됐나요?) 예. 그 사고로 인해서 제 인생의 전환점이 된 거죠. 〈비공개〉 사실 제가 그 사고만 아니었으면 안산에 내려올 일도 없었고, 또 지금 물론 제일 사랑하는 우리 건우 엄마하고 결혼할 일도 없었고. 무엇보다도 안산에 내려올 일이 없었다는 거죠.

그때 제가 용역 계약을 마치고 나서, 1차 완료하고 나서 그 '제임스딘' 그 회사 전산실로 들어가기로 얘기가 됐었거든요. 그때 그 관리 담당, 과장이었을 거 같은데 정확하게 기억은…. 과장이었을 거야, 아마. 〈비공개〉 그래서 어쨌든 그런 상황이었었는데, 4월 15일 참 날짜도 기가 막히네. 4월 15일 그 사고로 제 인생이 바뀌었다 그럴까요. 그냥 저는 어떤 운명적인 거를 믿는 사람은 아니지만 그런 생각이 들더라고요. '만약에 나한테 운명이 있다 그러면 그게 내 운명인가 보다' 그런 생각이 들더라고요. 그래서 안산에 내려오게 됐습니다.

**면담자**　　아버님, 기억이 되게 정확하시고 기억력이 좋으신 것 같아요.

**건우 아빠**　　근데 예전의 일들은 그런데. (면담자 : 최근은 안 그러세요?) 최근이 아니고 지난 4년간, 그러니까 참사 이후에 정확한 날짜들은 기억이 약간 좀 흐릿해요. 무슨 일이 있었고 뭘 했고 그건 기억이 나는데 지우개가 있나 봐, 지우개가 생겼나 봐(웃음). 그러니까 언제쯤이라는 것도 기억이 나는데 정확한 날짜라든가 이런 것들은, 이 자료라든가 이런 걸 보기 전에는 기억이 잘 안 나더라고요. 특히 이름, 이름하고 그런 것들. (면담자 : 사람 이름이요?) 예. 얼굴도 가끔 이렇게 비슷해서 혼동이 생길 때도 있고…. 그거는 뭐 그냥 스스로 이렇게 생각하는 거죠. '아, 충격 때문에 이렇구나' 그

렇게 생각하는 거죠. (면담자 : 그 이후에 상황이 워낙 복잡하고 좀 그
랬으니까요) 예. 그런 게 다 이유가 되겠죠. 맞습니다.

면담자　　　소프트웨어, 전산 일은 어떻게 하시게 되었어요?

건우 아빠　　흔히 얘기해서 프로그래밍이라 그러죠, 프로그램.
사실 제가 좀 똑똑했어요. 공부도 좀 잘했는데 어떻게 보면은 중요
한 시기인 고등학교 때 집안에 정말 안 좋은 일이 있어서 제대로
공부에 전념을 할 수가 없었고, 그래서 대학 진학은 못 했어요. 대
학 진학은 못 했고 아르바이트를 하다가 군대를 바로 갔고, 그러니
까 85년도에 고등학교 졸업을 했고…. 흔히 85학번이라 그러죠. 어
쨌든 뭐 85년도에 졸업을 했고 86년, 87년. 87년 2월 4일 날 군대
에 입대를 해서 89년 5월 달에 제대를 했고. 그리고 나서 사실 뭐
특별히 뭐 '어떤 일을 해야겠다. 뭘 해야겠다'라는 아무런 계획도
없었고, 그때 당시에 계획도 없었고 별 의식조차 못 했었죠.

　　그랬었는데 지금 숭실대, 지금도 있더라고요. 그 숭실대학교
전산원이 있어요. 숭실대학교 전자계산원이라 해가지고 2년제 코
스거든요. 2년제 코슨데 수료증을 주는 거죠, 졸업장이 아니라. 거
기에 소개로, 저희 친형이 거기 다녔거든요 예전에, 저보다 먼저.
그래서 거기 소개를 받고 그 입학을 했고 거기서 컴퓨터라는 걸 처
음 배우게, 알게 된 거죠, 그때. 그때가 89년…, 89년도였었거든요.
89년…, 89년도에. 예, 맞습니다. 잠깐만, 89년도? 헷갈린다. 아무
튼 뭐 거기서 그 수료증 받았고. 수료를 하긴 했는데, 그러니까 총

27
•
1회차

2년, 4학기죠. 4학기 동안 실제 그 전산원에 다니면서 공부를 했던 건 한 반 정도밖에 안 돼요, 4학기 중에. 왜 그러냐면 거기 1학년 1학기 2학기, 2학년 1학기 2학기 이렇게 나눴었는데, 2학년 올라가면서 그때, 지금은 국내에서 굉장히 유명하신 분이에요. 그 전산원 선배님인데 그쪽 계통에서 일하는 분들은 이름만 대면 '아', 할 정도로 굉장히 유명하신 분이거든요. 흔히 얘기해서 그분의 제자가 돼서 그 밑에서 그 실무적인 것들을 많이 배웠죠. 그러면서 어떻게 됐는지 거기 수료는 하고, 졸업은 하고 많이 떠돌았어요. 프리랜서라 한답시고 겉멋이 들었던 거죠. 굉장히 멋있어 보이는 거에요.

그렇게 다니다가 처음 정상적인 직장생활을 하게 된 건 그때 사고 이후에 동기 친구 소개로 내려온 이 회사, 안산에 있는 이 회사가 처음이었죠. 이 회사에서 한 3년 있었어요. 93년도에 내려와서 96년도에 그만뒀으니까. 3년 있었는데 그때 결혼하고 나서, 그러니까 96년 5월 달에 결혼해서 96년 10월 달에, 도대체 뭘 믿고 회사를 그만뒀는지… (면담자 : 그만두고 결혼하셨어요?) 아니, 아니. 결혼하고 그만뒀지. 그때 사실 좀 많은 답답함을 느꼈었거든요. (면담자 : 회사에서요?) 예. 왜냐하면 그 선배한테 배웠던 것도 그렇고 그 회사 전산실에서.

아, 그 회사 전산실에 가게 된 계기가 뭐냐면 그쪽 계통에, 그때 당시에는 많이 없었어요. 지금은 뭐 많이 차원이 틀려졌지만 그때 당시에 '디베이스(dBASE)', 아시죠? '디베이스'. '디베이스' 그런 계통의 언어거든요. 프로그램을 만드는 언어인데, 그때 '클리퍼

(Clipper)'라는 그런 계통의, 그러니까 '디베이스' 흔히 '디베' 계열이라 뭐 이렇게 얘기를 하는데, 그쪽 계통의 프로그램을 쓰는 사람이 국내에 많지가 않았어요. 그러니까 그때 당시에는 그런 프로그램을 쓴다는 건 굉장히 진보적인 거였죠, 획기적인 거고. 프로그램이라든가 어떤 그 프로그램을 짜기 위한 전반적인 어떤 그런 것들을 실무를 통해서 그 사람들한테 많이 배웠죠. 그런 계통의 프로그램을 가지고 전산실에서 그 프로그램을 만들어서 회사를 운영하고 있던 회사에 들어가게 된 거죠. 그러니까 아마 뽑은 게 그때 당시에 전산실장으로 계셨던 분이 이쪽 계통에 그 프로그램을 쓰는 사람이 그렇게 많지가 않으니까 '이놈도 참 고생하겠다. 또 구하는 데 오래 걸리겠다' 싶었나 봐요. 그냥 뽑더라고요, 가자마자.

"혹시 프로그램 하나 하실 수 있으세요?", "아, 예" 그래 가지고 프로그램 하나 바로 거기서 짜가지고. 그게 뭐였냐면 그 직원들 출퇴근하면서 당직실 있죠? 정문 앞에 경비실 거기서 출퇴근 카드 읽잖아요. 그러면 그 신호를 딱 받아서 출근 시간, 퇴근 시간 해가지고 근무 시간 그걸[체크를] 하는. 간단하게 30분 이렇게 딱 만들어서 보여드렸더니 바로 그냥 오케이 하더라고요. 그래 가지고 그 회사에 들어가게 된 거죠. 그러니까 90, 94년도에 처음에 프로그래밍을 했었고, 참 오래 했어요.

그걸 꽤 오래 하다가 98년도에 하던 일이 바뀌게 됐는데. 근데 이렇게 쭉 그냥 쭉 얘기해도 돼요? (면담자 : 네, 그럼요. 여쭤보려 그랬는데 말씀해 주실 거 같아서 질문 안 드렸죠) 그래요? (면담자 : 네. 이후에는 어떤 일을 하셨는지요?) 아무튼 96년도에 제가 회사를 그만두면서, 그때 전산원 선배가 있었어요. 전산원 선배가 좀 꼬셨지. 꼬셔가지고 그 회사를 나가게 됐어요. [회사를 그만둔] 동기가 된 건 그 선배 스카우트 제의를 받고 나가게 됐고, 근데 원인은 사실 그건 아니었었어요. 그건 아주 잠깐 말씀드렸지만 어떤 회사 안에서 프로그래밍을 하고 소프트웨어를 하고 한다는 자체가, 굉장히 제한적인 것들을 많이 느꼈어요. 세미나도 갔다 오고, 지금 흔히 얘기해서 이 컴퓨터 업계는 하루가 다르게 바뀌는데 여기는 아직 "야, 이거 바꿔야 되는데"[라는 게 없죠]. 물론 돈은 들어가겠지, 투자를 해야 되니까. 그럼 투자 대비 이 성과는 굉장히 큰 건데 경영자의 입장에서는 당장 큰돈이 들어가니까, 뭐 그런 거겠죠. 굉장히 제한적이고 내가 여기서 계속 먹고사는 데 지장이 없겠지만 '뭘 할 수 있을까'라는 고민들을 참 많이 했었어요.

그러다가 딱 스카우트 제의를 받은 게 새로운 계통의 언어에 관심이 있었어요. 막 눈이 돌아갈 때였으니까. 그때 당시에 무엇을 했냐면 '4GL[4세대 프로그래밍 언어]'이라 그래 가지고 지금 많이 쓰죠. '파워빌더(PowerBuilder)'라든가 '델파이(Delphi)'라든가 이런 계통의 진보된 프로그래밍들이거든요. 그게 막 등장을 했고 그거에 막 관심이 쏠리고 '야, 이거 굉장한데' [했죠]. 그 세미나를, 서울에서 하던 세미나에 참석했는데 그때 강사로 그 선배님, 나를 수렁에 빠뜨린 그 선배님 나오셔서 강의 한번 했었거든요. 그걸 보러 갔다가 그때 생각들이 많이 바뀌고 고민을 하기 시작했던 거예요. 그러다 인제 그만둔 거였죠, 결혼을 하고 나서.

아무튼 다른 선배의 제안으로 회사 그만두고 그 회사에 들어갔는데, 그게 건설 계통의 소프트웨어를⋯. 그 양반이 저기 어디야. 유원건설, 유원건설 전산실에 있다가 때려치우고 나오신 양반이거든요. 그쪽 계통에 있는 분들하고 같이해서 흔히 얘기하는 소프트웨어 하우스[소프트웨어 개발회사] 그런 거 차리려고 차렸고, 거기에 스카우트 제의가 들어 와서 갔고. 그렇게 해서 회사를 나오게 됐고. 그런데 그 회사 들어가서 하다 보니까 딱 한마디로 얘기해서 여기는 더 개판이야, 더 개판. 뭐냐면 어떻게 보면 당연할 수도 있는 문제인데 여기는 일이 없으면 흔히 얘기해서 돈을 못 가져가요. 근데 여기는 뭐 일이 없어도 월급은 꼬박꼬박 나오는 데니.

근데 그렇게 한 3, 4개월 정도 생활하다 보니까 월급을 못 받다 보니까, 만약에 나 혼자였다면, 나 혼자 싱글이었으면은 예전에 했던 것처럼 그 선배하고 같이했던 것처럼 사무실에서 밤새고 라면 끓여 먹고 그러면서 할 수 있겠는데 그게 아니거든. 그때 당시에 난 결혼을 했고 또 건우 엄마 뱃속에는 우리 건우가 있었고. '이건 아니다' 싶어 가지고 그 선배하고 독대를 했죠. "나를 보장할 수 있느냐?" 이랬더니 "지금은 당장 어렵지만 이게 앞으로 비전이 있는 거다". 그때 당시에 새로운 개념의 소프트웨어를 개발하고 있을 때였는데 "있는 거다. 근데 네가 꼭 필요하다, 있어야 된다". 사실 자화자찬이지만 제가 프로그래밍을 굉장히 잘했어요. 그러니까 예를 들어서 사람들은 이만큼 해야 할 걸 나는 요만큼 해. 요만큼의 프로그램을 만들면 요 프로그램 갖고 이만큼의, 그 어떤 일이라든가 능력을 발휘할 수가 있는 그런 프로그램을 했었는데, 그게 그 선배한테, 처음에 그 선배한테 배웠던 그런 것들이 굉장히 도움이 많이 됐죠. 그러다 보니까 이 선배 입장에서는 [내가] 필요했고, 근데 저는 가장 기본적인 문제가 걸려 있고…. 그러다 보니까 결국에는 '이 선배가 나를 책임질 수는 없다' 그 생각을 하고 얘기했죠. "안 되겠다, 나는. 나는 지금 상황이 이런데 같이 못 할 것 같다" 그래서 그만뒀어요. 그 선배도 더 잡지는 못하더라고. 그래서 그만두고선 백수생활을 조금 하다가, 조금 하다가 그러고 보니까 스카우트도 많이 받았네.

그 처음에 다녔던 회사, 안산에 있는 회사 거기에 개발실에 그때 당시에 과장이셨던 분이 있었는데, 이 양반이 그 회사를 그만뒀어요, 다니던 회사. 먼저 그만뒀죠. [저보다] 먼저 그만뒀는데 그 후로는 몰랐죠. 근데 그 양반하고 이렇게 알게 된 계기는 뭐냐면 이 개발실에서, 개발실에서 그때 새로운 제품을 생산하게 되면은 그 제품에 대한 원가 분석을 해요. 그래야지 가격이 매겨지고 어느 정도 뭐 이익이나 뭐 수익 그런 거 다 따질 거 아니에요. 그 원가 분석을 하는데 그 원가 분석이 굉장히 어렵더라고요. 저도 그때 처음 알았었는데 그 원가 분석을 하는 프로그램을 제가 맡게 됐거든요, 그 회사에서. 제가 맡게 됐었는데, 거의 뭐 그 양반하고 하루 종일 살다시피 했으니까. 그러면서 좀 친해지고 좀 알게 되고 그랬던 거죠. 근데 직접적으로 더 친해지게 된 건 그 양반이 나보다 키도 작고 얼굴도 못생겼기 때문에 내가 좀 우월감을 느꼈다 그럴까(웃음). 농담이고요. 아무튼 굉장히 똑똑한 사람이에요. 그 사람을 통해서 원가 분석이라는 그런 시스템을 알게 됐고, 그래서 진짜 기가 막히게 만들었죠.

그 사람이 그걸 기억을 하고 있었더라고요. 어떻게 어떻게 해서 연락이 온 거예요, 저한테. 저도 필요했고, 직장이 필요했고. 그때 안양에 살 때였거든요, 안양. 그 회사는 양지에 있어요, 용인 지나서 양지에. 거[기]까지 출퇴근하면서 다니고 그랬었는데, 그 회사에 스카우트 제의를 받고 갔을 때는 굉장히 포부가 있었어요. 왜냐하면 그 회사에 전산실이 아직 없고, 아직 전산화가 안 되어 있고 기껏 써야 뭐 엑셀이라든가 이 정도. 워딩 정도 수준이었고. 근데 여기에서 ISO[국제표준화기구]라는, ISO 아시잖아요. ISO를 [ISO인증을] 받기 위한 준비를 하고 있는데 이 전산 계통도 필요하고. 근데 '거기에 필요한 사람이 있을까' 고민을 하다가 이 양반이, 이 양반이 나가서 몇 명하고, 세 명인가 네 명이서 모여가지고 그 회사를 하나 만든 거거든요. 〈비공개〉 하여튼 고민하다 보니깐 생각이 났고, '아, 얘가 있었지' 그래서 어떻게 해서 연락을 했더니 진짜 딱 맞춰진 것처럼 나는 그때 당시에 아무 일도 안 하고 있었고, 당연히 갈 수밖에 없었고. 그래서 하여튼 전산실 실장이라는 좋은 자리에 스카우트가 됐고. 근데 저도 그동안 뭐라 그럴까 좀 목말랐던 부분들 '아, 할 수 있겠구나 여기서' [하고 생각을 했고], 또 약속을 했고. "100프로 지원하겠다" 그래서 기대와 꿈을 갖고 그 회사에 갔는데.

처음에 그 양반도 그런 생각은 아니었었겠지만, 저는 지금도 애기하기를 사기를 당했죠, 사기. 왜 그렇게 표현을 하냐면 아까 말씀드렸잖아요. ISO 인증을 받기 위한 방법으로밖에, 도구로밖에 안 쓰인 거예요, 저는. 고게 인증 딱 받고 나서, 아니 지금 시작도 못 했는데, 시작도 못 했는데 자꾸 제재가 들어오는 거예요. 근데 그 사람은 중간에서 딱 빠지고 다른 사람, 다른 이사가 있었어요. 같이 동업자인데 그 사람이 계속 쪼는 거예요. 그러니까 어떤 자존심을 건드리더라고. 예를 들어서 실사를 하러 사람들이 그 심의기관에서 오면은 "지금 어떻게 준비가 되고 있고 뭐 어떻게 그런 과정들 좀 브리핑을 해달라" 공식적으로 직접 와서 애기를 해요. 그럼 전화로 하던 것도 아니고 직접 와서 애기를 하는데 당연히 오케이를 해야지. 준비를 잘해요. 해가지고선 딱 오면은 그냥 살짝 들러서 얼굴만 보고 가고. 실사를 몇 번 나왔었는데 그런 식으로 하는 거예요. 그래서 '뭔가 좀 분위기가 이상하다' 그런 생각을 하고 있었죠.

그러다 마지막 실사 나왔을 때, 한 번 데리고 들어오더라고요. 전산실이라 해야 뭐 한 세 평 정도, 한 두세 평 정도 안에 그냥 서버 한 대 갖다 놓고 테이블 내 거 하나 그게 전산실이었어요. 사실 어떤 물질적인 거에는 저는 관심이 없으니까. 근데 그러고 있는데 그 실사한 사람들을 딱 데리고 들어오더니, 심사관들 데리고 들어오더니 "브리핑을 해달라" 그 애기를 하더라고요. 그래서 "알았다"

[하고] 브리핑을 하는데 비웃고 있더라고, 그 사람이. 그래서 거기에 대해서, 처음엔 그 의미가 뭔지 몰랐죠. 그러다 나중에 알게 된 거지만 '좀 있으면 잘릴 놈이 참 뭐 했네. 열심히 하긴 했네' 그런 비웃음이랄까.

그때 당시는 몰랐지만, 나중에 알게 됐지만, 어쨌든 뭐 그렇게 하고 있는데 상황이 점점 안 좋아지더라고요, 상황이. 근데 그때 제가 그 회사에 있었던 게 한 6개월 정도 있었는데, 그 회사에 들어갈 때 사실 집에 아무래도 백수생활을 하다 보니까 안 좋았죠. 경제 상황 이런 게 안 좋았죠. 그때 당시에 빚도 있었고. 그래서 "[돈을] 빌려달라. 내가 월급 받으면 다 갚을게" 그랬더니 그때 스카우트했던 그 사람이 "아, 빌려주겠다. 안 갚아도 된다. 이건 안 갚아도 된다. 내가 너한테 투자하는 거다. 그러니까 이거 신경 쓰지 말고 안 갚아도 된다". 적은 돈도 아니고 많은 돈도 아니지만 그래도 천 단위의 금액이었었거든요. 당시에는 예전에 같이 업무 개발을 했던, 프로그램 개발을 했던 그런 것도 있었고 해서 '아, 나를 신뢰하는구나. 나는 그거에 대해서 보답을 해야 된다' 그런 생각이었기 때문에 조금도 의심을 안 했죠, 사실. 그런데 어쨌든 이 사람이 그 돈을 빌려주면서 나한테 "투자를 한다"라고 얘기를 했고, "안 갚아도 된다. 필요 없다, 갚을 필요 없다" 그렇게 얘기를 했고.

그랬는데 6개월 지나고 나서 그 이사라는 사람이 나한테 그 얘기를 하는 거예요. "너 이 사람한테 그만큼 빌렸대매. 그거 회사 돈이야, 갚아야지". '에? 아, 사기당했구나'라고 생각했죠. 제가 "사기

당했다"고 말씀드린 게 그거예요. 어쨌든 그런 상황으로 굉장히 실망을 했죠. '사회라는 데가 이런 거구나. 사람이라는 게 이렇고'. 그때 당시에 어린 나이는 아니었지만 그런 어떤 사회의 새로운 면, 그런 거를 보면서 좀 많이 느끼고 그랬는데 아무튼 갚았어요. 갚은 게 중요한 게 건우 엄마가 다니던 회사, 그 회사 10여 년을 다녔거든.

면담자     처음에 만나신 회사에 계속 다니신 거예요?

건우 아빠     예. 그 회사가 설립이 될 때, 만들어질 때부터 다녔으니까. 그러니까 최고참이죠, 최고참. 그랬는데 애기 때문에 아이 때문에 조금 배불러 오고 그러니까 더 이상 못 다니죠. 회사 그만두면서 그때 받았던 퇴직금을 통장에 찍힌 거만 보여주고 그걸로 갚았어요. 그걸로 갚고, 큰 죄를 지었죠. 어쨌든 그렇게 정리하고 나와서 안산으로 내려온 거예요.


# 4
## 안산으로 가게 된 계기


면담자     그 전에 거주를 하신 데는요?

건우 아빠     그때 당시에는 안양에 있었어요. 안양에 있다가 안산으로 내려온 거죠. 그때 당시에 처갓집도, 지금도 뭐 안산에 있지만, 안산에 있었고. 어쨌든 안산에 내려온 게 98년도. 아니다, 98년이 아니고 97년. 건우 태어나고 나서 98년이구나. 안양에서 건우

돌을 하고 그리고 내려왔으니까, 98년. 뱃속에는 작은 녀석이 있었고. 둘이 연년생이거든요. 아무튼 그래서 98년 5월, 6월 요 때쯤 내려왔어요. 안산 내려와서 방 한 칸만 있으면 되니까.

사실 어떤 재정적인 능력도 안 됐고. 안양에 살던 집은 제 집이에요. [그 집은] 세를 놓고 [안산으로 내려온 거죠]. 근데 여러 가지 집안일 때문에 재정적인 면에서 넉넉하진 않았었는데, 아무튼 안산 내려와서 98년도부터 공단, 안산 공단 쪽에. 그때 안산 회사 다니면서 알게 된 사람들이 많이 있거든요. 그 사람들을 통해서 조그만 일거리 하나씩, 소개로 해서 일을 하고 그런 정도로만 생활했었죠. 그러니까 뭐라 그럴까, 어떻게 보면은 잘나가는 상황인데 결국에 결과는 그렇게 안 좋은 쪽으로 결론들이 나다 보니까, 직장을 들어가고 이런 거에 대해서, 또 누구 스카우트를 받고 소개를 받아서 그런 거에 대해서 좀 안 좋아했었거든, 신뢰가 없던 거죠. 그래서 개인적으로 그냥 다니면서, 뭐 영업이라면 영업이랄까? 그래서 조그만 일거리라도 하나 받아서 하루 이틀 해서 프로그램 하나 해가지고 넘겨주고, 오케이 하면은 돈 100만 원이든 200만 원이든 한 번에 생기고 그런 생활들 하고.

그래서 중요한 건 우리 건우 태어날 때가 IMF 때, 일들이 거의 없었죠. 그러다가 98년도에 저기 이나베어링이라는 회사가 있어요, 공단 안에. 그게 뭐냐면 자동차 베어링을, 말 그대로 베어링을 만드는 회사인데 TRW라고 들어보셨죠? TRW라고 기어 스티어링 이거 만드는 회사, 거기 소개로 해서 일을 잡았어요. 꽤 큰일이었고. 그다음에 또 시흥화학이라고 지금은 없어졌는데, 가죽 피혁 가공하는, 1차 가공하는 회사거든요. 거기도 회계 시스템 개발 의뢰를 받아서. 굉장히 컸었어요, 금액들이. '이거면은 충분히 할 수 있다. 충분히 가능하다' 자신감이 아주 충만했었죠, 가진 건 쥐뿔도 없었으면서.

그래서 친구 하나 그다음에 그 전산원 후배 하나 이렇게 셋이서 팀을 만들어가지고 '야, 이거면은' [했죠]. 그때 당시에 세 개였었거든요, 오더[주문]받은 게. 금액이 억대였으니까 굉장히 큰일이었었죠. '말 그대로 한 6개월에서 1년 정도 투자하면 이거 다 우리 거다' 그런 자신감을 갖고 시작했는데, IMF랑 하고 뭐 그러면서 굉장히 힘들었었어요. 그랬는데 처음에 시작할 때 셋 다 어떤 자본금도 없었고 돈을 갖고 시작한 게 아니었기 때문에, 몸만 갖고 시작한 거였기 때문에. 그래서 처음에는 그 단칸방 집에서 그 어린놈들 집사람한테 맡겨가지고 "처갓집 좀 가 있어라". 같이 안산에 있으니까 쫓아내고 집에서 하루 이틀…. 진짜 아버지로서 가장으로서 남편으로서 무책임한 거죠. 그처럼 무책임한 게 없거든요. 그때 당시에는 그게 최고라고 저는 생각을 했었는데.

아무튼 그런 상황을 겪다 보니까 사무실이 필요한데 사무실 얻을 돈은 없고 세 놈 다 고민하고 있다가 우연찮게 여기서 등장한 게 그 산악회가 등장해요, 98년도에. 지금도 안산에 산악회 하는데 □□산악회라는 산악회가 있어요. 우리 장인어른이 젊으셨을 때 몇 분하고 이렇게 해서 만든 산악회거든요. 그때 당시에 장인어른이 거기 산악회 고문으로 계셨고. 장인어른이 아신 거죠, 내가 사무실 필요로 한다는 거. 근데 그때 당시에 회장을 하려고 내정이 된 분이 계시는데, 그분이 전기공사를 하시는 분이에요. 〈비공개〉 근데 그분은 굉장히 철두철미한 사람이거든요. 계산을, 그러니까 계산이 아니고 계획, 계획서부터 집행, 결과까지 진짜 이렇게 뭐라 그럴까 좀 계획적인 사람이에요, 체계적이고. 그러니까 그렇게 성공을 했죠.

근데 이 양반은 산악회 회장을 맡아야 되는데 그러려면 자기네 산악회에서 해야 할 일들이 있고 하고 싶은 일들이 있는데 그걸 뒷받침해 줄 총무가 필요한데 아무리 눈을 씻고 찾아봐도 총무를 할 사람이 없어. 그러니까 이 사람은 총무가 필요했고 저는 사무실이 필요했고, 그게 아다리가 딱 맞은 거죠. 장인어른께서 연결시켜 주신 거죠. 장인어른하고 또 잘 아는 분이니까. 저는 사무실을 얻고 "니 맘대로 써. 관리비, 전기비 다 필요 없어. 임대료 다 필요 없어. 니 마음대로 써. 대신에 한 달에 두 번 산에 가고 한 달에 한 번 그 산악회 운영 회의를 하는데 그때 총무 역할을 좀 해줘라" 그것처럼 공짜가 어딨어요. 그래서 98년도부터 그런 관계로 지내게 된 거죠. 그러면서 저도 산 좋아하고…, 산을 좋아하고. 총무 일이라는 게, 산악회 총무 일 그렇게 어려운 것도 아니고. 그래서 [산악회 총무] 하면서 일하고 그러다가.

실질적으로 IMF 여파가 쭉 오다가 결국에는 98년도에 계약한 세 건이 하나는 반토막 났고. 반토막이 아니고 거의 뭐 사라지다시피…. 요기까지 해놓은 거 고것만 받고 좀 첬고, 하나는 아예 계약 자체가 취소됐고. 그게 제일 큰 거였었는데 그 계약 자체가 취소됐고. 하나는 그 가죽 그 가공하는 회사, 거기 거는 다 만들어서 끝냈어요. 끝냈는데 그쪽도 구조조정 되는 당시였었기 때문에, 거기에 담당자였던 과장이 있었는데 그 사람이 자기 나가게 되는데 "내가 이거까지…". 형, 동생 했었거든요. "내가 니 거 여기까지는 책임지고 나간다". 결국에는 다 받긴 받았어요. 근데 좀 몇 개월 지나서 받았지. 그거 받아가지고 n분의 1, 3분의 1 해서 다 주고. 어쨌든 그건 그렇게 정리됐고 그러다 보니까 참 힘들더라고요. '이 컴퓨터 업계가 진짜 하루가 다르게 바뀌고 있는데 내가 맨날 여기서 허덕이면서 이걸 하면 나중에 올라오는 애들을 그 사람들을 내가 따라잡을 수 있을까, 내가 도태되는 거 아닌가?' 그런 고민도 하고 '야, 이거를 그만두어야 되나 말아야 되나, 계속해야 되나' 그런 고민도 많이 했어요. 근데 쉽게 결정을 못 했죠, 그래도 유일하게 수입원이 그거였었으니까.

그러던 중에 그 전기 회사 사장님, 그러니까 그 산악회 회장님이 하나씩 하나씩 일을 시켜보는 거예요. "야, 너 견적서 하나 만들 수 있냐?", "예, 내용만 주세요. 내용만 주시면 제가 만들어드릴게" 그렇게 만들고. 왜냐면 그때 당시에 그 양반 한 사람밖에 없었어요, 직원이. 이 사람은 그 회사, 지금도 그러지만 그 회사가 관급 공사만 해요. 그러니까 안산시 일만 하거든요. 그러니까 받아가지고 하도급을 주는 거죠. 그게 괜찮거든요. 직원이 없다 보니까 견적 같은 거, 예를 들어서 견적 같은 거 하나 만들래면은 돈을 주고 만들어야 되고. 하나 만드는 데 10만 원, 그때 당시에 좀 비싸면은 20만 원 이렇게 해가지고 만들어. 그게 본전 생각이 나는 거예요, 이 사람이. '야, 내가 이걸 돈 주고 만들 일이 있나, 얘가 하는 게 컴퓨터 일인데?' 그런 생각이 든 거죠. 그래서 얘기를 하더라고요. 그래서 그때 당시에는 그냥 아무 생각 없이 "아, 예" 만들어주고 한 거죠.

그러다가 시간이 좀 지나면서, 제가 그 산악회를 그 사장하고 저하고 회장, 총무를 8년을 했어요. 원래 임기가 2년인데 8년을 했어요. 아무튼 그 사람이 실력자거든요. 지금도 계속 연락하고 있고, 가끔 회사 찾아가고 그러는데, 아직도 회사는 거기 있고. 근데 아무튼 그렇게 하다 보니까 간단한 견적에서 한 단계 진보해서 "야, 입찰을 해야 되는데", "야, 이 관급 공사 이거 공사 수의계약만 해가지고 [되겠냐]". 수의계약 해봐야 수의계약 한도가 있어 가지고, 지금은 2000만 원 이상은 입찰하게끔 돼 있거든. 그때는 3000만 원인가 그랬어요. 그리고 또 안산시 관내에 전기업 하는 사람이 자기 혼자 있는 거 아니고. 안산시에 굉장히 많아요, 전기업 하는 사람들이. 그러다 보니까 다 나눠 먹게 하다 보니까 사실 크게 돈을 벌 수 있는 그건 아니고 유지만 하는 거죠.

근데 입찰을 하게 되면은 금액도 크고. 입찰 쪽으로 이 양반이 눈을 돌리기 시작한 거죠, 그때. 99년도부터 그랬는데 저한테 "입찰 좀 해보지 않을래?" 그때 당시에는, 지금은 전자 입찰하잖아요,

근데 그때 당시에 직접 가서 입찰을 했었어요. 경기도 일대만 할 수 있죠, 경기도만. 경기도 업체다 보니까 경기도만 할 수 있는데. "경비 줄게. 그리고 너 지금 생활이 좀 어려운 것 같은데 기본적인 생활을 해야 될 거 아니냐. 내가 100만 원 줄게. 한 달에 100만 원씩 줄 테니까 회사에 이런 잡일들 좀 해주고 입찰해라". 많이 생각했어요. 일에 대한 욕심이냐, 아니면 현실적인 문제냐. 근데 그때 당시에는 현실적인 문제가 가장 클 수밖에 없었죠. 우리 건우, ○○ 그 백일 반지, 돌 반지 받은 거 다 팔아가지고, 결혼 예물로 받은 반지 이런 거 다 팔아가지고 애들 기저귀 사고 이유식 사고 분유 사고 그랬었는데. 거기에 대해서 다른 방법이 없는 거죠.

그래서 선택을 했어요. "예, 합시다". 그게 제가 전기를 시작하게 된 계기가 된 거죠. 그래서 그때부터 참사가 나고 그다음에 2015년 2월 달에 구정을 앞두고 제가 그만둘 때까지 몇 년이에요? 98년부터 따지고 보면, 99년이죠. 99년부터 2014년까지 하여튼 10년 넘게, 한 14년, 15년 그 정도 되네, 그걸 같이 했고. 그래서 이미 만들었던 그 소프트웨어를 하자, 그 프로그램을 하자고 만든 팀은 깨졌고. 그런 상황이었고, 저도 더 이상 미련을 가질 그런 상황도 아니었고 그래서 그거 다 정리하고, 본격적으로 전기 쪽의 일에 몰두를 하게 된 거죠.

전기 일을 본격적으로 시작한 건 99년도죠. 근데 그때 당시에는 정식 직원이라기보다도 그냥 간단한 일, 말 그대로 그냥 경리 여직원 정도의 레벨[수준]. 어쨌든 고정적인 수입이, 많은 금액은 아니지만 고정적인 수입이 있다는 거. 그래서 같이하다 보니까 일을 하나씩 하나씩 넓혀가고, 하나씩 하나씩 하다 보니까 나중에는 제가 한 2000년도부터 설계를 하게 됐거든요, 설계라는 거, 공사 설계를. 현장 조사서부터 설계까지 해가지고 검수까지 그 일을 다 하는 건데, 그 설계를 하면서 느낀 게 뭐였냐면, '야, 이 일을 모르면 설계를 할 수가 없다'라는 생각을 많이 하게 됐어요. 그런 게 많이 느껴졌고 그러다 보니까 현장을 많이 나가게 되고, 그 현장을 보고 어떤 자재들이 들어가고 이 자재는 무슨 자재고 그런 것들을 조금씩 조금씩 알다 보니까 전기 쪽에 빠지기 시작하는 거죠. 그 일을 하다가 거기 그 기사들한테, 그 소장급 대리죠. 소장급들한테 전선 까는 거, 펜치 사용하는 거, 드라이버 사용하는 거, 전기에 대한 기본적인 지식들 이런 거 하나씩 하나씩 듣고 배우고.

또 한전[한국전력공사] 쪽에 전기를 신청을 할래면, 한전에다 신청을 해요, 전기공사 면허를 가진 업체에서. 한전 업무도 보고 또 공사가 끝나고 나면은 전기안전공사에서 안전 점검을 받아야 돼요. 그래서 합격을 해야지만 그 전기를 쓸 수가 있거든요. 안전공사라는 데도 다니면서 일을 보고 하다 보니까 전기라는 거에 대해서 하나씩 알게 되는 그 과정이었죠. 그러면서 어느 날 갑자기 드는 느낌이 '이게 진짜 내 적성에 맞는구나', 하루 죙일 밖에 나가서 돌아다니고 쑤시고 다니고. '아, 이게 내 적성에 맞는구나. 근데 내가 그 10년 가까이 그 시간을 책상 앞에 앉아가지고 컴퓨터 화면만 쳐다보고 밤새면서 이 짓거리를 하고 있었네'. 그때는 그게 내

일이라고 생각을 했었는데 '아, 그게 아니었구나'라는 생각이 딱 들더라고요.

본격적으로 그런 생각이 들 때쯤 사장님이 제안을 딱 한 거야. "너 들어와라. 전기 일 하자, 나랑 같이", "오케이, 알겠습니다". 바로 그 자리에서 대답을 하고 그때부터 시작한 게 2000년도, 그때부터였죠. 애들 어렸을 때 애들 두 녀석 낳고 가장 힘들었을 때, 이게 뭐 비중으로 따지는 게 아니고 크진 않지만, 가장 기본적인, 실질적인 내가 살아가는 데 필요한 것들, 그런 것들에 도움을 주셨던 분이 바로 그 사장님이거든. 물론 어쩔 수 없는 상황 때문에 그 회사를 그만두게 됐지만, 지금도 계속 연락해요. 어제 그저께도, 월요일 날도 갔다 왔[어요]. 서울 올라왔다[갔다] 내려오면서 시간이 좀 돼가지고. (면담자 : 들르신 거예요?) 어…. 사무실 들렀다 왔는데 안 계시더라고… 사무실에. 아무튼 그랬는데.

일단 그렇게 해서 전기공사를 했었고요. 전기공사를 하면서 자격증 같은 건 못 땄지만 어디 가서 소장 소리 들을 정도로. 그러니까 그 회사의…, 개인회사예요. 뭐 주식회사도 아니고 개인회사인데 그 회사의 모든 일을 제가 다 했거든요, 혼자. 사장 있고 그다음에 저, 밑으로 여직원 한 명이 있고, 나머지 현장은 전부 기사들이 있어요. 그러니까 소장급이죠, 소장급들의 기사들이 있고. 그러니까 어떤 오더[주문]가 하나 생기면 하나씩 다 주는 거예요. 다 그 회사에 다녔던 사람들이고, 다녔다 독립한 사람들이고, 그렇기 때문에 다 알죠. 그렇게 했고.

그러니까 그 회사에서 관리, 현장 관리, 자재 관리…, 고다음에 영업서부터 그 내부 관리…, 영업서부터 준공까지 모든 전 과정을. 제가 그 회사의 모든 업무를 다 했는데, 일을 다 줬어요. 그러니까 일종의 신뢰죠, 신뢰. "니가 다 해". 근데 참 힘든 것도 많았고 어려운 것도 많았고 그랬는데, 그게 오너하고의 그 관계, 믿음 있잖아요. 믿음이 바탕이 안 되면은, 신뢰가 바탕이 안 되면은 그렇게 할 수가 없거든요. 물론 결재권은 사장이 가지고 있지만. 진짜 뭐 이렇게 비자금 만들어서 돈 빼돌릴래면 한도 끝도 없어요. 그거를 나 혼자 관리할 수 있는 게 아냐. 예를 들어서 이런 거죠. 오더를 줬어요. 오더를 줬는데 이 공사를 시작해서 마무리하는 데까지 공정별로 어떤 자재가 들어가고 인원이 얼마나 들어가고, 그렇게 해서 금액이 얼마큼 나오고 이런 것들 눈에 딱 보이는데. 다 그렇다는 건 아니고, 보이는데…. 현장에서 '현장 소장들이 좀 딴생각을 하고 있다', 눈에 다 보이거든요.

마찬가지로 사장은 나를 믿기 때문에, 나를 신뢰를 하기 때문에 내가 그런 상황들 다 알고 내가 관리, 감독을 하는 거죠. 나도 내 입장에서 회사의 경비를 최대한 줄이고, 그러니까 원가를 줄이는 거죠. 원가를 줄여야지 이익이 많이 남으니까. 그러면 그 이익을, 사장님은 1년에 한 번씩 결산을 하고 나서 "야, 너 1년 동안 수고한 몫이다" 하고 현금으로 1000만 원 떼어 주고, 인센티브 1000만 원도 받고 그랬어요. 기본적으로 500만 원 받고, 장사 잘된 해는 1000만 원도 받아보고. 그러니까 이 사람은 일한 만큼, 남는 만큼

다 돌려주는 사람이거든요. 그런 거에 대해서 같이 일을 하면서 그 힘, 말 그대로 휴일 날 쉬지도 못하고 일을 하고 다니면서. 그런 신뢰가 있는 거죠, '아, 내가 한 만큼 이 사람은 나를 챙겨준다. 내 것은 반드시 나한테 준다'라는. 나도 사장을 믿고 사장도 나를 믿고 그런 관계로 둘이서 잘했죠, 주고받고. 아무튼 그렇게 하면서 회사를 계속 유지를 해왔는데.

실은 2013년도였죠. 2013년도 말에 12월 달에 종업식 하던 날, 그 사장이 그 얘기를 하더라고요. 회사가 두 개예요. 같이 붙어 있는데 면허가 두 개 있어요, 두 개. "이거 앞으로 할 사람은 너밖에 없다. 이거 니가 해야 되는데 그러려면은 지금까지 해왔던 현장 관리라든가 공사 관리라든가 뭐 계약, 영업, 소득 계약 이런 거 지금까지 10년 넘게 했으니까 다 알 테고 인제 오너가 되기 위한 수업을 해라. 딱 3년만 해라" 그랬거든요. "3년 후에 이거 다 너 줄게. 대신에 나한테 줄 게 있다. 한 달에 500만 원씩만 주라. 아니, 1000만 원씩만 줘라" 이익이 남는 거에 대해서 그만큼씩 내가 생활할 수 있는, 사실 그 사람은 그거 없어도 생활하는 사람이니까, 부자거든요. 그러니까 "그 이익에 대한 고 정도만 나한테 줘라. 너 다 가져라, 다 줄게. 그 회사 사무실서부터 해가지고 다 줄 테니까 니가 해라" 그런 상황이었었거든. 그래서 "고맙습니다, 받겠습니다". 나도 그동안 진짜 열심히 했고, 내 것처럼 진짜 열심히 했고. 최소한 이 사람이 가진 재산의 3분의 1은 내가 벌어준 거거든요, 이 사람도 인정을 했고.

그래서 "이건 니 거다. 너 다 줄 테니까 3년 동안 준비해라" 했었는데, 2014년도에 참사 터지고 15년도에 제가 그만두면서 물거품이 된 거죠. 근데 그거에 대해서 아쉬운 것도 없고 후회도 없고 그래요, 그건. 그러니까 그냥 쉽게 '내 게 아니었나 보다' 그 생각만 하는 거지. 지금도 다니는 이유가 서로 그런, 그동안 믿고 같이 신뢰하면서 일을 해왔고 또 그렇게 된 부분에 대해서 서로 안타깝고 미안한 거고. 그 양반은 나한테 실질적으로 해줄 수 있는 걸 못 해줬기 때문에 미안한 거고. 나는 사장님한테 미안한 게 그때 당시에 그러니까 참사 나기 이전에 그분은 몇 년 동안, 약 한 5년 전서부터 많은 사업들을 했었어요. 진짜 말 그대로 그냥 돈 되는 사업들이거든. 그걸 하면서 진짜 많이 벌었거든. 근데 그 관리를 내가 다 했거든. 내가 일일이 현장 출석하면서 나는 그만큼 일했고 이 사람도 그만큼 믿어줬고. 그래서 "그 사장님 가진 거의 3분의 1은 내가 벌어준 거다" 하는 게 그런 이유고. 그 양반도 그런 것들을 인정을 했고. 그래서 "이건 니 거다"라고 얘기를 한 거고.

근데 제가 그거를 받아올 수가 없었던 게, 여튼 그만두면서 이 양반도 더 이상 '내가 이 사업을 계속할 의미가 없어졌다. 이유가 없어졌다' 그렇게 판단을 하신 것 같더라고요. 왜냐하면 내가 빠지면 다른 사람 넣으면 되잖아요. 물론 좀 시간이 걸릴지 모르겠지만 또 인수인계해 주면 되고. 근데 선을 딱 긋더라고. 그동안 벌려놨던 사업이 꽤 됐었어요. 그 사업들, 진짜 자기가 할 수 있는 거 두어 개만 남겨놓고 나머진 다 커트를 쳤더라고. 나중에 가서 여직원한테 물어봤더니 그 얘기를 하더라고요. 그 사람한테 "요즘 잘돼? 일 많어?" 난 그 한마디 물어봤는데, 그때 사장님 안 계셨었거든. 다 얘기를 하더라고. 그러면서 그때 당시 제가 직급이 부장이었었거든요. "부장님 때문에 사장님이 이거 사업 다 잘됐다"고, "나 월급 안 나오면 책임지라"고 그런 농담까지 하고 그랬었는데. 아무튼 그런 상황이 됐어요.

그러다 보니까 서로 미안한 거죠. 만약에 내가 그 일을 계속할 수 있었으면 지금쯤 아주 좋았을 뻔했는데 그거는 그거고. 어쨌든 저는 회사를 그만둬야 될, 더 일을 할 수 없었던 이유가 분명히 있었기 때문에 그만두게 된 거고.

**면담자**　　　긴 이야기를 해주셨는데 저한테는 약간 반전처럼 느껴졌어요. 그전의 일이 적성에도 맞으시고 능력 발휘할 수 있는 분야이고 그래서 오히려 애를 먹으셨겠다고 생각했는데, 갑자기 새로운 전기 일을 하셨을 때 다른 일인데 적성에 맞으셨다고 해서 신기했어요.

**건우 아빠**　　　어…, 저도 좀 놀라웠던 게 '진짜 나한테 맞는 일, 내가 하고 싶었던 일이 이 일이었구나'라는 생각이 들더라고요. 그러니까 그만큼 했겠죠, 열심히. "열심히 했다"라고 지금도 얘기했지만, 사실은 '잘했다'라는 생각보다 '못했다'라는 생각이 좀 많이 들어요.

**면담자**　　　아쉬우신 거죠?

건우 아빠 　　그렇죠. 그게 아쉬움이라고 말씀하셨는데 그 아쉬움이란 게 우리 아이들, 특히 건우 이 녀석에 대한 아쉬움 그런 게 훨씬 더 많은 거죠. 같이할 수 없었던 그런 시간들이 너무 많았고, 그런 점들이 후회되는 거죠. 지금 아이들이 어린, 그런 아버지들을 보면은 그 얘기 꼭 해주고 싶어요. "중요한 거지만 그것보다 더 중요한 게 있다. 회사일 중요하고 재정적으로 충분하게 생활할 수 있는 그것도 중요하지만, 그거보다 중요한 건 바로 당신 자식들이다. 아이들이다" 그런 얘기 꼭 해주고 싶어요. 가장 소중한 걸 잃고 얻은…, 참… 그렇습니다.

(잠시 중단)

## 5
## 건우 출생 당시의 심정과 생각

면담자 　　건우가 태어날 때쯤에 인생 전체에서 힘든 것이 더 많이 누적된 시기셨잖아요?

건우 아빠 　　예, 많았어요. 많이 힘들었어요.

면담자 　　건우가 태어난 건 어떤 의미였나요? 부모로서 건우를 어떻게 키워야 되겠다는 양육관이나 교육관이 있으셨나요? 건우와의 관계는 어떠셨는지요?

**건우 아빠**　　처음 건우를 가졌다는 얘기를 들은 게 회사였어요, 회사. 그 전까지 같이 출근을 하니깐 얘기를 못 들었는데, 그날 아침에 같이 출근하고 나서 건우 엄마는 병원을 갔다 왔거든. 산부인과, [임신 여부를] 확인하려고. 저는 그때까지만 해도 아무 생각 없었죠. 근데 점심시간 때 돼가지고 그 얘기를 하더라고요. 그 얘기 들는 순간 진짜 그 기쁨, 행복 그런 거죠. 그거보다 더 큰 건데 고렇게밖에 말로 표현을 못 하겠네. 그 정도밖에 표현을 못 하겠네.

하여튼 굉장히 큰 기쁨이었고, 건우가 엄마 뱃속에서 자라는 모습을 계속 봤어요. 초음파도 사진도 보고, 지금 아마 초음파 사진 가지고 있을 텐데. 기억나는 거는 그 초음파 사진을 보면서 그 최××산부인과, 유명한 산부인과인데 안산에서. 4반에 성호도 최××산부인과에서 태어났더라고요, 나중에 알고 보니까. 최××라는 그 양반이 원장님인데, 그 양반이 아주 자신 있게 얘기하더라고요. "요게 심장이고요, 요게 손이고요. 아우, 여기 꼬추가 보이네요" 아주 자신 있게 얘기를 하더라고요. 그런 걸 보면서 어떤 신비함, 그 연속이죠. 그런 걸 보면 조금씩 배가 불러오면서도, 태동이 느껴질 때 그럼 그걸 이케 보고…. 참 바보 같았던 게 그런 모습들을 이렇게 사진 좀 찍어놓고 촬영도 해놓고 했으면 좋았을 텐데, 거기까진 생각을 못 한 게, 참 미련했었고.

아무튼 건우가 태어날 때, 사실 건우는 또 다른 의미를 갖고 있거든요. 그게 뭐냐면은 건우가 출산 예정일 한 5일, 7일 한 요 정도, 한 일주일 정도 남겨놓고 아버지가 돌아가셨어요. 아버지가 갑작스럽게 심장마비로 돌아가시고, 그때 장례식장에서 형수하고 건우 엄마하고 둘이서 좀 고단한 일을 했죠. 더군다나 건우 엄마 같은 경우는 만삭인데. 첫날 12시, 밤 12시쯤 돼가지고 부르는 거예요. 갔더니 "양수가 터졌다"고. 그때 장례식장이 광명에 있었거든요, 광명에 살았었으니깐. 급하게 그 시간에 내려왔어요, 안산으로. 다행히 그전에 다니던 회사 사람들이 굉장히 많이 왔었거든요. 그 직원 한 사람이 태워다 줘 가지고 여튼 안산에 내려왔는데, 그다음 날 결국에는 제 아버지 염하는 것도 못 보고…. 저는 근데 아버지 돌아가신 거에 대해선 굉장히 슬픈 일인데, 또 우리 건우가 태어나는 거에 대해선 또 굉장히 기쁜 일이고, 하여튼 오락가락했어요.

그랬는데 병원에 와서 최××산부인과 최×× 씨, 그 양반이 "진짜 안타깝다. 순산을 하기 딱 좋은 골격인데". 제왕절개 수술을 해서 낳았는데, 10시간이 넘는데 산기가 안 느껴지는 거예요. 촉진제는, 이 양반이 그 얘기를 하더라고, "촉진제는 위험하다. 지금 어떤 상황인지 정확히 모르는데, 촉진제는 상당히 위험하다. 태아뿐만이 아니고 산모한테도 위험할 수 있다. 그건 안 된다" 그래 가지고 "일단 기다려보자" 해서 기다리고 있는데 10시간, 한 12시간쯤. 그러니까 병원에 들어온 지 한 12시간쯤 정도 돼서 한낮, 12시쯤 돼가지고 "이 상태로 더 있다 간 위험해질 것 같다. 결정을 해주셔야 된다. 제왕절개를 해야 되겠다". 그 방법밖에 없으니까 "그 방법밖에 없겠다"더라고요. 그래서 사인했어요. "수술하자" 그래서 수술을 딱 했더니 이놈이 탯줄을 이렇게 한 "두어 바퀴 감고 있었다"

그러더라고요. 그 얘길 해주더라고. '진짜 위험할 뻔했다'라는 생각이 들더라고.

어쨌든 그놈은 뭐가 급했는지 엄마 뱃속에서부터 그렇게 빨리 나오려고 했는지 그렇게 해서 낳았어요. 그렇게 해서 태어났고, 근데 결국에는 아버님, 아버지한테 못 가고 안산에 그 병원에 있었고. 나중에 그런 생각을 한 거죠, 사람들 흔히 생각하는 거. '아버지가 돌아가시면서 이 녀석 보내주셨구나' 이런 생각…, 고맙죠. 건우 녀석은 그런 일이 있어서 그런지 저한테도 또 다른 의미가 있지만, 우리 장인어른하고 장모님께는 또 첫손주거든요. 첫손주다 보니까 그런 의미도 있었고.

또 우리 어머니, 어머니 지금 안산에 사시거든요. 어머니한테는 남편을 잃었지만 또 귀한 손자가 태어났고, 그런 의미가 우리 어머니한테는 있고. 그래서 사고 났을 때 제가 좀 감췄어요. 숨겼어요, 어머니한테. 나중에 아시게 됐죠. 계속 방송 나오니까. 그래 굉장히 많이 힘들어하셨죠, 어머니도. 지금도 그러세요. 지금도 굉장히 그 트라우마가 굉장히 심하신 상황이고. 아무튼 건우라는 녀석이 태어날 당시에, 지 외가건 친가건 그런 또 다른 특별한 의미로 태어난 녀석이라 그렇습니다.

# 6
## 건우의 어린 시절

**면담자**     건우 어릴 때 기억나는 일화나 건우 성격, 건우와 사이가 어땠는지 이런 거 듣고 싶어요.

**건우 아빠**     차도남이라 그러잖아요. 차가운 도시의 남자. 딱 그 스타일이에요. 딱 그 스타일이고, 속정이 굉장히 깊더라고요. 그건 나중에 알게 된 거지만 사실 애들이 중학교 다닐 때 초반까지는, 두 녀석이 연년생이다 보니까 초반까지는 많이 놀러 다녔어요, 어렸을 땐. 여기저기 시간만 되면은 전국으로 돌아다녔으니까. 일주도 하고 그랬었는데, 물론 차 타고 다닌 시간이 더 많았지만. 근데 좀 자라면서 왜 아이들이 그러잖아요. 자라면서 부모하고 노는 시간보다 친구들하고 노는 시간이 더 많고.

  어렸을 때는 샘이 많았어요, 제 기억으로는 샘이 좀 많았고. 그리고 누가 소띠 아니랄까 봐 머리를 들이받는 걸 참 좋아했고. 애 같지 않게 머리가 굉장히 딱딱했거든요. 진짜 장난꾸러기예요, 장난꾸러기. 입술이 빨개요, 뭐 바른 것처럼 그랬고. 그 조립 완구 만들고 조립하고 하는 거 좋아했어요. 근데 그때 어릴 때부터 애들이 걸어 다니고 막 그럴 때, 물론 저도 많이 데리고 다녔지만.

  주로 저는 일요일 날, 토요일 일요일 같은 경우는 산엘 가요. 산악회 총무 8년을 했다 그랬잖아, 산엘 가요. 가다 보면 애들, 저녁 늦게 들어오니까 휴일은, 주말 휴일은 대부분 다 엄마가, 집사람이 놀아줬고. 어렸을 때 기억이 그냥 애들 데리고 휴가 때라든가 뭐 연휴 걸렸을 때, 이때 돌아다닌 그런 기억밖에 안 나네요, 사실. 그런 것들이 너무 미안한 거예요. 그리고 그냥 '사춘기니까' 그런 식으로만 생각을 했는데…, 건우 같은 경우는 말을 잘 안 해요. 그러니까 애들 다 그런가 봐요. 엄마, 아빠하고 말을 잘 안 해요. 필요한 것만 하고, 필요한 말만 하고…. 학교 갔다 오면 그냥 지 세상에 들어가서 지 세상을 보고 있고. 그럼 저는 그거를 깨고 싶은 생각은 없었고. 또 회사의 일적인 그런 문제들도, 그 일적인 것들도 많았으니까. 솔직히 말씀드리면 좀 신경을 안 쓴 거죠. 그런 것들이 제일 후회가 되는 거고, 지금.

흔히 얘기해서 엄마, 아빠들 있었죠, 그 5인방. 다른 녀석들이 어울려 다니는 것도 나중, 사실 저도 나중에 알았어요. 근데 특히 재욱이 같은 경우는 집에 있는 거 몇 번 보긴 봤어요. 집사람을 통해서 나중에 들은 얘기지만, 학교에서 중학교 때 친구들 사이에서 그 카운슬링[상담] 해주는 그게 있더라고요, 학교에서. 뭐 상담해 주고…. 자격증은 아니지만 그 인정서 같은 게, 학교에서 주는 인정서 같은 게 있더라고요. 친구도 어떤 고민 상담이라든가 뭐 이런 것들을 좀 많이 해주고 그랬었나 봐요. 속이 굉장히 깊었거든요, 생각이. 사고방식이 굉장히 논리적이었었고…. 엄마, 아빠하고 얘기 안 하지만 밖에 나가서 친구들 하고 또 잘 얘기하고, 잘 떠들고. 근데 평상시, 그러니까 똑같은 그 나이대의 아이들인데, 엄마, 아빠들은 그런 것들을 잘 모르잖아요. 관심을 덜 갖고 그런 거였던 것 같아요.

얘가, 애들 어렸을 때 장래희망, 뭐 대부분 다 비슷한 거지만 과학자, '과학자가 되고 싶었다'든가 이런 것들. 근데 진짜 수학이 안 돼가지고 그 꿈을 접었다는 것도…. 근데 그런 건 있었어요. 물 로켓 있죠, 물 로켓. 그 물 로켓 대회에 나가면 꼭 입상하고 그랬거든요. 1, 2, 3등 꼭 하고, 참 잘 만들었어요, 그런 걸. 성격이 굉장히, 집 안 어질러놓은 거 보면 꼼꼼한 건 아닌데, 그런 면에서. 그러니까 그게 집중력 같아요, 집중력. 집중력이 꼭 공부 잘하는 거 그런 거는 아니지만, 어떤 일에 대해서 '좋아하는 일이고 내가 해야 할 일이고 이거 꼭 해야 된다'라고 결정을 하면 그걸 완성, 마무리를 하는 그 집중력.

어떻게 보면 성격적인 면에서 저하고 거의 같았더라고요. 어떤 거였냐면 친구를 사귀는 것도, 진짜 친구라고 얘기할 수 있는 친구들은 고 녀석들[5인방]밖에 없어요. 다른 애들은 다 그냥 친구, 그냥 친구고, 진짜 친구라고 얘기할 수 있는 건 고 녀석들. 제가 그렇거든요. 제가 성격이 그래요. 그러니까 사람들을, 그렇다고 해서 뭐 사람 만나거나 이런 거를 싫어하거나 부담스러워하거나 이런 건 아니지만. 쉽게 친구가 안 되지만 한 번 친구는 끝까지 가는, 뭐 그런 친구죠. 그런 스타일이었던 것 같아요.

그리고 보통, 특히 엄마들이 그런 말씀 많이 하시잖아요, [애들이] 자상하고. 근데 건우 녀석은 진짜, 진짜 그랬더라고요. 그걸 제가 어떻게 알았냐면은 건우 보내고 나서 이 녀석 컴퓨터를 정리를 하다 보니까, 정리를 하면서 알게 됐는데 애들 인터넷 게임 하잖아

55
•
1회차

요. 온라인 게임 하잖아요. 근데 어느 날 갑자기 카톡[카카오톡]이 딱 온 거예요. 그러면서 "아, 건우 형" 이러면서, "이거 어떻게 해야 되는지 지금까지 하려고, 뭐 깨려고 했는데 아, 도저히 안 되겠다. 형 이거 어떻게 깨야 돼, 왜 그동안 연락도 안 받고 톡도 안 하고 연락이 안 됐어?" 막 그런 거 물어보는 거예요. 그땐 딱 직감했죠. '아, 같이 온라인 게임, 게임할 때 그 [같이] 하는 그런 아이들인가 보다' 그 생각을 하게 됐죠. 굉장히 조심스럽더라고요. '어떤 식으로 대답을 해줘야 되나' 고민하다가 제가 보냈어요, 카톡을. "건우 형 아빠다" 그랬더니 이놈도 흠칫 놀라더라고요. 그러면서 답변이 오더라고. 그래서 얘기를 했죠. "건우, 단원고등학교 다닌 거 아냐?" 그랬더니 "몰랐다"고. "아, 지금 건우가 그렇다" 그러니까 한동안 말이 없다가 "죄송합니다" 하면서, 자기는 "그런 상황인지 몰랐다" 그런 얘기를 하더라고요.

그래서 제가 그랬어요. 다 카톡으로 한 얘기에요. "미안하지만, 건우에 대해서 네가 느낀 점이라든가 어떠하고 어떻게 지내게 됐는지, 어떻게 알게 됐는지 그런 상황들을 좀 얘기해 줄 수 있겠냐. 아빠로서 너무, 정말 궁금하다" 그렇게 물어봤죠. 그랬더니 얘기를 해주더라고요. "자상하고 배려심 있고 그랬다는 말씀을 드리는 게", 이 녀석이 하는 얘기가 그 얘기를 하더라고요. "건우 형은 그 게임 같이 모이는 동아리 내에서, 진짜 킹"이래요. 게임도 잘하지만 자기가 해봤던 것들, 그 게임 동아리 모임 안에 있는 사람들한테 다 공개를 해준대요. 일일이 하나하나 다 설명을 해주고, 이걸로 안 되면 전화 통화를 하면서 다 설명을 해주고. 그러면서 그런 얘기를 쭉 하더라고요. "진짜 잘 챙겨주고, 배려심 깊고" 그런 좋은 얘기만 하는 거죠. 그러면서 "너무 슬프다"고 그런 얘기를 하더라고요.

그 얘기를 하고 나서 그 이후론 당분간 연락을 할 수 있는, 뭐 그런 것도 안 되고 그랬지만. 그랬던 녀석인 거 같아요. 타인에 대해서, 그 친구들한테, 학교 친구들한테 이렇게 카운슬링을 하고 그런 정도였었으면, '이 친구 그러니까 타인에 대한 그런 어떤 이해심이라든가 배려심이 좀 남달랐구나' 하는 그런 생각이 들더라고요. 그런 것들을 엄마, 아빠한테 조금만 하지….

또 유일하게 여자 친구 사귀었던, 다섯 놈 중에 유일하게 여자 친구 사귀었다고 하는데, 그 여자 친구도 몇 번 봤어요, 집에도 데려오고. 저는 그렇게 얘기하죠. "데리고 와. 괜찮아, 데리고 와". 저는 그렇게 얘기하거든요. 또 나중에 이렇게 정리하면서 지들끼리, 여자 친구랑 카톡을 하면서 카톡 같은 거 스크린 캡처[컴퓨터 화면 갈무리] 받아놓고 막 그러잖아요. 받아놓은 걸 컴퓨터에다 모아놨더라고요. 그걸 다 봤는데, 진짜 닭살 돋는. 그러니까 그렇게 잘하는 거예요. 그렇게 잘하면서, 진짜 끔찍하게 챙기고. 오죽하면은 그 여자 친구가 엄마하고 또 같은 동네 살았어요, 또. 와동에 같은 동네 살았었는데 그 엄마하고 또 같이. 그러니까 저는 물론 시간이 안 되고… 집사람도, 집사람도 그렇고. 그 엄마는 좀 시간이 되시는 분이라, 여자 친구 엄마랑 같이 공원도 놀러 가고 여기저기 놀러도 다니고 그랬더라고. 근데 그 얘기를 저한테는 안 했는데 지

엄마한테, 집사람한테는 "어디 간다. 누구랑 간다". 여튼 그 여자 친구 사귀는 거는 공개를 하고 알고 있었으니까. "누구랑 간다. 어디를 간다" 뭐 그런 얘기를 다 하고 다녔더라고요.

**면담자**　　　아버님은 나중에 들으신 거예요?

**건우 아빠**　　　예, 저는 그걸 나중에 들었죠. 물론 여자 친구가 있었고 그런 거에 대해서 알고 있었지만. 지금 제가 제일 후회하고 있고, 제일 미안하고 한 게 바로 그거예요. '아빠로서, 진짜 아빠로서 해줘야 할 것들, 자식들한테 해줘야 할 것들을 안 했구나' 그런 생각이 드는 거죠. 그게 너무 미안한 거죠. 그리고 '진짜 친구를 사귈 줄 아는 그런 녀석이었구나' 하는 생각도 들고요. 그러니까 마음으로 이렇게 사귀는 친구들이 있었고.

공부에 대해서는, 사실 저도 공부에 대해서는 애들한테 뭐 다 그치거나 그런 거 없어요. 저는, 그렇게 저도 자랐지만, 우리 아이들도 공부라는, 공부, 대학 이런 테두리에 가둬놓고 싶은 생각 전혀 없거든요. 전혀 없고, "자유롭게 해보고 싶은 거 다 해보고, 니가 하고 싶은 거 다 해봐라. 공부, 니가 정 필요하면 너 해보고 싶은 거 하면 되는 거고. 근데 공부라는 거 때문에 너희들이 지금 누리고 지금 알고 배워야 될 것들, 그런 것들 놓치지 마라" 많이 얘기해 줬거든요.

"담배 피는 거 궁금하면 한번 펴봐" [하고]. 애들을, 건우도 그렇고 ○○도 그렇고 중학교 때 술을 가르쳤어요. 가르쳤다는 게 뭐 그런 건 아니고, 이 녀석이 회를 참 좋아했어요. 회를 참 좋아했는데, 특히 참치회. 그것도 제 입맛을 따라가지고. 가끔 어쩌다 한번 가면은 소주 한 잔 따라주고, 그럼 그거 받아 마시고. 그렇게 가르쳤는데, 다행스러운 게 술하고 담배는 지 외가 쪽 피를 닮아가지고, 잘 못하더라고. 얼마나 다행인지(웃음).

그것마저도 아빠 쪽 닮았으면은 참 난리 났을 텐데. 왜냐면 제가 그랬거든요. 술하고 담배를 전 중학교 때 시작을 했거든요. 별 얘길 다 한다. 아무튼 그랬는데… 내심 '술은 마셔도 되지만, 담배는 안 폈으면 좋겠다' 그런 생각을 하고 있죠, 어떻게 보면 좀 이율배반적인데. 근데 다행히 고 부분은 지 외가 쪽을 닮아서 못하더라고. 안 맞더라고요, 몸에. 작은 녀석도 그렇고. 외가 쪽이 그렇거든. 처가 쪽이, 밑으로 처남만 셋이 있는데 이놈이 다, 장인어른도 그러시고, 술, 담배 전혀 안 하는 집이거든. 그러니까 제가 가면 인제 담배 냄새가 나죠.

아무튼, 그런 녀석이었고. 그리고 굉장히 사려가 깊었던 것 같아요, 말투라든가 사고방식이 굉장히 논리적이었었고. 그거는 저도 건우 엄마를 통해서 들은 얘긴데, 남을 설득하는 거, 그런 걸 남들보단 좀 잘했던 것 같아요. 아무튼 저는 애들을 어떤 틀 안에 가둬놓고 싶은 생각이 전혀 없었거든요, 지금도 마찬가지고. 지금 뭐 건우가 있다고 해도 마찬가지로 했을 거고.

또 아까 "손재주가 좀 있다"고 한 게, 컴퓨터 같은 경우는 제가 처음에 말씀드렸지만, 저도 컴퓨터를 하다 보니까, 물론 소프트웨어를 했지만, 하드웨어 쪽도 좀 관심이 많았거든요. 그래서 그 하드웨어 쪽도, 지금도 그렇지만 컴퓨터 돈 주고 안, 물론 돈 주고 사는 거지만 메이커 그런…, 안 그래요. 다 부품을 사다가 일일이 만들고. 그렇게 만들면 가격도 쌀 뿐만 아니라 성능이 더 좋거든요. 근데 건우 녀석이 그렇더라고요. 컴퓨터 한 대를 제가 만들어준 적이 있었거든요, 중학교 때. 근데 이놈이 게임을 하다가 답답했나 봐요. 게임을 하려면 가장 좋은 게 그 비디오 카드, 비디오 카드의 성능이 좋아야 되거든요. 근데 일반적으로 사용하는 그런 컴퓨터에는 그만큼의 성능을 못 내죠. 그러니까 이놈이 용돈 모아가지고 그 비디오 카드를 사서 교체를 했더라고요. 그 정도로 좀 만질 줄 [알고], 그런 것도 좀 할 줄 알고.

그러니까 작은 놈은 지가, 컴퓨터를 따로따로 줬었는데. 왜 그러잖아요, 일반적인 그 엄마, 아빠들 보면 게임하는 시간 딱 정해놓고. 컴퓨터는 예를 들어서 뭐 애가 두 명 이상 있으면 "컴퓨터 한 대 나눠서 시간 정해놓고 해" 그러잖아요. 근데 저는 안 그랬거든요. 두 놈한테 똑같이 컴퓨터 한 대씩 해줬고, "니 마음대로 해. 니가 하는 거니까 니 마음대로 해" 그러거든요. 그러니까 지가 하다가 뭐 힘들고 졸리고 피곤하면 그만두겠지.

어떻게 보면은 집사람은 늘 그래요, "방목한다"고. "방목한다"고 얘길 하는데, 뭐 그럴 수도 있겠죠. 그럴 수도 있겠는데, 제 기본적인 사고방식이 그렇거든요. 물론 책이나 이런 거 간접 경험도 굉장히 큰 경험이지만, 좋은 경험이지만, '자기가 직접 경험하는 것만큼 좋은 지식은 없다'라고 생각을 하거든요. 해봐야지 알지. 음식도 먹어 봐야지 이게 맛있는지, 맛없는지, 짠지, 단지, 매운지 알거 아니에요. 남들이 먹어본 거 갖고 "야, 이거 짜" 그러면, "어, 짜구나" 그거밖에 모르잖아요. 그러다 보니까 "해보고 싶은 거 다 해봐. 괜찮아". 심지어는 싸움도 해보고. 솔직히 말씀드려서 그런 거는 안 했으면 좋겠는데, 생각을 대충 하고 있죠, 부모 입장에서. 그런 거죠. 19금도 좀 보고, 19금도 좀 동영상 보고. 그리고 경험도 일찍 해볼 수 있으면 해보고, 남의 물건도 한번 훔쳐보고. 그러니까 그걸 '해보고 싶다'라고 표현하는 게 좀 그렇지만, "해봐".

대신에 저는 항상 맨 마지막에 니가 할 수 있는 거에 대한 기준을 항상 정해줬어요. "니가 한 일에 대한 책임은 너한테 있다". 그게 어떻게 보면 좀 강압적이고 그런 거일 수, 그렇게 보일 수도 있겠지만 그건 아니거든요, 애들한테. 모든 일에는 "책임이 따른다"라는 거, 그걸 알려주고 싶은 거였었거든요, 저는. 단적인 예로 말씀드리면, 애들 어렸을 때 아장아장 걸어 다니고 그럴 때요, 가다가 막 엎어지잖아요. 그러면 우리 엄마, 아빠들 어떻게 해요. 하던 일 그냥 내팽개치고 달려가서 애들 일으켜 세우고 털고 "어디 다친 데 없니, 피 나는 데 없니" 그러잖아요. 전 절대로 그렇게 안 했거든요. 물론 가죠. 앞에 가서 "일어나, 건우야 일어나. 안 아퍼. 일어나. 괜찮아. 안 아퍼. 일어나" 꼭 자기가 일어나게끔 만들어요. 그렇게 했거든요. "옷 털어. 어, 피 나네. 엄마한테 '약 발라주세요', 그래". 저는 그렇게 했거든요.

제 주관적인 생각이고 그런 사고방식이지만, '본인이 해야 할 일들 본인이 해야 한다'라고 생각을 하거든요. 그리고 또 '자기가 하고 싶은 일들 그 일을 해야 된다'라고 생각을 하고. 그러니까 직업도 마찬가지고 자기가 하고 싶은 일을 해야지, 떠밀려서 하는 거는 그건 아니라고 생각을 하거든요. 대신에 "자기가 어떤 일을 하든, 그거에 책임과 의무는 너한테 있는 거다" 그런 것들을 좀 가르치고 싶었고. 기회가 되면은 '넓은 세상을 봐라' 그런 생각도 했었고. 그래서 애들 고등학교 졸업하기 전에, 꿈이 그거였었거든. '이 두 녀석들 데리고, 백두대간을 한번 종주해야겠다'. 저는 두 번 종주를 했거든요, 산악회 다니면서 했는데. 보름이고 2주고 3주고 올라가서 다 할 수는 없겠지만, 고생도 좀 해보고. 그 백두대간 종주를 한번 하는 게 소원이었는데 결국에는 못 했지만… 못 했지만.

　그러니까 아이들을 좀 그렇게 키우고 싶었고…. 잡초가 아니고 좀 강하게 키우고 싶었고, 스스로 판단하고 스스로 결정할 수 있는 그런 아이들로 키우고 싶었어요. 그랬는데 한편으로는 후회도 되죠. '어린 애들한테 이게 뭐 하는 짓인가' 하는 생각도 들고. 근데 이 일이, 참사가 있고 나니까 그런 생각을 하는 거죠. 만약에 참사가 없었으면은 똑같았을 거예요. 근데 작은 녀석한테는 똑같이 했어요, 지금까지 그렇게 하고. 지가 해야 될 거, 하고 싶은 거 자기가 결정해서 해야 되니까. 엄마, 아빠는 부모는, 저는 그렇게 얘기해 주거든요. 건우한테도 그랬고, ○○, 작은 녀석한테도 그랬고. "엄마, 아빠는 가장 기본적인 거, 너희를 낳았으니까. 가장 기본적

건우 아빠 김광배

인 거를 해주는 거지, 너희들의 인생을 대신 살아주는 게 아니거든. 그리고 너희들도 엄마, 아빠의 인생 살아주는 거 아니야. 그러니깐 니가 할 수 있는 거, 니가 제일 하고 싶은 거 그걸 해야 된다. 그거는 니가 찾아야 되고 니가 결정해야 된다" 항상 그렇게 얘기를 하거든요.

작은놈도 지금 디자인 하지만, 인제 군대 가거든요, 11월 달에. 자기가 하고 싶었던 게 그거였고. 꼭 가고 싶었던 대학, 지금 서울예대 다니는데 거기도 제일 가고 싶었고. 결국엔 자기가 원하는 대로 됐고, 원하는 거 하고 있고. 그럼 최선을 다해서 열심히 해야죠. 그런 얘기들을 하고, 그런 걸 가르치고 싶었어요. 그리고 재정적, 금전적인 면에서도 건우한테도 항상 그런 얘기를 했었지만, "아빠는 돈 없어. 돈 많이 없어. 대신에 니가 할 수 있는 거, 니가 하고 싶은 거는 아빠가 힘이 되는 데까지는 지원해 줄 거야. 지원해 주고 그렇게 할 거고. 아빠가 돈이 조금 생겨가지고 아빠 죽고 나서 너한테 뭐 돈 얼마 물려주고, 아빤 그런 거 안 할 거야. 아빠 거는 아빠가 죽기 전까지 다 쓰고 죽을 거거든" 그런 얘기도 하고. 약간 "아빠하고 엄마하고 할 일은 니가 성인이 돼서 너 스스로 살 수 있는 그 단계가 될 때까지 재워주고, 먹여주고, 입혀주는 거밖에 없어. 그러니까 니 인생은 니가 살아야 돼". 그런 얘기들을 참 많이 해줬어요. 나름대로 그렇게 자랐던 거 같고, 아이들이.

면담자    그런 얘기 하면 건우 반응이 어때요?

건우 아빠        처음엔 "네" 하더니 나중엔 씩 웃더라고요, 그놈이. 그런 것도 있고, 아무튼 그렇게 좀 자라줬으면 싶었어요, 구김 없이 자라줬으면 싶었고. 그래서 진짜 지금도 알 수 없는 게 왜 그날 아침에 배가 기울어서, 기울 그 당시에 그때가 8시 48분, 49분 그때였었거든요. '왜 전화를 못 받았을까' 계속 전화를 했었거든요, 계속. 근데 이 녀석 돌아올 때, 전화는 주머니에 가지고 돌아왔고. 그런 생각을 하는 거죠. 아마 그냥 제 생각인데, 이놈이, 이 녀석이 먼저 나올 생각을 하지 못한 게 아니고 안 했던 것 같아요. 그게 지금까지 이 녀석의, 이 친구 녀석들하고의 흔적을 보면은 그 녀석들이 참 깊었었거든. 친구들 간의 그런 어떤 신뢰라든가 우정이라든가 이런 것도 굉장히 깊었거든요. 이놈들이 남겨놓은 것들 보면 그런 게 보여요. 그래서 '아마 똑같이 다섯 녀석이 다 친구들 찾으러 다녔구나' 그 생각을 하게 되더라고요. '그랬을 거 같다. 그래서 미처 전화도 못 받고 연락도 안 되고. 어떻게 보면 같이 가려고 했구나. 이놈들이 전부' 그런 생각이 드는 거죠. 꿈보다 해몽이 좋네. 건우 얘기들은 그때그때 생각날 때마다 이렇게 말씀을 드릴게요. 딱 그런 부분밖에 생각 안 나네, 지금.

면담자        교육관이 어떠셨는지 좀 이해가 됐어요.

건우 아빠        누차 말씀드리지만, 저는 지금도 그렇지만 공부라든가, 공부 잘하고 전교 1, 2등 하고 좋은 대학 가고, 그게 '그 사람이 살아가는 그 생의 전부는 아니다'라는 거를 물론 다 알고 있잖아요.

근데 "그런 생을 살기 위해서 준비를 하는 거다"라고 다들 그렇게 얘기를 하잖아요. 근데 저는 그건 아니라고 보거든요. 준비는, 필요한 거에 대한 준비는 언제든지 할 수 있는 거고. 학생으로서 중학교, 고등학교, 대학, 만약에 대학을 가게 된다 그러면은 대학을 가서라도, 그거는 자기가 평생 동안 죽을 때까지 자기가 하고 싶은 게 뭔지 발견하고 또 그 하고 싶은 거를 하기 위한 것들을, 끊임없이 하는 거… 그 기간이지. 그게 뭐 방법이 공부가 될 수 있고, 가수가 되고 싶은 애들은 열심히 노래 연습도 하고 그런 거지, 오로지 그냥 '대학, 대학을 가야 한다는 그런 목적을 가지고 공부를 하는 건 아니다'라고 생각을 하거든요. 어떻게 보면 좀 이상주의자적인 생각일진 모르겠는데, 가장 중요한 핵심은 그 틀 안에 가둬놓고 싶지는 않은 거였어요, 그게 가장 큰 핵심이고. 뭐 학교든 이런 것들, 모든 것들을 다 그런 생각으로 키웠던 거 같아요. 여기까지밖에 못 했네. 그죠.

# 7
## 마무리

면담자　　개인적으로 그런 교육관에 동의합니다. 원래 오늘 1차에 수학여행 준비부터 침몰 당일까지 다 하는 게 목표인데, 천천히 하기로 했으니까 다음에 거기서부터 다시 하겠습니다.

건우 아빠　　수학여행 준비는 제가 말씀드릴 수 있는 건 없어요, 엄마가 다 했기 때문에. 근데 수학여행 가기 전, 그러니까 4월 15일, 4월 15일 날 잠자는 모습을 보고 제가 나왔고. 4월 15일이 아니고 4월 8일서부터 제가 말씀을 드릴게요. 왜냐면 4월 8일[이] 건우 생일 이거든요. 그때부터 다음 타임[구술증언] 때 [말씀드릴게요]. 4월 8일 생일부터 제가 말씀드려서 4월 15일 날 저녁 때 배 타기 전에, 배 오르기 전에 마지막 통화한 게 마지막이거든요. 그거 ⋯ 또 배 타서구나, 출항하기 전이죠. 배 타서 출항하기 전에 4월 8일, 다음 타임 때 4월 8일부터 말씀드리면 되죠? (면담자 : 네) 사실 보내주신 거 봤는데, 내용들을. 참사 이전의 얘기들이라 그냥 '타임라인식으로, 히스토리식으로 말씀드리면 될 거'라고 생각하고 왔어요. 솔직히 말씀드려 가지고 준비를 안 하고 왔는데, 오늘 이렇게 말씀하다 보니까 자꾸 한 주제에 대해서 제 말이 계속 길어져요, 연결 연결해서 가다 보니까. 그렇게 하면은 이거 뭐 "횟수에 구애 없이 하자"고 말씀드렸는데, 진짜로 길어질 것 같아요. 그래서 다음번부터는 (면담자 : 뭘 할지 정할까요?) 그거를 좀 정하면은 제가 그거에 대해 정리를 좀 해 가지고, '요 얘기를 해야겠다'라는, 그렇게 좀 정해야 될 것 같아요.

면담자　　일단 오늘은 끝내고, 다음 약속을 잡으면서 얘기를 할게요.

건우 아빠　　예, 그러시죠.

면담자　　고생하셨습니다.

# 2회차

2018년 9월 12일

# 1
## 시작 인사말

면담자     본 구술증언은 4·16 사건에 대한 참여자들의 경험과
기억을 기록으로 남김으로써 이후 진상 규명 및 역사 기술에 기여
하고자 합니다. 지금부터 김광배 씨의 증언을 시작하겠습니다. 오
늘은 2018년 9월 12일이며, 장소는 안산시 단원구 4·16기억저장소
입니다. 면담자는 이예성이며, 촬영자는 강재성입니다.


# 2
## 근황

면담자     일주일 동안 바쁘게 지내셨을 거 같은데, 특별한 일
은 없으셨나요?

건우 아빠     특별한 일은, 거의 일주일이 비슷해요. 저도 특조위
[4·16세월호참사 특별조사위원회] 쪽, 특조위 상황이 이제 체제를 하
나씩 갖춰간다 그럴까, 직원들 뽑고 있기 때문에 그게 완료되는 시
점이 10월 말이거든요. 그때까지는 계속 [의견] 내야 되고, 어제 같
은 경우는 특별히 '벙커원' 아시죠, '벙커원', '파파이스'. 〈그날, 바
다〉를 제작하셨던 김지영 감독님 만났었고. 중간중간에 이렇게 하
나씩 생기는 거, 그런 거 외에 특별한 일은 아직은. 오늘도 안산시
청 앞을 오다 보니까 열심히, 근데 충격적인 문구를 써놓았더라고

요. "세월호 납골당"이라고 적어놨더라고요. 그냥 납골당도 아니고, 현수막에다가 "세월호 납골당"이라고 써놓고 "반대한다"고 써놓고 옆에다 해골을 그려놨어요. 신호 좀 걸렸으면 한 장 찍어서 보려고 그랬더만, 참 씁쓸하네요.

면담자　　　안산 안에서 지나가면서 그런 걸 보는 게 진짜 힘드실 거 같네요.

건우 아빠　　　마음이 힘든 거죠, 마음이. 이게 근데 긍정적인 생각을 할 수가 없더라고, 긍정적인 생각. 진짜 반대를 하는 이유가 뭔가에서부터 시작을 해서 보면 대부분이 노인네들이에요. 보면은 60대 이상은 70대, 뭐 이런 노인네들이고 좀 젊은 사람들은 40대에서 50대 이런 사람들은 한두 명 정도 있고. 마치 동원하는 그런 것들이. 알고는 있지만…, 무슨 명목으로 싸우는지…, [왜] 그렇게 하는지 참 씁쓸합니다.

## 3
## 수학여행 전 상황

면담자　　　첫 번째 구술에서는 아버님 삶의 궤적을 간략하게 들었는데요. 오늘은 건우가 수학여행 떠나기 직전 상황에 대해서 말씀해 주세요. 수학여행 준비 과정에서의 일들이나 건우의 마음 상태 등에 대해 세세한 얘기부터 들을게요. 아버님이 따로 말씀해 주신 건 건우 생일이 4월 8일이었다고 하셨어요. 특별한 기억이 있으신 거 같아요. 일단은 수학여행 전의 얘기를 해주세요.

**건우 아빠**　　사실 수학여행을 간다는 건 알고 있었지만 준비를 하거나 그런 것들은 대부분 다 엄마들이 하잖아요. 엄마들이 하니깐 그런 준비하는 과정에 관한 세세한 것들은 몰랐어요. 심지어는 그냥 아빠라는 핑계로 얘기를 하지만, 언제 가는지도 사실은 몰랐어요, 간다는 것만 알고 있었지. 그리고 어떤 계통을 거치고, 또 배를 타고 가는지 아니면 비행기를 타고 가는지 그런 상황도 사실 몰랐고. 제주도를 간다는 것만 알았고, 수학여행 간다는 것만 알았지. 그게 '전반적'인 아빠들의 모습이 아닐까…. '전반적'이라고는 그래도 '다'라고는 안 그랬어요.

　4월 8일이 건우 생일이에요. 건우 생일인데, 4월 8일 날 좀 안 좋은 일이 있었어요. 그게 뭐냐면 저녁 때 퇴근하면서 생일 케이크도 사 오고, 그래도 생일 축하는 해줘야지. 둘이 맞벌이를 하다 보니까 항상 시간에 좀 쫓기고, 어떻게 보면 형식적인 거일 수도 있겠지만, 그래도 '생일이니까, 케이크 정도는' 그 생각을 하고 케이크를 사왔어요. 케이크를 사 와가지고 조그마한 거실 방이 있는데, 거기 상에다가 케이크 올려놓고 "밥 먹자. 케이크 잘라야지" 하는데, 이 녀석이 지 방에서 게임을 하는지 뭐 하는지 통 반응이 없는 거예요. 몇 번을 얘기를 해도 반응이 없는 거예요.

　그래서 화가 나기 시작하더라고요. 화가 막 올라오기 시작하는데, 건우 엄마가 또 얘기를 했어요. 그랬더니 대꾸도 안 하는 거예요. 그때 화를 못 참았죠, 화를 못 참고. 케이크는 다 꺼내서 불만 붙이고 하면 되는데, 방으로 가서 보니까 헤드폰을 쓰고 컴퓨터 앞에서 아마 게임하고 있었을 거예요. 그 모습을 딱 보는 순간, 아빠로서 감정 조절을 못 한 거죠. 때렸어요, 등을. 때렸어요, 몇 대를 때렸어요, 제가. 그러니까 이 녀석이 놀래가지고 막 피하죠, 잡고, 내 손을 잡고. 그때 당시만 해도 아빠보다 크고 기운도 아빠보다 좋지. 그런 상황이 벌어졌었어요. 우는 거야. 저는 이제, 집사람도 들어오고 일단 상황 정리가 되고. 상황 끝나고 저는 거실 방으로 오고 거기 앉아서 씩씩거리고 있는데, 데리고 오더라고요. 어쨌든 앉혀서 같이 케이크도 끄고. 축하 노래가 나오겠어요, 기분이 그런데…. 하는 둥 마는 둥 해서 끝났어요.

그러고 나서 나중에 집사람한테 물어봤죠. 둘이 무슨 얘기를 하는 거 같더라고요. "무슨 얘기 했냐?" 그랬더니, "건우가 굉장히 놀랐고 굉장히 슬퍼하더라"는 거예요. 아니, 지가 뭘 잘못했다고[잘했다고]…. "왜 아빠가 가자고 그럴 때 안 따라왔느냐?"고 물어보니까 무서웠대요, 아빠가. 전혀 생각하지도 못했던 그런 상황이 벌어지니까. 저는 애들을 안 때리거든요. 절대로 때릴 수가 없는 거죠. 근데 처음 그렇게 매를 맞다 보니까, 그것도 혼내킨다고 "손바닥 내" 이런 게 아니고, 어떤 감정에 의한 폭력을 아빠로부터 받고 나니까 이 녀석이 굉장히 놀랐나 보더라고요. "아빠가 무섭다"고. 그래서 그때까지만 해도 잘못하긴 잘못했는데, 때린 건 잘못했는데 그 정도였지. 그때 그날이 제 인생에서 가장 큰 후회로 남을 줄은 꿈에도 생각을 못 했죠.

어쨌든 그렇게 하고 수학여행 가는 일주일 사이도 거의 뭐, 저 같은 경우는 새벽에 나갔다가 밤늦게, 새벽에 나갔다가 새벽에 들어와요, 사실. 그러다 보니까 이런저런 얘기하고 수학여행에 대해 얘기하고 그럴 상황은 거의 없었어요. 없었는데 15일이죠, 15일. 그날 제 기억으로는 7시 20분 그 정도쯤, 20분, 아마 전이었을 거예요. 그 정도쯤 됐는데 제가 '오늘은 일찍 퇴근해야겠다' 싶어 가지고, 퇴근하기 전에 수학여행 간다는 걸 알고 있었으니까.

**면담자**　　그날 간다는 걸 알고 계셨어요?

**건우 아빠**　　예. '지금쯤 배 타러 갔겠구나'. 배 타는 것도 나중에 들었죠. 그래서 전화를 했어요, 제가. 한 3, 4분 정도 통화를 했죠. "어디냐?" 그랬더니, "여기 인천항에 왔는데, 지금 기다리고 있다"고 그러더라고요. "지금 날씨 보니까 안개도 많이 끼고, 그런데 왜 배를 타고 가냐, 하필이면 비행기 놔두고 왜 배를 타고 가냐" 그랬더니, "배가 재밌어요" 그런 얘기를 하면서 "비행기보다는 배가 낫다" 그런 얘기를 했었거든요. "그래, 도착하면은 전화하고 재밌게 놀고 와라" 그런 얘기 하는데.

"어, 아빠 지금 선생님이 불러요. 출발…", 그 얘기를 했구나, 그 전에. "날씨 때문에 지금 출발을 못 하고 기다리고 있다"고 그 얘기를 하더라고요. 그래서 제가 "무슨 배냐, 비행기로 갔다 오지" 그랬더니 배가 더 재밌고, 불꽃놀이 얘길 했었구나. "그런 것도 하고, 그런다"고 그러더라고요. 그렇게 통화하다가 갑자기 "선생님 부른다"고. 그때가 7시 20분, 20[분] 정도였는데 "가봐야겠다, 출발할 거 같다" 그런 얘기를 하면서 끊었거든요. 끊는 중에 "잘 다녀와라. 도착하면 전화하고" 그 얘기하고 끊었는데, 그게 마지막 통화가 된 거죠. 그러고 나서 출발했죠, 얘네들이. 그때 그 전화가 뭐였냐면은 애들한테 갈지 안 갈지를 확인하는, 좀 강요하는 그 타이밍이었는 거 같더라고요.

어쨌든 그렇게 하고, 다음 날 아침에 일찍 나왔어요. 일찍 나와서, 회사에서 매일 아침마다 회의를 하거든요, 30분 정도. 하루 일정하고 이런 것들 얘기를 하는데, 내용들 쭉 준비하고 있는데, 8시 20분, 한 30분 요 정도쯤 돼가지고 집사람한테 전화가 온 거예요. 그러면서 세월호 얘기를 하는 거죠. 회사 사무실에 TV가 있어요. TV를 딱 틀었죠. 그랬더니 나오더라고요. 순간 뭐 '에이 설마, 설마 아닐 거야' 그 생각을 하면서 일단 단원고로 먼저 왔어요. 집사람도 "단원고로 온다" 그러더라고요. 그래서 직원한테 "사장님한테 얘기 좀 하고. 간다, 단원고로 간다"고 그렇게 얘기를 하고는 오면서 계속 전화를 했어요. 전화를 안 받는 거예요. 신호는 가는데 안 받아. 이 녀석한테 전화하다가 선생님한테, 이해봉 선생님한테 담임이니까 전화를 했죠. 선생님도 전화를 안 받으시더라고요.

그래서 어쨌든 차를 끌고 단원고로 딱 왔더니, 이미 거기는 기자들 잔뜩 와 있고 그런 상황이 벌어진 거죠. 처음에는 안 믿었어요. 설마, 설마 해경도 출동하고 다 했다는데… 그러다가 이제 11시

건우 아빠 김광배

좀 넘어서 "전원 구조되었습니다" 그 얘기가 나오고, "그럼 그렇지" 이렇게 안심을 했었는데…, 그 "전원 구조"가 나왔다는 그 보도 후에 거기에 대한 어떤 내용이 없는 거예요. 계속 부모들이 많이 오고 했어요, 학교 측에. 그때 학교 강당, 단원고등학교 강당에, 강당이 맨 꼭대기 층에 있는데 거기서 다 모여 있었거든요. 교실에 있다가 그쪽으로 다들 올라간 거죠. 그 후로, 그니까 전원 구조 오보가 난 다음에, 그 이후에 대한 어떤 상황들이 없는 거예요. 그래서 물어보고, "확인 중"이라는 얘기만 듣고 그러다가 보도가 바뀌기 시작하는 거죠.

그러다가 1차로 부모님들이 "진도로 내려가는 버스가 준비됐다"고 갈 사람들 먼저 가고, 개별적으로 출발하신 분들도 많이 있더라고요. 근데 저는 그 자체를 안 믿었었거든요 처음에, 그런 상황 자체를. 그리고 배가 얼마나 큰 배인데 그렇게 쉽게 침몰하고, 해경도 오고 그럼 충분히 다 구조가 될 수 있을 거라고 막연하게, 그거에 대해서 크게 걱정을 하고 그런 건 아니었었어요. 그런데 걱정이 되기 시작한 게 오후 들어서서 계속 보도가 바뀌고, 바뀌고 하면서 첫 번째 희생자가 나오고…, 차웅이. 첫 번째 희생자가 나오고 그러면서 하나씩 하나씩 상황들을, 보도를 통해서 보다 보니까 걱정이 되는 거죠.

제가 한 6시경 되어서 진도로 내려가는 마지막 버스를 탔어요, 집사람하고 같이. 근데 그 전까지 계속 학교에 있었는데 그때 구조자 명단, 아니, 구조자라고 그러면 안 되지, 구조한 이는 하나도 없으니까. 생존자 명단, 특히 우리 애들 생존자 명단이 하나씩 확인될 때마다, 학교에다 벽에다가 반별로 붙여놓고 표시를 했어요. 수시로 왔다 갔다 하면서 봤죠. 근데 결국엔 [건우는] 생존자 표시가 안 되더라고요. 그때는 이제 절망 상태가 된 거죠. 많이 울었어요, 학교에서. 첫 번째는 참, 사람이라는 게, 아버지 원망을 굉장히 많이 했거든요, 그때. 지난번에 말씀드렸죠, [건우가] 아버지 돌아가시고 다음 날 태어났다고. 그런 원망을 한 거죠. "당신 손주 그렇게 보고 싶어서 데려가셨냐?"고. 암튼 거기서 혼란 그 자체였으니까, 그때 당시에. 그래서 어쨌든 6시경에 내려가는 마지막 버스를 타고 내려오는데, 저희 어머니가 안산에 부곡동에 혼자 사셨거든요. 근데 전화가 온 거예요. 처음에 거짓말했어. "지금 뉴스에 난리가 났는데, 이렇게 됐다 그러는데. 우리 건우는 아니지, 건우는 아니지?" 그러시더라고요.

## 4
## 세월호 침몰 직후의 상황

면담자　　저녁쯤에 전화가 온 건가요?

건우 아빠　　예. 그때까지만 해도 모르고 계셨던 거 같아요. 저녁 때 내려오던 중에 버스 안에서 전화를 받았는데 그 얘기를 하시더라고요. 아니라고 걱정하지 마시라고. "어디 가냐?" 그래서 어디 있다고 그러면은 분명히 나오실 거 같아 가지고, "지금 그거 때문에 내려가는데, 건우 데리러 간다"고 "확인하러 간다"고, "걱정하지 말라"고 그렇게만 얘기를 했죠. 거짓말을 했죠, 그렇게. 내려가면서 버스 안에서 확인이 된 우리 애들 보도가, 하나씩 희생된 애들 누군지 확인이 된 애들이 보도가 하나씩 나오더라고요. 누구였는지 기억은 안 나는데, 내려가는 버스 안에 그 어머님이 계셨어요. 우린 좀 뒤편에 타고 있어가지고 누군지 잘 못 봤는데 통곡하는 소리, 울음소리 듣고….

내려가는 내내 계속 그런 마음이었었어요. 별의별 생각을 다 했어요, 그때. '이 녀석이 뛰쳐나왔는데, 탈출은 했는데, 지금 구조가 돼가지고 어디 인근 섬에 가 있을 거야'. 그때 당시에 오후서부터 그런 보도가 나왔었거든요. "탈출한 사람들 인근 섬으로 피항해 있다. 애네들 다 데리고 올 거다". 그러면서 이제 생존되는 거 하나씩 체크가 됐는데, 계속 학교에 있을 때부터 그런 생각을 했거든요. '이 녀석이 나와서 어디 가 있을 거다. 근데 아직 진도로 안 와서 지금 확인이 안 되는 것일 뿐이다' 그런 생각을 계속하고 있었죠. 또 지금 생각하면은, 어떻게 보면 어처구니가 없지만 '이 녀석이 충격으로 기억이 잠깐 상실이 돼서, 기억을 못 해서, 지금 생존 확인이 안 되고 있을 수도 있겠다'. 하튼 그런 별의별 생각을 다 했어요.

그러면서 내려갔는데, 내려가서 제일 처음 도착한 것이…, 처음에 내려갔던 부모들은 전부 체육관으로 갔는데, 맨 마지막 차는

체육관 안 들르고 팽목으로 바로 갔어요. 그때 그 시간을 아직도 기억해요. 밤 11시 55분이었었어요. 팽목, 팽목항 분향소, 팽목분향소 있던 그 자리 딱 도착했을 때 거기서 내렸거든. 앞에 방송국 차들 때문에 진입을 못 했어요. 진입을 못 하고 거기 내렸었는데, 그때 내렸을 때 비가 부슬부슬 왔어요. 바닷가다 보니까 4월 초고 (헛웃음), 4월… 초는 아니구나. 4월이고 바닷가다 보니까 바람도 불고 비도 오고 참 추웠었는데, 그때 저는 옷차림이, 안에 티 하나에 바지는 작업복. 그때 회사에서 입던 작업복, 위도 유니폼 있잖아요, 그거. 신발은 항상 신고 다니는 게 등산화 아니면 안전화 있잖아요. 수시로 현장을 다니고 그러니까 안전화 그거 신고 있었고. 그렇게 팽목에 둘이 도착을 해서 어디다 뭘 알아봐야 될지조차도 혼동이 생기는 거예요.

일단 비가 오니까 비를 피해야겠다 싶어서 들어간 데가, 거기 이름은 생각 안 나는 데, 낚시꾼들 상대로 하는 조그만 매점 같은, 매점은 아니고 가게죠. 음식도 해주고 이것저것 팔고 담배도 팔고 그러는 덴데 거기 젤 처음 들어갔어요. 커피를 두 잔을 사서 한 잔씩 마시면서 계속 상황들을 듣는데, 그냥 "수색하고 있다, 수색하고 있다" 그런 상황들만 계속 듣고 기웃기웃 많이 했죠, 주위 막 돌아다니면서 선착장 있는 데까지 돌아다니면서. 누구한테 뭘 어떻게 물어보고 확인해야 될지 몰랐어요. 전혀 감을 못 잡았지. 일단 그러고 나서 새벽녘쯤 돼가지고 비가 계속 왔었거든요. 새벽쯤 돼가지고 천막을 치기 시작하더라고요. 바닥에다가 은박지 깔고,

이불도 몇 개 갖다 놓고 하면서 가족들 일로 오라고…, 그러면서 가족들이 거기 처음 모이기 시작한 거죠. 저희는 그 천막 안으로 들어갔죠. 말 그대로 새우잠 자고 조금 눈 붙이고 그러고 있는데….

기억나는 게 거기 어딘지는 정확히 모르겠는데, 새마을 부녀회장 같은, 마을 부녀회장 있잖아요. 새마을 부녀회장 같애. 그 여자, 정장 차림을 한 여자 하나가 딱 들어오더라고요. 그래서 옆에 같이 온 사람들. 부녀회장이 아니고 하튼 무슨 단체의 장인 거 같았어요, 그 사람은. 그 옆에 따라온 사람들이 컵라면을 세, 네 박스 앞에다 놓으면서 "어디서 왔는데, 누군데 찾아왔다" 그렇게 얘기하는 걸 들었어요. 앞에다 놓는데, 예를 들어서 비서면 비서고 같이 수행하던 한 사람이 누워 있는 가족들한테 그러는 거예요. "죄송한데, 사진 좀 같이 한 장 찍자" 인증샷을 찍자 이거예요. 그 여자가 "유가족들을 위해서 컵라면을 가지고 왔다. 그래서 인증샷을 찍자" 그 얘기를 하더라고요. 그 얘기를 딱 듣는 순간 화가 나더라고요. 그래서 제가 그랬어요. "우리들을 위해서 이렇게 후원해 주고 갖다 주고 이러는 거 정말 고맙다. 근데 당신 지금 무슨 상황인데 여기 와서 인증샷 찍으려고 드느냐" 그랬더니 후다닥 나가버리더라고요, 다. 하여튼 그런 상황도 있었어요.

면담자      첫날 밤에요?

건우 아빠      첫날, 다음 날 17일 날 이른 아침이었었어요. 17일 오후까지 계속 비가 왔었거든요. 아침에 그런 일이 있었고, 그다음부터는 계속 여기저기 다니면서 얘기 듣고 그랬었는데, 도대체가 애들이 살아 있다는 건지 구조가 됐다는 건지 그런 상황들조차도 정확하게 확인이 안 되는 거예요. 배가 완전 침몰해서 가라앉았고, 배 선수, 선수 하부만 수면 위로 올라와 있고, "더 이상 침몰하지 않도록 크레인들이 지금 오고 있고, 해상 크레인들이 오고 있고, 에어백 같은 것들을 좀 설치할 계획이고" 그런 얘기들만 들리고. 근데 그게 무슨 소용이야, 이 녀석이 지금 살았는지 생사 확인조차 안 되고 있는데. 흔히 얘기하는 '정신이, 혼이 나갔다'는 표현이 딱 맞을 거 같아요. 아무것도, 어떤 생각도 할 수가 없었고.

처남이 내려왔었어요. 작은처남이 내려와서, 이 녀석이, 얘가 저보다 먼저 내려왔었어요. 처남이 저희보다 먼저 내려와서 그때 해상, 사고 해역으로 나가는 배[를 타고 사고 해역에] 나갔다 들어왔더라고요. "내가 나갈 테니까 누나 좀 지켜라" 그랬더니 "그러지 말고 매형이 여기 있어라" 자기가 계속 왔다 갔다 할 테니까. 집사람을 보니 집사람도 정신이 완전 나간 상태였었고, '그게 낫겠다' 싶어서 작은처남 녀석이 계속 왔다 갔다 하면서 사고 해역의 상황들을 계속 얘기해 주고 있었거든요. 그 후로 제가 팽목에, 4월 16일 날 팽목에 내려가서 한 달이라는 시간 동안 팽목에 있게 될 줄은 그때는 꿈에도 생각 못 했었고.

중간 과정들은 흔히 사람들이 다들 알고 있는 해경들하고의 트러블들. 계속 이런 상황들이 있었는데, 기억나는 몇 가지, 그거 외의 몇 가지 에피소드라 그럴까요? 에피소드가 맞나요, 그런 걸 좀

건우 아빠 김광배

말씀드릴게요.

첫 번째는 초기였었는데 한 3, 4일 정도 지나고, 우리가 진도체육관에서 진도대교까지 행진을 했을 때, 그 바로 전이었었는데…, 그때 당시에 체육관은 잘 모르겠는데 팽목에는 분위기가 국내 언론들 전부 다 배제시키고 하다 보니까, 그렇게 분위가 만들어져 가는 때였었거든요. 외국 언론들이 "얘네들이 조금씩 거짓말을 하고 있다", "방송이 거짓말을 하고 있다"는 게 그때 당시에 조금씩 드러났어요, 제대로 방송 안 하고 보도 안 하고. 그런 상황들이 조금씩 드러났었는데, 그래서 국내 언론들을 조금 배제했었거든요. 그리고 가족들 사이에서 돌았던 얘기가 뭐냐면 "밑도 끝도 없이 와가지고 물어보고 하는 것들은 다 쓰레기 기자, 기레기들이다. 얘네들이 가족들 얘기하고 모여서 얘기하고 논의하고 이러는 것, 전혀 끼지 못하게, 가족들이 좀 [국내 기자들 막는 데] 참여를 해줘라" 그런 얘기들이 돌았었거든요.

그랬는데 우리 5반에 성호가 있어요, 박성호. 박성호가 있는데, 건우 친구 중에 성호라는 녀석이 있는 건 알았는데, 박성호인지 최성호인지 성은 몰랐거든요. 성호라는 친구가 있는 줄은 알았었어요. 근데 선착장 있는 데를 보다 보니까 그때 성호 어머니하고 성호 아버지하고 성호 삼촌, 외삼촌이죠. 외삼촌이랑 이렇게 셋이 서 있는데, 딱 봐도 '성호 아빠구나, 엄마구나', 성호 아빠, 엄마라는 건 몰랐죠, 그때 당시에 처음에는. 엄마, 아빠는 맞는 거 같애, 나중에 알았지만. 이 외삼촌이 기자 같았어. 갔죠. 가가지고 "당신 뭐야? 당신 기자지? 어머님, 아버님이시죠? 지금 기자들 우리 상황 왜곡한다. 인터뷰하지 마라"[고 했더니] 대뜸 저한테 어머니가 "당신 누구냐?" [하더라고요]. "나 유가족이다" 그러니까 자기도 유가족 맞고, 이 사람은 기자가 아니고 동생이라고, 그 얘기를 하더라고요. "아, 그러시냐. 죄송합니다. 제가 인터뷰한다고 물어보는 거 같아 가지고 그랬다, 죄송하다"고.

근데 그 얘기하면서 "죄송하지만 아이가 몇 반이세요?" 그러니까 5반이라 그러더라고. "어, 우리 아들도 5반이다. 이름이 뭐냐?"고 그랬더니 "성호"라고, "건우다, 제 아들은". 이 어머니도 건우를 아는 거예요. 근데 이게 작은 건우였었지. 건우를 알고 저도 성호를 알고 서로 다른 건우와 성호를 알고 있었던 거지. 근데 성호하고 작은 건우하고 이 녀석하고 아침에…, 굉장히 친했대요. 아침에 같이 학교 가고 그런 걸 알고 있으니까. '아, 그 건우구나, 아, 그 성호구나' 그렇게 서로 잘못된 것을 알고 있었던 거죠. 나중엔 알게 됐지만, 그런 일이 있었고.

그리고 팽목, 저기 진도체육관에서 진도대교까지 행진할 때는 그때는 진짜 무슨 생각으로 거[기]까지 걸어갔는지, 꽤 먼 거리였었는데. 근데 그때 못 볼 꼴도 하나 봤고… 못 볼 꼴도 봤고. 그게 뭐냐면 지난 총선 때 경기도 지사로 출마를 했었죠, 김영 '모'라는 그 사람. 그 사람의 참…, 이중인격적인 그런 모습들도 봤고. 그 사람하고 개인적으로 아는 사이는 아니었지만, 그때 당시 다니던 회사 사장님하고 친분 관계가 있었던 사람이었고, 또 제가 아는 분하고 친구예요, 그분도 안산에 사시는데. 그런 정도로 좀 가까운 사이고 그랬었는데, 그래서 개인적으로 이렇게 된 건 없었지만, 그런 어떤 주변 분들을 통해서 알고 있던 사람이었고. 당시 또 그 양반이 진보 계열에서는 이름 있고, 모 의원하고 모 의원하고 이렇게 두 사람이 안산 내에서는 그런 사람이었었는데. 나는 당시만 해도, 그 전만 해도 굉장히 개인적으로는 호감을 갖고 있는 사람이었는데, 그때 그 모습을 딱 보고 '정치인이라는 것들이 다 저렇구나' 그런 생각이 들어버린 거죠. 그런 거예요.

진도터널을 지나가는데, 우리가 진도터널 안에서 쉬고 있었어요. 근데 세 사람이, 이런 거 얘기해도 되나? 세 사람이 딱 들어왔는데, 그때 그 사람하고 보좌관들이겠지. 같이 걷는 것처럼 들어와 가지고, 진도터널 빠져나갈 때까지 같이 걸었었어요. 빠져나와서 좀 더 걸었었는데, 그러고 나서 처지더라고. 그래서 이제 뒤따라오던 차에 타고 움직이고, 우리가 쉴 때쯤 되면은 그 전에 쉬는 장소 전에 딱 와서 걸어오고, 마치 우리 따라서 걸어온 것처럼. 또 "갑시다" 하면은 앞을[으로] 슥 가는 척하다가 슥 뒤로 빠지고, 뒤에서 차 타고 또 따라오고. 그런 걸 두어 번 보니까 '정치인이라는 게 다 저렇구나' 그런 생각도 들고. 그때 그 사람에 대한 믿음이라 그럴까 호감이라 그럴까 그런 게 싹 가서버렸죠. 그래도 나는 최소한 그렇게 생각은 안 했었는데. 뱃속에서도 불편하다고 그러네요. 암튼 뭐 그런 일.

그리고 또 하나는 왜 진도에 있을 때 경찰, 국정원 이런 쪽에서 유가족들 사찰하고 그랬던 일 많이 알잖아요. 그런 케이스[경위인데, 우리 처남들하고 처남댁들이 일주일씩 교대로 이렇게 돌아가면서 내려왔었어요. 내려왔다가 2주 있다가도 올라가고 그랬었는데. 작은처남댁이 팽목에서 서망 쪽으로 가다 보면 조그만 해변이 하나 있어요. 거기에 모래사장 같은 데 크게 "건우야 빨리 와"[라고] 써놓은 거예요. 그 날짜는 사진 같은 데, 뉴스에도 보도가 되었으니까, 신문이나 이런 데도 기사가 올라갔으니까 찾아보면 나오겠지만 날짜는 모르겠는데, 그때도 이제 기자가 많잖아요, 거기. 그 사람들이 본 거예요. 해변에 들어가서 촬영하고 있고, 그런 상황인데.

우연찮게 저녁 무렵에 저녁 먹기 전에 담배 한 대 피면서 그쪽으로 쭉, 왜 거길 가고 싶었는지는 모르겠지만, 그쪽으로 쭉 가고 있는데. 그게 눈에, 사람들이 모여 있고 거기 모래사장에 써놓은 글귀가 눈에 딱 들어오는. 나는 이 방향, 이게 모래사장이면 나는 이 방향으로 이렇게 가고 있고, 글씨는 이렇게 "건우야 빨리 와" 이렇게 써 있었거든요. 바로 그게 거꾸로 보이는데 딱 보이는 거예요. 그래 가지고 내려갔죠. 내려가서 누가 거기 모여 있는 기자들한테 "누가 쓴 겁니까?" 그랬더니 자기도 모르는데, 자기들도 오다 보니까 이게 있어서, 백사장에 이런 글귀가 있어서 자기네들도 지금 사진 촬영하고 있다. "내가 건우 아빤데, 이걸 누가 썼는지는 모르겠는데, 이 내용 함부로 기사에 올리지 마라". 그 사람들 명함을 다 받았어요, 기자들. "당신네들 내가 명함을 받는 이유가 이 기사", 그때 당시 한창 기사 왜곡시키고 그런 기사들이 많이 올라오고 그럴 때였었는데, "내가 당신네들 명함 받은 이유가, 만약에 잘 못된 기사, 왜곡된 기사 쓰면 당신네들 가만 안 둘 거다" 그런 얘기를 하고 받았어요. 자기네들도 "안 올리겠다" 약속을 하더라고요.

그런 중에 좀 젊은 기자였었는데, 젊은 기자 한 사람이 "아버님 그러면요, 내용을 누구라는 이름, 그니까 '건우야'라고 이름이 이렇게 써 있으니까 건우라는 이름을 모자이크 처리해 가지고 요 내용을 보도만 하면 안 되겠습니까? 이 기사 내용 정리되면은 아버님께 한번 먼저 보여드리고 올리겠습니다" 그 얘기를 하더라고요. 그래 "그건 좋다" 그래 가지고 그 기사가 처음 그날 저녁 때 올라갔는데, 찾아보면 나올 거예요. 나중에 얘기를 들어보니까 "작은처남댁이 가다가 거기에다가 썼다"고 그러더라고요. 그때 아마 2주 이상 지난 시점이 아닐까 생각이 드는데. 왜냐면은 그사이에 아이들이 많이 돌아왔고, 찾았고 그런 상황이었었기 때문에….

하튼 팽목에 한 달을 있으면서 진짜 고마운 분들 무지하게 많았죠. 고마운 분들 많고, 그런데 나쁜 꼴도 많이 보고. 뭐 예를 들어 김한길, 안철수, 정몽준 이런 사람들. 정치인인지 어떤지 뭐 그런 모르겠는데, 와서 해서는 안 될 짓들을 많이 하고 갔어요. 내 그거 아직도 잊지 못하고 기억하는데, 기억할 일도 없는데, 그 사람들의 인간성이라 그럴까, 인격이라 그럴까… 이런 것들을 보는 거같애 가지고, 이미 알았지만. 그때 당시에 새정치민주연합이었었 잖아요. 김한길하고 안철수하고 공동대표였는데, 팽목 내려와 가지고 무슨 짓 했는 줄 알아요? 사진 찍고 갔어요. 자기 여기 내려왔었다, 사진 찍고 가고. 정치인이라는 사람들이 대부분 다 그랬어요.

진짜 그때 팽목에 팽목항 근처에서 먹고 자고 하면서 가족들 일들, 어떤 행정적인 일들이라든가 가족들 부족한 거, 필요한 상황들, 이런 것들 실질적으로 현장에서 돌아다니면서 챙겨준 사람은 진짜 아이러니하게 지금 한국, 자한당[자유한국당] 김명연. 난 그때 처음 '누군데 이렇게 가족들 뒤를 잘 챙겨주나' [했어요]. 필요한 거 있으면 공무원들 불러다 놓고, 막 깨고, "가족들 이거 필요하고, 왜 요청했는데 지금까지 조치가 안 되었느냐" 하고. '저 사람이 저러는 거 보니까 좀 높은 사람인가 본데, 저 사람 뭐지?' 이랬었거든요. 근데 나중에 좀 지나서 알게 되었지만, '아, 국회의원이구나'. 그때 새누리당 국회의원이었었거든요. '진짜 대단하다. 나이도 젊은 사람이'. 김명연 나이도 안 많잖아요. 그래서 좀 얼굴 트고 말 트고 하면서 대화도 하고, 올라오고 나서도 몇 번 또 공식적인 자리에서 보고 그랬었는데, 그 사람이 지금에 와서 가족들 심장을 도려내는 짓거리를 할 줄 몰랐지. 자한당이니까 가능한 거고. 아무튼 그런 일들이 있었고.

김한길, 안철수 이런 사람들은 진짜 해서는 안 될 짓들을 했고. 정몽준이 이 사람도 새벽에 가족들 막사에, 우리 가족들 막사에 써 붙여났거든요. "가족 외에 출입을 자제해 주십시오. 여기는 피해자 가족들이, 유가족들이 생활하는, 쉬는 곳입니다. 자제해 주십시오" 이렇게 천막에다 써 붙여났는데, 그냥 확 열고 들어오고. 더군다나 김한길이 같은 경우는 새벽 6시에 가족들 위로하러, 새벽 6시에 위로하러 내려오는 의도가 뭔지 뻔하죠. 그때 김한길이 내려왔다가, 우리 장인어른한테. 장인어른… 거의, 거의 많은 시간을 팽목에 같이 계셨었거든요. 장인, 장모. 그때 장인어른한테 욕을 바가지로 먹었지. 근데 그때 당시에 김한길이 새벽 그 시간에 김한길이가 장인어른 쳐다보더니 그 눈빛을 아직도 기억을 하는데, 째려본다 그럴까. 째려보는 것도 강도가 상이야.

속으로 뭔 생각했는지 모르겠지만, 장인어른이 그 얘기를 하셨거든요. "당신네들이 여기 와서 진정[으로] 해야 될 게 뭔데, 사진 찍으러 왔냐, 가족들 지금 우롱하러 왔냐?" 그런 욕까지 하시면서 그런 얘기를 하셨었어요. 당신도 화가 나셨지. "아니, 가족들, 유가족들 위로하러 왔다면서 새벽에 6시, 그 새벽 시간에 와가지고 자고 있는 가족들 다 깨워놓고. 쉬고 있는 사람들 다 깨워놓고 뭐 하는 짓거리냐"고, 화가 났죠. 그거 때문에 욕을 하셨는데 째려보더라고요. 그래서 제가 "야" 뭐 하면서 막 진짜, 그때 삼호중공업에서 식당을 운영했었는데, 삼호중공업에 계시던 분들이 안 잡았으면 아마 가서 한 대 쳤을 거예요. 그런 정도로 감정이 좀 안 좋았었는데, 그런 일들…. 좋은 일도 많았고, 나쁜 일이라 그럴까 슬픈 일도 많았고. 기쁘다고 표현하긴 좀 그런데, 그런 일도 있었고.

부모님들이 다들 똑같은 얘기들을 하실 거예요. 알림장이 딱 붙어요, 알림장. 그 신상 명세, 그렇게 해가지고. 그러면 그거 보러 가고, 하나씩 하나씩 다 확인하고. 갈 때마다 매번 들르면서 갈 때마다 확인하는 거죠. "건우가 뭐 입고 있었지?" 알고 있으면서도 물어보는 거예요. 제발 이번에 좀 돌아왔으면, 돌아왔으면, 그런 마음이죠, 다. 그리고 "아이들 들어왔다. 수습해서 들어왔다" 그러면 팽목항에 안치소 있는 데까지 가서, 아시죠? 지금은 정리하고 있지만, 지금 팽목항 분향소 있던 그 자리. 그 자리가 어떤 자리인지 아시죠? 거기가 검안소라고 그래야 되나, 아이들 데리고 올라오면 제일 처음 아이들을 딱 데려다 놓는 곳이 거기였어요. 그래서 그때 진상분과장 장훈이하고 인양분과장 성욱이, 몇몇 사람들이 주도해서 분향소를 거기다 만들어놓은 거죠.

암튼 그렇게 보면서도 사실 그때 분명히 우리 아들이 아닌데, 일부러 갔던 이유는 '언제가 될지 모르겠지만 이 녀석이 돌아오면 돌아온 그 모습을 그대로 받아들여야 되겠다. 그게 내 아들의 모습이니까' 그런 생각 때문에 갔어요. 어떻게 보면 연습을 했다 그럴까, 그런 마음 때문에 가서…. 직접 들어가서 보진 못했죠, 당사자 가족 외에는 못 들어가니까. 그런 마음 때문에 갔었고.

아까 하려고 했던 얘기…, 모든 부모님들이 다 똑같은 얘기를 하셨을 거예요. 뭐냐 하면 먼저 아이를 찾아서 올라가신 부모님들은 남아 있는 부모들한테, 가족들한테 왜 이렇게 미안해 해. "미안하다"고 "미안하다"고. 참, 그런 얘기를 들으면서 '뭐가 미안하지? 자식이 살아 돌아온 것도 아니고, 죽은 자식, 죽은 자식 인제 찾아서 데리고 올라가는데, 그게 왜 미안한 일이지, 왜 미안할까?' 그런 거에 대한 생각이 참 많았는데, 우리 건우 찾아서 올라올 때 그 말뜻을 이해를 했어요. 왜 "미안하다"고 그러는가, 그 말뜻을 그때서야 이해했는데, 그런 거더라고요. 이 남아 있는 가족들한테 해줄 수 있는 말이 그 말밖에 없더라고요. 길다면 [길고] 짧다면 짧은 시간인데, 같이 같은 텐트 안에서 먹고 자고, 얼굴 맞대고 이런 얘기 저런 얘기, 자식 자랑도 하고 아이들 얘기도 하고 그래서 살았는데, "내 아이가 먼저 왔습니다. 그래서 먼저 데리고 갑니다. 미안합니다" 그 말밖에 할 말이 없더라고요. 무슨 위로를 해야 될지 모르겠고, 무슨 위로의 말이 필요하겠어요. 그냥 미안한 거지. 왜 그 팽목에, 그때 당시 팽목에 그런 상황이라든가 그런 걸 알고 있으니까. 알고 있으니까 미안한 거죠. 그 말밖에 할 말이 없더라고요.

그러면서 그때 그런 생각을 참 많이 했어요, 한 달 동안 있으면서. 한 명, 두 명 찾고, 우리 건우가 22번째, 22명 남았을 때, 22번째 올라와서 찾았구나. 그 전까지 있으면서 '만약에 이 녀석 돌아오지 않으면, 못 데리고 가면 어떻게 해야 되나' 그런 생각을 굉장히 많이 했었어요. 소위 말해서 미수습자 가족, '내가 그 가족이 되면 어떻게 해야 되나' 그런 생각도 했는데, 어떤 답을 못 내리겠더라고요. '기다리는 방법밖에 없다, 찾아올 때까지. 돌아올 때까지 기다리는 방법밖에 없다' 그런 생각을 했었는데, 그러다가 답답해 가지고 계속 5월 초부터 직접 사고 해역에 바지선에 들어가기 시작한 거죠. 바지선에 들어가서 보고 그러다가, 5월 12일이 결혼기념일이에요.

그 전에 그니까 아마 5월 10일, 5월 10일. 9일, 10일 정도 된 것 같았는데, 준우. 아, 그때 팽목에 있으면서 애들 5인방이라고 하나,

부모님들이 서로 찾았어요. 서로 찾아서 알게 되었는데, 그때 제훈이, 제훈이 같은 경우 일찍 찾았어요. 제훈이하고 재욱이, 일찍 찾아서 먼저 올라갔고. 성호는, 성호도 좀 일찍 찾았어요. 4월 23일인가, 23일인가 그럴 거예요, 아마. 성호도 좀 일찍 찾고. 성호는, 성호네는 그때 당시에 팽목에서, 진도에서 못 봤어요, 제훈이네도 그때 당시에 못 봤고. 그때 알게 된 게 준우네하고 준우 아빠, 엄마. 그다음에 재욱이 아빠, 엄마 이렇게 알게 됐었는데. 재욱이 엄마하고 저하고 다른 또 인연이 있어요. 제가 나중에 말씀드릴게요.

그렇게 했었는데, 준우 찾은 날 준우 아빠하고, 왜 팽목 처음 내려와서 들렀던 식당 있잖아요. 그 식당에 들어가서 같이, 팽목에 내려간 이후로 그때 5월 달이었었거든요. 준우가 5월 3일인가 그래요. 5월 3일인가 준우를 찾았어요. 그래서 그때 준우 아빠하고 같이 팽목 내려간 이후, 내려가서 처음으로 같이 김치찌개 하나 시켜놓고 소주 한잔 마시는데… 고민을 하더라고. 자기는 "여기 더 있어야 되겠는데… 더 남아 있어야 되는데…". 그때 준우 아빠가 가족협의회 내에서 그때 당시에 임원진이라고 하긴 좀 그렇지만, 팽목에서 활동을 하셨거든요. 나는 그때 뭘 했는지…, 아무것도 못 했어요. 어떤 아무런 의욕이 없었는데, 저 같은 경우는 그랬었는데… 그때 그러고 나서 한잔하고 나서 제가 그랬거든요. "그건 아닌 거 같아 내 생각엔. 올라가야 해. 준우 데리고 올라가야 된다. 준우 빨리 좋은 곳 보내야지. 여기 더 있으면 안 된다".

면담자       준우를 찾았는데 안 가신다고 한 거예요?

건우 아빠 　 그때 안치실, 안치실이 있었거든요. 안치실에는 냉동 안치실이 있었거든요. 거기다 넣어놓고 "애들 다 찾을 때까지 기다리겠다"는 거예요. "그건 아니다. 올라가라. 올라가서 준우 잘 보내고 그리고 내려와라" 그랬거든요. 그때 그렇게 얘기하고 그다음 날 올라갔어요. 올라가고 며칠 있다가 준우 장례 치르고 준우 보내고 나서 준우 아빠가 내려왔는데, 내려와서 이런저런 얘기를 하다가, 〈비공개〉 굉장히 좀 심각하게 했었다는 얘기를, 그거 때문에 걱정이라는 얘기를 하더라고요. 그 얘기를 딱 듣는 순간 20일 가까이, 20일이 넘게 나도 우리 작은 녀석 안산에다 팽개치고, 장모님이 또 올라오셔서 가지고 또 챙겨주시고 같이, 바로 여기 와동이었으니까. 처남댁들이 다 안산에 살았기 때문에, 우리 형도 안산에 살았었고 그렇기 때문에 챙겨주고 그랬었는데, 그래서 이제 잊고 있었죠, 나는. 전혀 작은 녀석 생각은 못 하고 있었죠. 그때 그 얘기를 딱 듣는 순간, '아 이건 아니다. 이건 아니다. 내가 굉장히 잘못 생각하고 있었구나' 하는 생각이 들더라고요. 그래서 25일, 25일 째 되던 날이 며칠이더라, 하튼 25일 그 정도 되었을 거예요. 올라왔어, 안산에서[으로].


## 5
## 건우 동생에 대한 걱정과 건우를 만나기까지의 상황

면담자 　 어머님이랑 같이요?

| 건우 아빠 | 팽목에서 올라왔어, 혼자. |
|---|---|

| 면담자 | 어머님은 팽목에 계시고요? |
|---|---|

건우 아빠　밑에 집사람하고 동생들이 있으니까 올라왔죠. 올라와서 집에 딱 들어갔더니 있더라고요, 집에. 그때 학교도 제대로 못 갔으니까. 얘네들에 대해서는 단원고에서, 이 녀석도 단원고 1학년이었었거든요. 학교에서 출석에 대해서는 뭐라 그럴까. 뭐라 그러죠, 그거? 하튼 학교를 안 갔으니까 그때 당시에. 집에 있더라고요. 도착한 게 저녁 시간대였으니까, 같이 저녁 먹고 이런저런 얘기를 했죠. 많이 울더라고요, 지도. 다음 날 학교에서 상담해 주는 그게 있었어요. 명칭은 잘 기억이 안 나는데, 그게 있었는데, 이 녀석이 "안 받는다"고 그랬거든요. "안 받는다"고 "상담 안 한다"고…. 근데 꼬셨죠. 지금 상황이 이렇고, 이만저만하고 "아빠하고 엄마는 너한테 미안하지만, 아빠하고 엄마는 또 형 돌아올 때까지 진도에 계속 있어야 되고 그렇기 때문에 아빠도 네가 굉장히 걱정이 된다" 그런 얘기를 했었거든요. "상담을 좀 받았으면 좋겠다. 아빠랑 내일 같이 가자. 학교에 같이 가자" 그랬더니 나중에는 "가겠다"고 대답을 하더라고요.

　　다음 날 오후에 상담 시간을 예약을 했었는데, 그 전에 이 녀석 핸드폰도 바꿔주고, 기분 좀 업시켜 주려고. 핸드폰도 바꿔주고 데리고 학교에 왔는데, 한 서너 시간 했나? 처음에는 얘기를 안 하더라고요, 처음에. 근데 그때 상담을 했던 그 정신과 박사님이신데,

그분 사무실이 광화문광장, 광화문광장 이쪽 종각 쪽 말고 반대편 쪽으로 횡단보도 건너면 거기에 커피숍 하나 있어요. 1층, 2층 해 가지고 커피숍인데 그 건물인가? 그 건물일 거예요, 아마. 그게 10 층짜리인가 건물인데 옛날 좀 오래된 건물일 거예요. 그 건물 9층 에 박사님 사무실이 거기에 있거든요. 나중에 개인적으로도 이 녀 석이 거[기]까지 상담받으러 오고 그랬었는데, 그때 처음 만나서 상 담할 때 처음에는 아무 말도 안 하더라고요, 이놈이. 그러니까 이 선생님이, 박사님이 얘기를 꺼내면서 하는데, 주위 얘기부터… 친 구들 얘기 하다 보니까 이놈이 말이 터진 거예요. 얘기를 계속하더 라고요. 그런 얘기를 가만히 듣고 있어 보니까 지금도 만나고 어울 리는 친구 녀석들인데, 이 녀석들이 그때 당시에 진짜 가장 힘들었 을 때 작은 놈한테 진짜 큰 도움이 되었더라고요. 항상 그놈들이 같 이 있어줬고, 굉장히 [도움이] 많이 됐더라고요, 이 녀석들이.

거의 면담이, 상담이 끝날 무렵에 이놈이 딱 한 얘긴데, 자살 얘 기를 하는 거예요. 자살 충동을 굉장히 많이 느꼈던 얘기를 하는 거 예요. "진짜 죽고 싶었다". "왜 죽고 싶은 이유가 뭐냐, 엄마, 아빠가 신경 안 써서?" 그렇게 물어보니까, 그게 아니고 형의 죽음에 대한, 그니까 내색은 안 하지만, 항상 마음속, 머릿속에는 그 생각을 계속 하고 있었던 거예요. 형의 죽음에 대해서 인정을 못 하는 거예요. 그니까 이제 그 어떤 폭력적인 생각만 들고 '우리 형 이렇게 만든 놈들 다 죽여버릴 거야' 이런, 인정을 못 하는 거죠. 하긴 뭐 우리도 그랬으니까, "자살을 생각했는데 시도까지 했었다"고 그러더라고요, 준비까지 다 해놓고, 어떤 방법이라든가 그런 건 얘긴 안 했는데…. 근데 맨 마지막에 형 이렇게 되고, 자기가 만약에 자살하게 되면 죽게 되면 '엄마, 아빠는?' 하면서 엄마, 아빠의 얼굴이라 그럴까, 그런 게 딱 떠오르더라는 거예요. 그러면서 '이건 아니구나' 그런 생각이 들더라는 거예요. "오히려 마음을 고쳐먹었다"고. 지금도 눈물이 핑 도네, 그 얘기 하니까. 그 얘기를 하더라고요.

나중에는 자기 속에 있던 생각들 마음대로 다 털어놓더라고요. 그러면서 그 얘기, 자살 얘기를 하고 "그렇게 생각을 했다. 그렇게 판단을 했다. 결정을 했다" 그 얘기를 딱 듣는 순간에, '내가 하루만 늦게 올라왔었으면 이 녀석도 잃을 뻔했구나' 하는 생각이 딱 들더라고요. '진짜 올라오길 잘했다'. 그렇게 상담하고 상담 마치고, 이 놈도 자기 속에 고민하고 아파하고 힘들어했던 그런 것들을 끄집어내니까, 지도 이제 속이 편하고 마음도 편했나 보더라고요. 이 녀석이 조잘조잘 잘하거든요, 계집애처럼. 조잘조잘 잘하는데 그런 것들이 좀 시작된 거고. 집에 와서 꼬셨어요. "야, 내려가자. 팽목에 갔다 오자" 그랬더니 처음엔 "안 간다" 그러더니 나중엔 "가겠다"고 그러더라고요. 결국엔 데리고 왔어요.

면담자    왜 가자고 하셨어요?

건우 아빠    "거기 가면 엄마도 있고, 너 엄마도 보고 싶잖아. 할아버지, 할머니도 내려와 계시고, 외삼촌하고 외숙모도 내려오시고, 큰아버지, 큰엄마 다 내려와 계시는데, 가자. 가서 팽목이라는

데, 거기가 어떻게 생겼는지를 한번 보고, 그리고 올라오자" 그랬더니 "가겠다"고 그러더라고요. 자기도 어떤 의무감 같은 건 아니지만, 그런 종류의 '꼭 가야 된다'라는 그런 걸 느꼈나 보더라고요. 데리고 내려왔어요, 그래서. 다음 날 내려와서 거기서 있다가, 건우 돌아오기 전날, 전날 올라갔구나. 동생 녀석이 내려왔었는데 동생 녀석하고 거기서 이틀인가 삼 일인가 있었는데, 있다가 동생 녀석이 데리고 올라갔어요. 그러고 나서 그다음 날 15일 날, 그 전날 내려갔어요[올라갔어요]. 15일 날 건우가 돌아왔고.

작은 녀석이 한다는 소리가 "내가 갔다 오니까 형이 왔더라고요" 자랑스럽게 얘기를 하더라고요. "맞다" [했죠]. 하튼 그랬는데 15일까지 다 왔네. 왔는데 사실 그때 15일 전에, 그 며칠 전에 장인, 장모는 올라오셨고, [아니] 장인어른은 올라오셨고. 장모는 그때, 장모님은 안산에 계셨으니까. 올라오시고 나서 내려간 거였었거든요. 내려간 거였었는데 15일 날, 그 전까지 계속 사고 해역에 들어갔다 나왔다, 들어갔다 나왔다 계속 그랬었는데, 15일 아침에 들어가려고 한 10시쯤 들어가려고 준비를 하고 있는데 집사람이 장인어른 내려오신다고, "내려오시니까 오늘 안 들어가면 안 돼?" 그러더라고요. 처음에 "알았어" 그러고 있었는데 이 느낌이라는 게 있잖아요, 마음이 자꾸 그리로 가는 거야.

근데 그때 준우 아빠하고 재욱이 아빠하고 내려왔어요. 두 사람 내려와 가지고 "같이 가자" 자기네들도 사고 해역 들어갈 건데 "같이 가자" 그러는 거예요. "갑시다. 꼭 가야겠다" 그래서, 집사람한테 "오늘 가야겠다. '꼭 가야 될 거 같다'는 그런 자꾸 생각이 든다. 가야겠다" 그래서 들어온 거예요. 그날 오후 2시 8분에 우리 건우가 돌아온 거예요. 제가 보고 있는 바로 한 10미터쯤 앞에서 들어왔는데, 딱 첫눈에 알아봤거든요, '건우다'.

그 과정이, 점심시간대쯤 돼가지고 유속이 빠르고 파도가 좀 높았어요. 높았고, 유속이 빨라서 못 들어가고 있었어요. 아침서부터 잠수를 못 하고 있었는데, 잠수사들이 들어가지를 못하고 있었는데. 점심을 먹고 나서 그 바지 안에 보면 유속 센서, 감지 센서가 있어요. 3단계로 5미터, 10미터, 15미터 이런 식으로 해가지고 감지 센서를 넣어요. 그래서 유속을 확인을 하거든, 모니터링을 해요. 몇 번 들어갔다고 그 장비, 그 내용도 보면 상황도 알 수 있고 그런 상태가 되더라고요. 12시에 점심 먹고 와서 딱 보고 있는데, 유속이 계속 떨어지는 거예요, 속도가. 1루트[노트(knot), 초당 0.5m], 유속이 1루트 이하가 돼야지 들어갈 수 있거든요. 계속 떨어지는 거예요. '요거 봐라. 한 2시쯤 되면 들어갈 수 있겠네' 그 생각이 딱 들더라고요. 아니나 다를까 2시 딱 되니까 들어가는 거예요. 근데 딱 들어가자마자, 거기 해경 하나가 지휘자 급인데, 막 지시하고 고무보트 보내고 막 다이버들 보트 타고 나가고 좀 소란을 떨더라고요. '아, 찾았나 보다' 그 생각을 딱 했죠. 그랬더니 맞아요. 첫 잠수를 2시 돼서 딱 들어갔어요. 딱 들어갔는데, 2시 8분에 딱 데리고 나오는 거예요. 안에서 중간 과정이나 이전 과정은 잘 모르겠지만 어쨌든 그때가 2시 8분이었어요. 2시 8분에 건우를 딱 데리고 올라온 거예요.

바지선이 이렇게 있었으면, 끝에 있었어요. 세월호가 이렇게 침몰되어 있었고, 바지가 이렇게 있었고. 그리고 (손으로 한 지점을 가리키며) 이쯤에서, 이쯤에서 딱 올라오는데, 진짜 딱 10미터 정도 앞에… 거기서 고무보트가 글로[그쪽으로] 가더라고요. 고무보트에 딱 태우고 가는데, 고무보트가 움직이는 방향을 보고 '아, 저기다. 저쪽인가 보다' 생각하고 시선을 딱 고정했는데, 이 녀석이 거기서 올라오더라고요. 올라오면서 옷을 보니까, 이 녀석이 녹색 후드티를 입고 갔는데, 녹색 후드티에 아디다스 까만색 추리닝, 흰색 양말. 근데 양말은 안 신고 있더라고요. 까만색 네 줄 가 있는 추리닝 입고, 후드틴데 거의 파란색, 군청색 정도로 보이더라고요, 물에 들어가 있으니까. 느낌도 그렇지만 처음 봤을 때, '아, 건우다' 그 생각이 딱 드는 거예요, 그 생각이. 근데 이놈이 확인시켜 주더라고. '아빠, 저 왔어요' 하고 고개를 싹 돌리더라고요, 올라오면서. 고무보트에서 올라오면서 고개를 탁 돌리더라고요. 그 모습이, 그 얼굴이 지금도 안 잊혀지는데, 건우 그 얼굴. 많이 상했을 줄 알았는데, 돌아온 그 첫 모습은 괜찮았어요. 아주 좋았어요, 깨끗했어요. 나중에 진도 들어오고 나서 확인할 때, 부패가 시작되니까 어쩔 수 없었지만, 어쨌든 이 녀석이 딱 한 달 만에 돌아오더라고요.

그러고 나서 한 10분쯤 있다가 청해진해운 양대홍 사무장, 양대홍 사무장이 돌아오고. 근데 "이거 수사할 거냐?"고, "조사할 거냐?"고. 전혀 다른 모습으로 다른 위치에서 올라왔어요. '찾았구나.

수습이 됐구나' 어쨌든 그건 뭐, 하기야 세월호 참사에 관한 모든 것들은 다 조사해야 되지만. 그러고 나서⋯, 이 얘기를 안 했었구나. 그때까지 2학년 5반에 아직 돌아오지 못한 녀석이 우리 건우하고 성현이, 김성현이 딱 둘만 남았었거든요. 그때 양대홍 사무장 돌아오고 약 한 10분쯤 후에 성현이가 돌아왔어요. 5월 15일부로 남아 있던 두 녀석이 다 돌아왔죠. 그게 15일까지[의 이야기예요].

(잠시 중단)

# 6
## 건우의 마지막 모습

**면담자**　　건우 올라왔을 때, 어머님이랑 가족들 다 마지막 모습 보셨어요?

**건우 아빠**　　저만 봤어요. 형이 있었구나, 저희 형하고 저만 보고. 집사람은 그 근처, 안치소 근처까지는 갔어요. 갔는데, 내가 일부러 못 들어오게 했어요. 그 이유가 뭐였냐면 뻔히 알고 있었거든요, 어떤 상태로 변할지⋯. 어떻게 변할지를 알고 있었기 때문에 일부러 못 들어오게 했어요. 지금도 마찬가지지만 그때부터 줄곧 생각했던 거예요. 저는 그렇게 준비를 했지만, 집사람은 만약에 찾아도 못 들어오게 할라고 그랬었거든요. 그 이유가 '당신은 당신 아들 가장 이뻤던 모습만 기억해라. 맨 마지막에 가장 이뻤던 맨 마지막 모습만 기억을 해라' 그런 생각인 거죠. 그래서 못 들어오게 했고. 우리 아들인 거, 자기 유전자로 [확인]했으니까.

들어가서 봤을 때, 이 녀석을 알 수 있었던 거. 물론 처음에 올라올 때 확인을 했지만 직감을 했지만, 검안소 가서 확인할 때. 그때 '아, 맞다'라고 '우리 아들이다'라고 확신할 수 있었던 게 뭐였냐면은, 이 녀석이 아빠를 닮아서 새끼손가락이 다 꼬부라져 있었어요, 끝이. 양쪽 다 꼬부라져 있었고 그중에서도 오른쪽 약지에 18케이(k) 금, 금반진데, 실반지 있죠? 그거 끼고 있었어요. 건우 엄마가 처음 직장을, 어려서 고등학교 졸업하고겠죠. "처음 직장을 들어가서 첫 월급 탄 걸로 회사 친구들끼리 해가지고 하나씩 맞춘 반지"라 그러더라고요. 어떤 역사와 의미가 있는 그런 반지였죠. 그걸 제가 끼고 다녔었어요, 뺏어가지고. 그걸 제가 끼고 다니다가 작으니까 못 끼고, 빼놨던 걸 건우 녀석이 자기가 끼고 다녔거든요. 중학교 때부터 끼고 다녔거든요.

딱 보면, 오른쪽 손을 봤어요. 특이 사항이 손에 있으니까. 새끼손가락 꼬부라진 거하고 반지를 끼고 있었기 때문에, "그걸 먼저 확인해 달라" [했죠]. 얼굴을 잘 안 보여주려고 그러더라고요. 왜냐면 흉하니까, 심하게 상하니까[상했으니까]. 근데 "봐야겠다" 그래서 봤어요. 봤는데, 많이 상했죠. 그걸로 확인하고 옷차림도 그렇고. 휴대폰이 하나 나왔어요, 휴대폰을 가지고 갔었기 때문에. 그 휴대폰도 참 진짜 지금 생각하면 화가 나는데, 휴대폰도 거기에도 좀 일이 있고. 나중에 제가 까먹으면 물어보세요. 휴대폰에 관련된 일이 있으니까. 어쨌든 그렇게 확인을 했어요. 건우 엄마는 안 보여 줬고. 또 건우 나중에 건우 보낼 때도 그 안까지 못 들어오게 했고… 아무튼 그랬어요.

면담자　　　오랜 시간, 세부적인 말씀 감사드립니다. 아버님의 피로도 고려해서 오늘은 여기서 마무리하는 것이 좋을 듯합니다. 이만 마치겠습니다. 감사합니다.

건우 아빠 김광배

# 3회차

2018년 9월 21일

# 1
## 시작 인사말

**면담자**     본 구술증언은 4·16 사건에 대한 참여자들의 경험과 기억을 기록으로 남김으로써 이후 진상 규명 및 역사 기술에 기여하고자 합니다. 지금부터 김광배 씨의 증언을 시작하겠습니다. 오늘은 2018년 9월 21일이며, 장소는 안산시 단원구 4·16기억저장소입니다. 면담자는 이예성이며, 촬영자는 김대현입니다.

# 2
## 건우의 친구 가족들과의 관계

**면담자**     팽목에 계실 때, 초반에 건우 친구들이나 친구 가족들을 사전에 잘 모르고 계셨잖아요. 가족들끼리 안면을 튼다든가 반별 모임이 형성이 됐다든가 그런 과정들에서 기억나는 게 있으시면 말씀해 주세요.

**건우 아빠**     일단, 당시에 진도 상황은 제가 정확하게 모르고 진도체육관 상황은, 거기 없었으니까. 팽목항에 있었는데 주로, 불미스러운 일들이 조금 있었어요. 기억하시는 부모님들도 많을 텐데, 뭐냐 하면은 유가족을 사칭한다든가 그래서. 전국에서 유가족들을 위해서 지원 물품을 후원하고 그런 것들이 굉장히 많은 것들로 알고 있거든요. 근데 그런 걸 유가족을 사칭해서 뒤로 빼돌리고 하는 불미스러운 일들이 있었어요. 그래서 그때 사실 거의 처음부터 반별로 명단이 있으니까, 아이들 반별 명단이 있으니까 반별로 서로 모이고 연락을 하고 그랬었는데…. 그래서 그때 기억이 엄마, 아빠인 걸 확인하기 위해서 명찰을 달았었어요. 몇 반 누구 엄마, 누구 아빠 이름 뭐 이런 식으로 그렇게 했고….

**면담자**   명찰을 아예 만드신 거죠?

**건우 아빠**   예. 그렇게 확인을 했었고. 사실 명찰이 아니더래도 가족들 사이에서 그런 느낌이랄까 그런 것들이 좀 있었는데, 아는 거예요, 느껴지는 거지. '유가족이구나, 엄마구나, 아빠구나' 그런 게 느껴지는 거지. 그러면서 또 자연스럽게 말이 되고. "몇 반 누구 엄마세요, 누구 아빠세요, 저는 누굽니다" 이런 식으로 얘기가 되고. 그러면서 가족들 사이에서 그런 공감대가 만들어졌죠. 더군다나 체육관 같은 경우는 보도 화면에 나오는 대로 강당에 체육관 넓은 데에 침구를 깔고 들어가 계셨었는데.

팽목 같은 경우는 텐트가 그때 유가족 텐트로 해서 다섯 동인가가 쳐졌었어요, 큰 텐트가. 그래서 저희는, 까먹었다, D동이었나? 하튼 그런 식으로 불렀는데, 그 텐트 안에서 생활을 하게 되었었는데, 그때 텐트에 같이 계셨던 분들이 저희 있었고 바로 앞에 우리 같은 반 성원이라고 있어요. 조성원이라고 있는데 동네도 같은 동네예요. 그때 살았던 와동 용보빌라 있는 데 같은 동넨데, 성원이하고 우리 건우하고 굉장히 친했더라고요. 이 녀석들 수련회

가서 찍은 사진 보면은 건우히고 성원이하고 같이 옆에 앉아서 어깨에 이렇게 손 올리고 브이(V) 자를 했던가 그런 포즈도 취했었고, 하튼 두 녀석이 굉장히 친했더라고요. 성원이네가 있었고, 그 다음에는 우리 오른쪽 옆으로는 이름이 민지였나, 민지. 그 녀석도 좀 늦게 돌아왔는데, 민지였을 거예요, 아마. 그리고 그 옆에 찬민이, 8반에 찬민이가 있었고, 그 앞쪽에는 지금 4·16TV 진짜 열심히 하고 계시는 지성이 아버님, 지성이 아버님이 거기 앞에 계셨었고. 그리고 그분들 말고도 몇 분 가족들이 더 있었는데, 먼저 아이들 수습해서 올라가셨기 때문에 그렇게 많은 대화를 하거나 그런 건 없었어요. 근데 참 오랜 시간 동안 좀 긴 시간 동안 같이 있으면서 생활을 하면서 기억나는 분들이 이제 그분들이고.

근데 성원이 같은 경우는, 성원이 아빠는 저보다 나이가 어려요. 동생 나이뻴인데 형님, 동생 하면서 그렇게 지냈어요. 어떻게 보면 같은 텐트 안에서 같은 생활을 하다 보니까 더 각별했고, 좀 더 친해졌죠, 지금 이제 연락은 잘 안 되고 있지만. 근데 성원이 같은 경우도 참 어처구니없는 그런 일이 있었던 게, 성원이를 진작에 찾았어요. 진작에 찾았는데, 한 일주일 정도 넘은 시점에서, 유전자 검사를 하고 나서 [알게 된 거예요]. 유전자 검사하기 전에 성원이를 찾았었는데, 기억에 인상착의가 30대 남자 일반인으로 추정된다는 그런 [잘못된 인상착의 정보 때문에]. 성원이가 좀 체격이 있었어요, 이 녀석이. 그렇게 인상착의를 올리다 보니까, 당사자인 성원이 아빠나 엄마조차도 확인을 못 했던 거예요. 예를 들어서 아이들이 바뀐다거나 몇 번 그런…. 착오를 거치면서 그때 엄마들을 기준으로 엄마들을 상대로 해서 DNA 검사를 하게 됐거든요. 엄마들이 다 가서 DNA 시료를, 시료라 그러나, 채취를 했고 그렇게 했는데, 성원이 같은 경우는 찾고, DNA 검사를 한 후에, 검사를 했으니까 일주일 만에 성원이인 걸로 확인이 된 거예요.

그니까 초반에 해경, 정부의 대응이 얼마나 허술하고 체계가 없고 그랬는지, 그거 하나만 보더라도…. 많은 일이 있었잖아요, 병원에서. 아이들을 그냥 병원 복도에다가 그냥 내려놓는가 하면, 그런 기가 막힌 일들도 많이 있었는데. 그런 거 하나만 보더래도 초기 정부가 진짜 '이게 나라가 맞냐, 정부가 맞냐' 그런 생각이 들게끔 했었거든요. 줄곧 저도 그런 생각을 했었어요. '베트남 난민보다도 우리가 더 못하다. 베트남 난민이 우리보다 더 낫겠다'. 어떤 대우라든가 이런 면에서. 그런 것들을 좀 많이 느꼈죠. 근데 뭐 그런 것들이 사실 자기 자식을 기다리는 부모한테는 크게 문제될 거는 없었거든요, 사실 그때는, 처음에 그때 당시에는. 근데 지나고 나서 생각을 해보면은 그런 어떤, 말 그대로 대책이 없는 정부의 대책들, 그런 것들이 참 많이 문제가 되는 거죠.

면담자     그때는 찾는 것이 중요하니까 일단은 그런 일이 있어도 그냥 지나가고 기다리시고 했는데, 지금 생각해 보면 문제가 많았단 말씀이시죠? (건우 아빠 : 그렇죠, 그랬죠) 그러면 DNA 검사가 처음부터 있지 않았나요?

건우 아빠        처음부터 있진 않았어요.

면담자        "DNA 검사를 한다"라는 공지 같은 게 따로 떴나요? DNA 검사를 하게 된 과정에 대해서 말씀해 주세요.

건우 아빠        그게 제가 알기로는 아이들이 한 번 바뀐 경우가 있었어요. 바뀐 아이들 중 하나가 바로 진상분과장 아들 장준형이가 바뀌어가지고. 장례를 치르려고 하는데, 바뀐 걸 알게 돼서 다시 했던 그런 얘기들도 있고, 그런 상황들이 많이 벌어지고…. 그리고 또 아이들이 당시에 뭐 교복을 입고, 명찰을 달고 있고 그렇다 그러면은 쉽게 확인이 되겠지만, 애들 대부분이 티에 추리닝 바지, 이런 정도. 명찰은 당연히 없고. 초창기에, 참사 초기에 수습이 됐던 아이들은 그래도 얼굴 윤곽이 남아 있기 때문에 확인이 됐는데, 부모들은 확인이 됐는데, 좀 시간이 지나면서 안 됐어요, 확인이. 확인을 할 방법이 없었지. 또 오랜 시간 물에 있다 올라오게 되면 상태가 많이 훼손이 되니까, 부패되고. 그런 면에서 아까 말씀드렸던, 아이들이 바뀌는 그런 웃지 못할 상황도 생기고 그러면서 DNA 검사를 본격적으로 한 거죠.

면담자        아이들이 바뀌는 경우가 생기고 하면서 어머니들의 DNA를 미리 채취를 해서 데이터를 정부에서 가지고 있었던 거죠?

건우 아빠        네. 그래서 수습을 하게 되면 DNA 검사를 하게 됐고. 보통 오늘 수습을 했으면 다음 날 밤늦게나 아니면 다음 날 확인이 되고. DNA 검사를 했었고, 그런 식으로 하게 됐었어요.

면담자    그 전에 인상착의를 보고 오신 분들은 일단 보여는 드리고, 그런 다음에는 DNA 검사 결과를 기다려야지 함께 갈 수 있는 상황이었던 건가요?

건우 아빠    그때 수습이 되면은 인상착의를 이렇게, 그때 그 선착장 앞쪽에 천막을 하나 쳐놓고 상황실 용도로 썼었는데, 수색 현황에 대한 가족 브리핑도 하고, 또 수습이 된 사체에 대해서 인상착의라든가…, 쭉 붙여놨었거든요. 그걸 보고 확인하는 거예요. 옷차림이라든가 어떤 특이 사항 이런 것들 보고 '우리 아이다' 판단이 되는 부모님들은 직접 가서 확인을 하고 그런 식으로 했거든요. 그러면서 열흘이 지나고 보름 지나고 몇 시간이 지나고, 저도 조금씩 그런 생각을 했었는데, 처음에는. 어떻게 보면은 피해 당사자인데 너무 이성적인 거 같아요, 제가. 너무 이성적인 거 같았어. 그게 뭐냐면 처음에는 사실 사고 현장에 저 안 들어갔어요. 일부러 안 들어갔어요. 다른 이유보다도 가장 큰 이유는 건우 엄마 때문에.

그때 아마 18일인가 19일인가, 4월. 아마 그때쯤인 걸로 기억을 하는데, 그때는 이제 상황실이 팽목항 매표소 있죠? 매표소 안쪽에 상황실을 마련을 했었거든요. 근데 엄마들이 밤에 거기 모여서 무릎 꿇고 울면서 "우리 아이 좀 찾아달라"고, "우리 아이 좀 살려달라"고 그렇게 울부짖었던 때가 있었는데, 거의 대부분 엄마들이 다 졸도를 했어요, 쓰러지고. 그런 걸 보면서, 건우 엄마도 울다가 못 견디고 기절을 하더라고. 그런 상황을 보면서 걱정이 되는 거예요. '있어야겠다' 그래서 내려와 있었던 둘째 처남한테 "야, 니가 좀 나가봐라, 현장에" 그랬던 거였고. 아빠들도 마찬가지지만 그래도 남자라는 이유 때문에 아빠들은 그래도 좀 괜찮았는데, 엄마들은 참… 어떻게 할 방법을 모르겠더라고요. 그래서 저 같은 경우는 '옆에 있어야 되겠다' 그래서 줄곧 같이 있었던 거예요. 근데 시간이 지나면서 조금씩 상황에 적응하게 됐고, 엄마들도.

어쨌든 성원이가 확인되고 나서 진짜 씁쓸하더라고요. '아니, 도대체 이런 일이 벌어질 수 있는가' 진짜 그런 생각 많이 들었고, 성원이 아빠가 성원이 데리고 올라가기 전에 같이 밖에서 밤에 담배 한 대 피면서 이런저런 얘기했었는데, 제가 그 얘기 했었잖아요. 먼저 올라가는 엄마, 아빠들이 남아 있는 부모들한테 항상 그런 얘기를 해요. "미안하다"고, "먼저 가서 미안하다"고. 진짜 나는 이해를 못 했었거든요. '그게 왜 미안한 거지, 왜 미안한 거지?' 이해를 못 했었는데, 나중에 한번 말씀드렸지만, 우리 건우 찾아서 올라갈 때, '아, 이런 마음이구나. 그래서 이런 말을 했구나' 그런 생각이 들더라고요.

면담자　　　너무 이성적이라고 느끼셨다고 하셨는데, 어떤 느낌이신지 좀 더 자세히 설명해 주실 수 있으실지요?

건우 아빠　　　하나하나씩 시간이 지나면서 내려놓기 시작했어요. 사실 저도 처음에 한 5일 정도까지는 '우리 건우 살아 있을 거다, 어딘가에 지금 구조가 돼서. 근데 뭐 기억을 잊었다든가 크게 다쳐서 어떤 상황이든가…, 하지만 살아 있을 거다. 살아 있을 거다, 배

안에'. 그때 처음에 배 안에 에어포켓 얘기들이 많이 나왔었잖아
요. 거짓으로 들통이 났지만. '살아 있을 거다' 계속 그랬거든요. 그
런 생각을 계속하고 있었거든요. 하루, 이틀 지나면서, 5일 정도 지
나고 나서 4, 5월 말 정도 그때까지도 아침에 바닷물에 손을 담그
면 굉장히 차가웠어요, 바닷물에.

그러면서 5일째 되던 날로 기억을 하는데, 제가 먼저 건우를 내
려놨죠 먼저, 마음에서. '이 상태로는 없다. 희망이 없다. 빨리 찾
아야 되는 방법밖에는 없다'라는 생각이 들더라고요. 그래서 그날
저녁 무렵 때, 건우 엄마한테 그 얘기를 했거든요. "우리가 마음속
에서 건우를 보내야 할 때가 된 거 같다. 내려놔야 될 때가 된 거
같다" 그 얘기를 했죠, 그 얘기를 하고…. 집사람도 의외로 받아들
여 주더라고요. 둘이 부둥켜안고 참 많이 울었는데, 그렇다고 완전
히 보낸 건 아니고. 그냥 뭐라 그럴까, '물리적으로 보내야 될 때가
된 거 같다'는 생각을 한 거거든요, 그 얘기를 하고.

지금도 가끔, 일부 어떤 어머님들 얘기를 들어보면, 아이들에
대한 환청이 생긴다거나 그런 경우가 조금씩 있다고 그러더라고
요. 그런 느낌, '아이가 옆에 있다'라는 그런 느낌을 받을 때가 있
고. 저도 이제 가끔씩 환청, 뭐 어떤 소리가 들리는 건 아닌데, 그
런 느낌을 받을 때가 있거든요. 그러면 처음에는 사실 좀 두려운
마음, 미안한 마음들 때문에 어떻게 판단을 못 했는데, 나중에는
하나씩 받아들이게 되더라고요. '아, 이 녀석 왔구나'.

하튼 팽목에 있으면서도 다른 생각은 거의 못 했어요, 다른 생

각은. 왜 그때 처음서부터 가족협의회, 임시죠, 임시협의회가 그런 구조가 만들어지고, 많은 아버님들이 임시 뭐 자리를 맡아서 정부 상대로 해서 확인을 하고 그럴 당시에도 저는 뒤에서 힘만 보태줬지, 큰 힘은 아니었지만, 직접적으로 뛰어들고 그러진 못했거든요. 그때 당시의 상황이, 상황이라기보다도, 그때 당시를 생각을 해보면은 다른 생각은 없었어요. 그냥 오로지 '빨리빨리 돌아와 주기만' 그 생각만을 했기 때문에, 어떻게 보면 아빠로서 소극적인 면도 있었죠. 그리고 핑계 없는 무덤 없다고…, 사실 건우 엄마가 젤 걱정이 됐거든요. 작은 녀석한테 미안하지만, 작은 녀석 생각은 못 했고, 할 겨를도 없었고…. 혼자 그 시간 동안 견뎌온 걸 보면 대견하고 미안하고 그렇죠.

# 3
## 지인들과의 관계

면담자    아버님 팽목에 오래 계실 때, 당일부터 주변 지인들이나 친구들 연락을 좀 받으셨나요? (건우 아빠 : 네) 다른 분들 보면 참사 이후에 친척이나 친구들하고 인연이 끊기신 분들이 많잖아요. 초반에는 연락도 많이 받으시고 지지도 많이 받으셨다가 변하는 과정이 있는 거 같아서. 아버님도 그런 경험이 있으신가요?

건우 아빠    지금은 많이들 끊겼는데. 사실 저도 예전과 같은 그런 직장생활을 할 때라든가 [그때보다] 개인적인 관계들이 많이 끊어졌어요, 연락 안 되고. 서로 못 한다고 생각을 하는 거죠. 기본적으로 팽목에 있을 당시에 저희 형제들하고 또 처가 쪽, 처남들 처남댁들이 일주일이고 뭐 계속 내려와 있었고, 또 처남들도 휴가 내가지고 일주일 내려와 있고, 계속 이렇게 로테이션 하면서 와 있었고. 그리고 제가 참사 이전에 안산시, 안산시에 생활체육협의회가 있어요. 등산 활동을 하고, 산악회 활동을 하고. 또 생활체육협의회 내에 등산 연합회가 있거든요. 등산 연합회에서 일도 하고 그랬었어요. 산악 동호인이라고 얘기하는데, 많은 분들을 알고 있었죠. 근데 그분들이 참 많이 내려와 주셨어요.

면담자     직접 내려오셨죠?

건우 아빠     예. 직접 팽목까지 내려와서 많이 사 먹고[주고], 그런 물질적인 지원도 많이 해주셨죠. 그리고 친구들도 한두 번은 다 내려와 줬었고…, 친구들도 그랬고. 또 저희 형, 형수하고 형하고 교회를 다니세요. 그 교회 목사님이 계시는데 그분이 가끔 내려와 주셨어요.

면담자     아버님은 처음 뵙는 분이셨어요?

건우 아빠     예. 저는 처음 뵙는 분이었고, 안산에 예수비전교회라고 그 목사님이 참 인간적인 분이시더라고요. 종교인이라는 걸 떠나서 그분이 가끔 내려와서 나름 또 기도도 해주시고 그렇게 해주셨고. 건우 찾기 전날이었을 거예요. 전날 내려오셨다가 올라가셨거든. 맞아요, 전날이었어. 우리 ○○ 녀석 내려왔다가 올라간 날이니까. 그런 분들이 계셨고. 그리고 하튼 당시에 알고 있던 사람들, 지인들 많이 찾아와 주셨어요. 많이 찾아와서 사실, 전화를 하죠. "필요한 게 뭐냐?", "담배 사 와라" 사실 담배가 제일 필요한 거였으니까 그때 당시에. 그러면 또 담배 보루로 사다 주고. 그런 것들이 저한테, 그때 그렇게 찾아와 줬던 사람들, 지금도 계속 연락하고, 가끔 뭐 이렇게 자주는 아니지만, 가끔 연락해서 만나고 얼굴도 보고 그래요.

면담자      아버님은 그때부터 주변 사람들로부터 고립감을 느끼거나 그런 편은 아니신 거죠?

건우 아빠      저는 그런 건 못 느꼈어요. 다른 가족들 얘기를 들어 보면은 그렇게 친하게 지내던 이웃들과도 불편한 관계가 된 분들이 많고. 동병상련이라고 또 같이 자식을 잃은 부모 입장에서는 가까워질 수밖에 없잖아요. 그 아픔을 알고 이해할 수가 있으니까, 같이 아플 수 있으니까. 눈에 보이는 현상들로만 말씀을 드리면은, 주위에 계신 분들은 어떻게 접근하는 방법을 몰랐던 거 같아요. 가족들한테 미안한 마음, 처음엔 그런 것도 많고. 지금은 조금 색깔이 바뀌었지만 처음에는 그런 마음들 때문에 한두 번쯤은 볼 수 있었지만 서로 부담을 느꼈을 거예요, 서로. 그것도 내가 어떻게 대하느냐에 따라서 틀려질 수도 있지만. 사실 뭐라 그럴까 친구들 사이에서도 그런 경우가 있었어요.

예를 들어서 고등학교 때부터 사귀었던 친구 녀석인데, 집이 순천이에요, 순천. 순천에서 팽목까지는 그렇게 먼 거리는 아니거든. 근데 이 녀석이 순천에 살면서 한 번을 안 찾아오더라고. 그때 당시에는 그런 생각을 못 했지만, 지나고 나서 그런 생각들이 소심하게 하나씩 하나씩 생각이 나더라구. 연락도, 하다못해 전화 한 통화도 없었고. 그러다가 이제 한참 지나고 나서 나중에 제가 물어봤어요. 친구들 모이는 자리가 있었는데, 거기 가서 물어봤죠. "왜 연락도 안 하고 한 번도 안 찾아왔느냐, 너 친구 맞냐" 그랬더니 그 녀석 하는 말이, 나중에 이제 이해가 되던데. "도저히 미안해서 못 가겠더라", "뭐가 미안한데?" 그 미안함이라는 거는 또 다른 미안함이더라고요.

뭐냐 하면은 그 녀석은 딸만 둘이 있는데, 큰딸하고 우리 건우하고 동갑이에요. 친구 녀석들이 모일 때, 매년 휴가를 같이 갔었어요. 애들 어렸을 때부터 같이 어울리는 녀석들이거든. 근데 좀 애들이 크고 어렸을 때만큼 자주 보지는 못했지만, '어렸을 때부터 알고 있던 아빠 친구의 아들, 내 친구, 나랑 나이가 같으니까', 그런 관계, 그런 생각들을 하고 있었던 거 같더라고요. 근데 그 녀석이 그렇게 울더래요. 예를 들어서 앨범 보면 어렸을 때 놀러 가서 같이 찍은 사진도 있고 그러니까. 그 친구도 지 딸한테 그런 얘기를 들으면서 도저히 나한테, "아무리 어렸을 때부터, 고등학교 때부터 사귄 친구지만 그 미안하다는 마음 때문에 연락을 못 했다" 그러더라고요. "그래, 그렇게 받아들일게". 그걸로 거기에 대해서

건우 아빠 김광배

다른 감정을 가질 일도 없고 이유도 없고, 그냥 그렇게 받아들인 거죠.

저 같은 경우는 그랬는데, 다른 분들은 그게 많이 서운한 감이 들죠. 서운한 감이 드는데…, 그래서 친구들 관계가 끊어진 경우가 많더라고요. 건우 엄마 같은 경우도 직장 다닐 때부터 같이 같은 회사에서 지낸 회사 친구들. 저도 다 알죠, 같은 회사 다녔으니까. 지금 다 연락 끊어졌어요. 지금 다 연락 끊어지고 서로 부담을 느끼는 거 같아요. 저는 그렇게 생각 안 드는데 많은 분들이 부담을 느끼시더라고요. 그리고 또 온라인을 통해서 알게 된 띠동갑 친구들이 있어요. 2000년도부터 만났으니까 꽤 오래된 친구들인데, 광주에 사는 친구가 있어요, 여자 친군데. 그 친구가 자기 신랑하고. 그 형님이 지금 영광인가, 거기 중학교 교감선생님으로 계세요. 같이 팽목까지 찾아와 주고. 그냥 뭐 특별한 그런 생각이나 그런 마음은 아니고 친구니까, 가까이 있으니까 꼭 가봐야 되니까 그런 생각으로 왔을 테고, 저도 그렇게 받아들이고 한 건데.

사람마다 또 틀린가 보더라고요, 그런 거는. 한편으로 보면은 '아, 내가 대인관계는, 사회생활은 잘했구나' 하는 생각이 들고. 지금도 저 같은 경우는 거의 없어요, 연락이 끊어진 사람들이 [별로 없어요]. 우리 가족들, 연락하고 사는 사람들이 더 늘었지만, 끊어진 관계는 거의 없어요.

**면담자**       되게 중요한 얘기인거 같아요. 아버님 경우는 오히려 새로운 가족들, 친구분들이나 유가족분들이 옆에 더 생기신 편이네요.

**건우 아빠**       뭐, 모르겠어요. 저는 친구라는 가치를 좀 남다르게 생각하거든요. '내 인생에 절반은 가족이고 남은 절반 중에 절반은 친구고' 저는 그렇게 생각을 하는데, 건우가 그런 생각을 갖고 살았던 거 같아요. 뭐냐면 친구 관계를 보더래도, 친구를 사귀는 방법이라든가 관계를 갖고 지속하는 방법이라든가 이런 게 저하고 매우, 거의 똑같더라고요. 친구가 많지는 않아요. 근데 있는 친구들은 흔히 얘기하는 절친[절친한 친구]이라고 그러죠. 한 번쯤은 그냥 '친구를 위해서 목숨도 내놓을 수 있어' 뭐 그런 생각을, 한 번쯤은 해볼 수 있는 그런 친구들, 그리고 좀 오래된 친구들, 그런 스타일로 친구들을…, 살았던 것 같더라고요. 다른 녀석, 어울리면서 만들었던 거 보면은 제 자랑은 아니지만, 지인들이라든가, 지금도 마찬가지고요. 섭섭한 마음을 갖는다는 게 그건 아무것도 아닌 거 같아요. 내가 받아들이는 게 그게 문제지. 그 사람들의 마음, 그 사람들의 입장, 내가 받아들이면 되거든. 미안하겠죠, 당연히. 다른 것도 아니고. 부모님 돌아가셨다고 그러면은 인사 한마디로 끝날 수 있는 거지만, 그게 아니잖아요. 그러다 보니까 지인들도 굉장히 큰 부담을 느꼈을 거예요. 그거를 내가 어떻게 받아들이느냐에 따라서 틀리다고 생각을 하거든요. 저 같은 경우는 그래요. 그래서 지금도 그 친구들 연락하고 만나고 있고. 그렇습니다.

건우 아빠 김광배

## 4
## 안산으로 올라오는 과정과 장례

**면담자**　건우 찾은 이야기까지 들었는데, 안산에 올라오는 과정과 장례 치르는 시간들에 대해서는 못 들었어요. 그때 얘기 좀 해주실 수 있나요?

**건우 아빠**　다음 날 아침에 한, 그니까 건우를 15일 날 2시 8분에 찾아서 데리고 들어와서 5시 넘어가지고, 5시 넘었을 거예요. 5시 넘어서 제가 확인을 하고, 그때 마침 저희 형하고 형수하고 같이 내려와 있어서, 장인어른께서도 내려와 계셨었거든요. 그날 내려오셨죠, 그날 15일 날 내려오셨었죠. 형이랑 둘이서 가서, 집사람은 일부러 안 데리고 들어갔어요. 지금도 그렇지만, 건우 저기가 수원에 있는 게 승화원인가, 거기서 보내고 올 때도. 집사람이 건우 꼭 안고 왔는데, "따뜻하다, 따뜻하다" 하면서 안고 왔는데, 지금도 그래요. 그때도 그랬지만, 건우의 제일 이뻤고 가장 이뻤던 모습, 그 모습만 마지막으로 기억해 줬으면 싶더라고요. 그래서 일부러 안 데리고 갔고, 확인할 때. 처음에 봤을 때하고, 바지선에서 처음에 올라오는 거 봤을 때하고 들어가서 확인할 때하고 너무 큰 차이거든요. 그걸 알고 있었기 때문에, 그런 마음에 안 데리고 갔고…, 확인하고 저는 100프로 믿었어요. 지 엄마가 첫 월급 타서 같이 했던 실반지, 실반지 그대로 손가락에 끼고 있었고, 오른쪽 약지에 끼고 있었고. 손가락 끝이 꼬부라진 거, 내 아들이라는 애

117
·
3회차

기고. 그것만 보더래도 '아, 우리 건우 맞다'라고 느낄 수 있을 정도 였으니까. 옷차림도 그렇고… 확인하고 "맞다. 우리 아들이다" 확 인하고. 물론 DNA 검사한 게 결과가 나와야 되니까, 근데 그 결과 를 다음 날 아침 한 7시경에 연락을 받았어요, "건우가 맞다"라고. "DNA 일치한다"라고.

다음 날, 그러니까 16일이죠? 5월 16일 아침에 연락을 받고 올 라갈 준비하고, 건우 옷에서 가지고 올라온 휴대폰 받고 해수부한 테서. 그거 받고 그다음에 어떤 절차, 절차대로 그쪽에서 다 해뒀 더라고요. 하고선 한 10시경에 출발을 했어요. 처음에는 "헬기로 갈 거냐, 아니면은 장례 차량으로 갈 거냐" 하고 물어보더라고요. 헬기로 가면은 빨리 갈 수는 있겠죠. 빨리 갈 수는 있겠는데, 그러 고 싶지 않았거든요. 빠르다고 해봐야 얼마나 빠르겠어요, 올라가 는 시간 정도. 근데 그렇게 차이, 사실 전 과정을 따져보면 그렇게 많이 빠른 것도 아니었거든요. '그냥 편히 데리고 올라가자' 그래서 장례 차량으로 데리고 올라왔어요.

데리고 올라오는데, 그때 안산에서 자원봉사로 와주신 택시기 사님, 많이 내려오셨었잖아요, 그때 당시에. 알죠. 얼마나 피곤하 시겠어. 근데 올라가시면서 계속 졸음운전을 하시더라고요. '야, 이거 도저히 안 되겠다' 싶어 가지고 "휴게소 들러서 좀 쉬었다 가 자" [말씀드렸더니] "빨리 올라가야 되지 않느냐?" [하서서] "괜찮다. 안전하게, 천천히 올라가도 되니까 안전하게 올라가자" 그렇게 올 라가고. "음악 트셔도 돼요. 운전하시면서 음악 트세요. 괜찮습니다" [했더니] "어떻게 음악을 틀 수가 있냐, 오늘 같은 날" [하시길래] "괜찮다"고. "우리 애도 좋아할 거라, 음악 트시라"고 음악도 틀고 올라가고. 시, 도 경계가 바뀔 때마다 그쪽 지역 경찰들이 나와서 에스코트 해주고, 그렇게 올라왔어요.

면담자　　　에스코트가 있었네요.

건우 아빠　　예, 있었어요 그때. 처음에는 없었던 것들이 나중에는 이제 시행착오를 많이 겪고, 또 가족들이 요구를 하면서 많이 개선이 됐어요. 장례 치르는 절차에 대해서 처음에 아이들 찾아서 올라가셨던 부모님들은 불만이 굉장히 많아요. 저는 불만 없었거든요. 알아서 다 준비해 주고, 알아서 다 절차 진행해 주고. 저는 불만이 없었는데, 그런 불만들을 굉장히 많이 갖고 계시더라고요. 그 얘기가 나오면 저는 할 얘기가 없었거든요, 사실. (면담자 : 근데 안 그러신 분도 계셨던 거 같아요) 그리고 또 올라올 때 팽목에서 수양딸로 삼은 아이가 있었는데, 여자아이가. 팽목에 다음 날, 다음 다음 날, 4월 18일 날 서울에서 자원봉사 하겠다고 그냥 혼자 무턱대고 내려와 가지고, 올라오는 날 같이 올라왔어요, 저랑. (면담자 : 그때까지 기다리신 거예요?) 저희 옆에서 같이 잤거든요. 건우 엄마하고 같이 옆에서 자고 그랬던 녀석이 있는데, 고향은 광주고 지금은 집에 내려가 있고.

면담자　　　그분 나이가 어느 정도 돼요?

건우 아빠　　지금 스물일곱, 스물여덟이구나 지금, 스물여덟. 그때 막 대학 졸업하고 취업 때문에 서울 올라갔다가 취업 준비하는 과정 중에 세월호 참사가 나고, '이건, 나는 꼭 내려가야 되겠다' 해서 내려왔다 그러더라고요. '뭔가 조그만 힘이라도 보태야 되겠다' 싶어서 취업이고 뭐고 다 때려치우고 내려왔더라고요. (면담자 : 지금도 연락하세요?) 지금은 연락이 좀 뜸해졌어요. 지금은 좀 뜸해졌는데, 처음에는 [자주 봤고, 지금은] 전화만, 서로 통화는 하고 해요. 그런 상황이고. (면담자 : 안산에 같이 올라온 거예요?) 안산까지 같이 올라오고. (면담자 : 그러면 차 같이 타고 올라왔나요?) 같이 타고 올라왔어요.

올라와서 장례식장이 저기 그 상록수 있는데, 거기가 북고개 삼거리에 있어요. 북고개 삼거리라고 있는데, 거기가 안산 제일장례식장 거긴데, 거기 그때 201호였나. 2층에 두 군데 있는데 호수가 헷갈려, 1호였나, 2호였나. 하튼 그 장례식장이 지 친구들도 이미 다녀간 곳이고, 4반에 성호도 같은 실에서 보냈고, 또 준우도 그렇고. 건우를 보내기 전에 많이 왔었어요. 건우 찾아서 안산에 올라왔다고 얘기를 제가 연락을 줬어요, 다니던 회사 여직원한테 연락을 줬죠. 그랬더니 그 여직원이 제가 사회생활 하면서 같이 어울렸던 관계를 갖고 있었던 사람들한테 전부 연락을 했더라고요, 그 여직원이. 등산 동호회, 산악 동호회원들도 많이 오고 친구들도 많이 오고.

또 세월호 참사가 작은 일이 아니니까, 얼굴도 많이 나갔겠죠. 그러다 보니까 10년 이상 지나고 그랬던, 20년 가까이 지났을 때 알고 있었던 관계, 지인들. 예를 들어서 저는 전혀 생각을 못 했는데, 제가 군대를 갔다 오고 89년, 89년도에 숭실대학교에 숭실전자계산원이라고 있어요. 2년제 코슨데, 전산원이라고 얘기를 하는데, 제가 거기를 나왔거든요. 그때 같이 어울렸던 그 동기들이 어떻게 알고서 왔는지, 다 연락이 돼가지고 한 30명 가까이 왔더라고요. 얼굴은 다 기억이 나죠, 이름은 기억이 잘 안 날지 모르지만…. 너무 고맙더라고요, 와서 같이 아파해 주고, 같이 슬퍼해 주고, 위로도 해주고. 3일장 지내면서 많은 분들이 찾아와 주셨고, 그게 어떻게 보면은 건우를 보내기 전에 그래도 너무 미안하지 않게 보낼 수 있었던 이유가 된 거 같고.

진짜 가슴 아팠던 게, 우리 건우 염할 때. 그때는 진짜, 제가 말씀드렸나? 아버지 돌아가시고 다음 날 이 녀석 태어나는 바람에 아버지 제대로 보내드리지도 못하고 그런 거…. 그런 마음이 있었는데, '내가 내 아들을 그렇게 보내야 된다'고 생각을 하니까 너무 아프더라고요. 그니까 가서 온몸을 다 쓰다듬어줬어요, 잘 가라고. 온 몸을 다 쓰다듬어주고 만져주고 마지막 승화원 가서 거기서 마지막으로 보낼 때 실반지 껴서 보냈거든요. 지가 가고 싶었던 곳, 원하는 곳에 지가 좋아하는 사람들하고 친구들하고 잘 있는 거 같아요. 잘 간 거 같고. 그러고 나서 지금 효원, 효원에 데려다 놨는데, 거기 지가 좋아하던 친구들이 거기에 있고, 준우도 거기에 있고, 재욱이도 거기에 있고 그리고 돌아올 때 같이 돌아왔던 성현이 녀석도 같이 있고… 거기.

그렇게 보내고 49재를 지내줬어요, 49재를 지내줬고. 지금 이름이 잘 생각 안 나는데, 시흥으로 넘어가다 보면은, 연성 쪽으로 넘어가다 보면 왼쪽에 영각사 절이 있어요, 그 절에서 49재 지내주고. 건우 물건은 다 가지고 있어요 지금, 지금도 다 가지고 있고. 아마 그때 배냇저고리하고 바지하고, 속내의 한 벌하고 이렇게 태운 거 같은데. 배냇저고리가 딸랑 한 벌만 있는 건 아니잖아요, 두어 벌 있는 것 중에서 하나 태워주고 그렇게 보냈는데. 그니까 4월 16일 이후로 팽목 내려가 있는 동안 굉장히 아팠었거든요. 양쪽 어깨하고 목 디스크가 좀 있었어요, 있기는. 그거 때문에 아픈 것도 있지만, 그런 아픔보다는 뭐가 무거운 게 이 위에 올라가 있는 느낌 있잖아요. 그런 느낌이었는데, 49재 끝나는 날 그날 태워서 보내니까 거짓말처럼 그 고통이 싹 사라져버리더라고요. 팔을 제대로 못 들 정도로 그렇게 아팠었거든요. 근데 그게 싹 사라지더라고요. 그런 얘기를 절에 주지스님한테, 49재를 지내주신 주지스님한테 얘기를 했죠. "아, 이 녀석이 좋은 데 갔다" 그렇게 얘기를 하더라고요.

그러고 나서 매주 토요일, 건우 보내고 나서 그게 16, 17, 18일. 화장한 날이 18일인데, 그러고 나서 그 주 일요일부터. 일요일이었어요 18일이, 그 주 5월 18일이 아마 일요일이었을 거예요. 그때 장례식장에서 수원으로 가기 전에 보통 학교, 집 이렇게 들렀다 가잖아요. 학교는, 건우가 쓰던 학교에 있던 물건들, 슬리퍼니 책이니 뭐 이런 것들, 책상에 있던 것들 담아놓은 상자가 있는데 그거 또 받아야 되고. 학교 들렀다가 이 녀석 교실 갔다가 그거 받아서 내려오고. 집은 그 앞까진 안 들어가고 도로가에, 도로가에서 잠깐 섰다가 그러고 나서 승화원으로 간 거였었는데….

그 얘기를 하려고 그랬구나. 18일 날 이렇게 보내고 나서 그 주 토요일 날, 2014년 11월 달 수색이 종료되는 그때까지 매주 내려갔었어요. 아직도 민지, 그때 바로 옆에 있던 민지도 아직 돌아오지 않았었고. 그다음에 10월 23일 날 돌아온 녀석이 지안인가? (면담자 : 황지현이요) 황지현, 지현이도 있었고. 그때 당시에도 아이들이 있었잖아요, 아직. 그래서 매주 토요일 날 팽목 내려가서 일요일 날 올라오고. 그때 당시에는 회사를 다녔었거든요. 집사람은 좀 다니다가 그만뒀고, 저는 2015년 2월까지 다녔으니까. 직장을 다녔었는데, 매주 올라갔다 내려오고. 버스도 타고 갔다 올라왔다가, 그때만 하더라도 진도까지 내려가는, 팽목까지 내려가는 버스가 있었거든요. 운행을 했었으니까. 차도 운전해서 갔다 오기도 하고.

제가 먼저 아이 찾아서 올라가는 부모들이 "미안하다"고 한 얘기, 이해를 했다는 게 바로 그런 것들 때문에 그랬거든요. 그걸 저도 알고 왜 그런 얘기를 하는지, 어떤 마음으로 하는지 그걸 알겠더라고요. 그래서 그런 미안함 때문에 매주 내려갔다 온 거였었는데, 하튼 수색 종료되는 시점까지 계속 내려갔었고. 우리 건우 데리고 올라오던 날, 16일 날 차 타고 올라오다가 연락을 받았는데, "찬민이를 찾았다"고 연락을 받았거든요, 그날 16일 날. 그 연락도 받고 그랬었습니다.

## 직장 복귀와 반 모임

**면담자**　　아버님은 올라오셔서 바로 직장으로 복귀를 하셨다고 했죠?

**건우 아빠**　　예, 6월 달부터. 원래는 '한 3개월 정도 쉬어야겠다'고 생각을 했어요. 생각을 하고 회사에서 사장님한테 말씀을 드렸는데, 의논을 했는데 마음 같아서는 쉬는 게 좋겠지만 사실 회사 사정이 그때 당시에 쉴 수 있는 그런 상황이 아니었거든요. 일이 잔뜩 벌려져 있는데 정리를 못 하고 있는 거예요, 그 일을. 그러다 보니까 6월 달부터 다시 직장을 나가게 됐죠. 직장을 나가게 됐는데 사실 제대로 못 했어요, 그 후에. 할 수 있는 그런 상황이나 여건이 안 되더라고요. 거의 매일같이 회사에서 나와요. 아침에 출근했다가 회의하고 나와서 그냥 건우한테도 갔다 오고, 거의 매일 갔었으니까 그때는. 한 30분, 35분이면 가니까. 그랬었고, 그런 상황을 인제 회사에서도 사장님도 알지만, 쉽게 얘기할 수 있는 것도 아니고…. 6월 달부터 바로 또 다니게 됐어요.

**면담자**　　그때 당시에는 가족대책위라는 게 존재했었나요?

**건우 아빠**　　예. 그때, 그때는 만들었었죠, 있었죠. 그때는 협의회. 지금 얘기하는 가족협의회가 아니고 가족대책위원횐가, 가족대책위원회인가 그랬을 거예요, 아마.

면담자     그때 가대위에 누가 있고, 어떤 일을 하고 계시는지 등 그 조직을 인식하고 계셨어요?

건우 아빠     조직에 대해서는 정확하게 몰랐고, 예를 들어서 그때 KBS. KBS 것만 하더라도 그땐 좀 못 갔어요, 건우 엄마는 갔었는데 저는 못 갔고. 그런 상황들은 뉴스나 이런 매체를 통해서 알고 있었죠. 그리고 당시에 유병언이 건 때문에 거의 매일 그냥 뉴스 검색하고, 인터넷 뉴스 검색하고 그런 상황이었죠, 직접적으로 하진 못했고. 근데 그때 준우 아빠가 무슨 파튼지 기억은 잘 안 나는데 그때 가족대책위에서 일하고 있었고, 성호 아빠도 열심히 하고 있었고, 다른 아빠들은 진짜 열심히 하고 있었는데 그때 저는 직장 다니고 있었죠.

면담자     아버님들 통해서 어떤 활동을 하고 계시다는 건 알고 계셨던 거예요?

건우 아빠     아니. 직접적으로 알진 못했고 그냥 전체적으로 어떤 일들이 있었고, 가협 내에서 어떤 일들이 진행이 되고 그런 것들은 얘기 듣고. 또 어떤 뉴스라든가 이런 거 보고 알고 그 정도였었죠.

면담자     언론 통해서라든지 간접적으로 알고 계셨네요?

건우 아빠     그렇죠. 간접적으로 알고 있었죠. 처음 안산에서 광화문까지 부모님들이 행진하던 날. 그날 집사람은, 건우 엄마는 행

125
•

진을 했는데 그때 행진할 당시에 우리 회사 앞으로 지나갔어요. 그
걸 알고 있었거든요. 회사가 부곡동에 있는데, 거기서부터 목감까
지 뒤에서 차 갖고 쫓아가면서 그냥 보고, 그 정도였었죠. 당시만
하더래도 다른 가족들은 거의 몰랐어요. 저도 몰랐고 그 가족들도
저를 몰랐고, 그땐 뭐.

**면담자**　　어머님은 아셨나 보네요. 어떤 소식이나 연락을 주
고받고 이렇게 하신 게 반 모임 통해서였나요?

**건우 아빠**　　그랬죠, 주로 반 모임이니까. 그때만 하더라도 반별
로 참 잘 모이고 의기투합하고 괜찮았었죠, 관계가 좋았죠. 나중에
지나면서 좀 생각들이 틀리고 하다 보니까 이제 나는 "깨졌다"고
표현을 하는데, 깨졌어요. (면담자 : 이제 반 모임이 없어요?) 없어요.
그냥 반 모임, 반톡이라든가 밴드라든가 이런 것들, 저는 나와 있
고. 그냥 어떻게 보면은 그 이윤데, 또 어떻게 보면 별 이유도 아니
고. 그게 뭐냐 하면은 '당신은 당신 일을 하고 당신 자식들을 위한
일을 하고, 나는 내 자식들을 위한 일을 할 거니까 서로 그렇게 하
자' 그런 생각이거든요. 그런 생각이 지금도 마찬가지고 시간이 지
나면서 느껴지는 건데 틀리더라고요. 어떤 상황, 자식을 잃었다는
그 상황은 똑같은데 그런 상황에 대해서 대응하는 방법이라든가
판단하는 생각들 이런 것들이 틀리더라고요. '가끔은 저게 맞는 건
가, 이게 맞는 건가?' 고민할 때도 있고, 한편으로는 무지하게 화가
날 때도 있고, 그런 것들이 생기더라고요. 결국에는 스스로 정리하

는 거죠. '나는 내 아들을 위해서 한다' 그 생각을 하는 거죠.

그때 반이라는 그 자체가 흐트러지고 할 때, 그때 많은 부탁이 랄까, 많은 얘기들을 했거든요. "그렇게 어렵냐. 아픈 거 다 안다, 나도 아프니까. 당신만 아프고 나는 안 아프겠냐, 똑같이 아프다. 근데 나는 나와서 뭐 일하고 가족협의회에서 싸우고 직책 맡아가 지고 활동하고 그런 것까지는 바라지 않는다. 다만 반 당직이지 않 냐". 그땐 당직 섰잖아요, 화랑유원지 있을 때. "당직만큼은 나와야 되는 거 아니냐, 그게 가장 기본인데. 가족들이 소통할 수 있는 가 장 기본인데 그것마저 안 나오면 안 되는 거 아니냐". 몇 번을 요구 를 하고 얘기를 했는데, 안 되더라고요. 나름대로 다 이유가 있더 라고요.

**면담자**　　　반 모임이 흔들리기 시작한 게 언제쯤이에요?

**건우 아빠**　　　2015년도 상반기 지나고 나서부터. 그 시점이 언제 냐 하면은 특조위법이 막 만들어지고 시행령 얘기가 나오고 그때 까지만 해도 [잘 모였었어요]. 2015년 4월 달에 그때 배·보상 문제, 배·보상 문제가 대두되고 그럴 때쯤 가족들이 광화문 올라가서 단 체 삭발을 한 적이 있어요. 그리고 나서 안산에서 그때 광화문까지 행진을 했었죠. 그때는 같이 했었는데, 그 무렵이었죠. 그 무렵까 지만 해도 많이 모였죠, 잘 모였죠. 근데 이제 특별법 시행령이 만 들어지고 특별법이 통과가 되는 시점이구나, 시행령이 만들어지는 시점이 아니고. 그 시점 돼가지고 반에서 이제 이견이 생긴 거예요. 다른 반들도 마찬가지겠지만, 5반 같은 경우도 "절대로 못 받아들인다".

그때 그 박영선, 김영선인가. 박영선이죠? 박영선이 이완구하고 밀실 협의를 할 때쯤. "이거는 우리가 받아주고 같이 협의를 해서 특별법 만들어야 되는 거 아니냐, 이 부분을 우리가 받아줘야 된다"라든가 이런 부분에서 의견 차이가 생긴 거죠, 의견 차이가. 일부 부모들은 거의 "못 받아들인다. 싸워야 된다. 싸워서 우리가 원하는 법안을 통과시켜해야 한다". 그때 가장 이슈가 된 게 뭐냐면 수사권과 기소권이거든요. 그래서 "그게 없는 특별법은 못 받아들인다. 싸워야 된다" 하는 부모들이 대다수였고, 5반만 보더래도. "물론 그게 필요하고 그게 꼭 있어야 되는 건 안다. 하지만 그게 실질적으로 지금 어떤 법률적인 면보다도 정치적인 면에서 못 준다고 하는 건데, 정치적으로 호불호에 따라서 못 주겠다고 하는 건데 이걸 무슨 방법으로 받아낼 수 있느냐". 국회의사당 앞에 가서, 그래서 우리가 국회의사당 앞에 가서 국회의사당 본관 앞에서 농성하고 그랬었잖아요.

오랜 시간을 했는데, 그런 것도 그런 이유 때문에서 한 건데, 실질적으로는 세월호 참사라는 게 정치적인 문제가 돼버리니까 "어렵다. 일단 시작해야 된다. 일단 시작하고 하나하나씩 만들어가야 되는 게 맞지 않느냐" 저는 이제 그쪽이에요. 그쪽 생각이었었어요. "아무것도 시작도 못 하고 시간을 소비할 수 없다. 시작하자, 시작하고 싸우자" 그런 주의였고, 많은 부모들이…. 5반만 제한적으로 말씀드리면 그래요. 다른 반들은 상황 비슷했겠지. "무슨 소리냐. 수사권, 기소권 없는 특별법은 받아들일 수 없다. 끝까지 싸워야 된다" 이렇게 강하게 나오시는 부모님들 있었고. 그러면서 좀 갈라지기 시작한 거예요. 서로 적대시하는 광경까지 생기는 거 같더라고요.

그런데 결론적으로 와서 그렇게 주장했던 부모님들이 안 나오 더라고요. 싸우자고 하는 사람들이 지금 다 어딨는지 모르겠고, 그런 걸 보면서 많이 회의감도 들고. '무슨 부모가 저래. 부모 맞아?' 입 밖으로는 얘기 못 하지만 머릿속으로는 그런 생각들이 드는 거 죠, 나조차도. 그래서 처음에는 '아이들만 보고 가자' 그 생각이었 는데 지금 그것도 바뀌었어요. "당신은 당신 자식 일을 하세요. 나 는 내 자식 일을 할 테니까" 그렇게 바뀐 거지. 제가 얘기했던 게 그거거든요. "우리가 국가, 정부를 상대로 해서 세월호 참사 진상 규명을 하자고 싸우는 게 어떤 개인적인 어떤 이익이라든가 개인 적인 목적 때문에 그런 거 아니지 않나". 우리 아이들, 나는 세월호 참사 진상 규명이라는 게 가장 큰 의미가 우리 아이들의 명예거든 요. 그 명예를 되찾아 주는 것, 명예를 지켜주는 것, 그게 부모로서 의 마지막 일이라고 생각을 하거든요. 반드시 해야 되는, 죽기 전 에 해야 되는 일이라고 생각을 하거든요. 그런 얘기도 해요. "내가 당신 자식을 위해서 싸우는 거 아니다. 당신도 내 자식을 위해서, 우리 건우 위해서 싸우는 게 아니지 않느냐. 당신은 당신 자식을 위해서 싸우고 나는 내 자식을 위해서 싸우고, 그런 부모들이 모여

서 우리 아이들을 위해서 싸우는 게 되지 않느냐. 같이하자". 그런 얘기를 많이 했는데⋯. 〈비공개〉

면담자    심정적으로 그런 생각이 드신다는 거죠?

건우 아빠    예. 참 그런 생각이 들더라고요. 더군다나 이런 얘기는 하면 안 돼. 하튼 바라는 게 그거였거든요. '내 자식을 위해서 싸우면 그게 우리 아이들을 위해 싸우는 거 아니냐' 기본적인 생각이 그거고. "아퍼? 그럼 집에만 있을 거야? 끙끙 앓고만 있을 거야? 나오자, 나와서 싸우자. 그러면 그 아픔도 가신다". 저는 이런 아픔이라든가 흔히 얘기하는 트라우마라든가 이런 것들, 물론 트라우마를 극복하기 위해서 많은 전문가들이 필요하죠. 근데 그 전문가들은 그냥 도움만 줄 뿐이지 결국에 그 트라우마를 극복하는 건 내자신이라고 생각을 하거든요. 그러면 내가 그거를 극복할 수 있는 방법을 찾아야죠. 그게 가장 중요하다고 보거든요. 그래서 '나는이거 선택을 했고 해보니까 너무 좋아. 가장 좋은 방법이라고 생각을 해', 저는 개인적으로 이렇게 판단을 했어요.

그래서 건우 엄마[한테]도 "집에서 뜨개질만 하지 말고 그냥 아파만 하지 말고, 어디 뭐 분과 들어가서 같이 일하고. 지금 세월호진상 규명을 한다는 특조위[4·16 세월호 참사 특별조사위원회]나 선조위[세월호 선체조사위원회]나 이런 데서 이 사람들이 무슨 생각을 갖고 진상 규명을 하려고 하는 건지 그런 것도 알아보고, 맞지 않으면 싸워야 되는 거 아니냐, 우리가. 그런 걸 우리가 지키고 우리가

건우 아빠 김광배

만들어야 하는 거 아니냐, 나가자" [했어요]. "작은 녀석이 이제 다 컸으니까 이제 나가자" 그렇게는 얘기 안 했지만, 그런 마음으로 했더니 자기도 그런 방법이 맞다고 생각을 하는 거 같아요, 지금도 그 활동을 하는 거 보면. 물론 힘들죠. 안 힘든 게 어딨어요. 힘들다고 안 할 것도 아니고 중단해야 되는 거도 아니고, 언젠가는 결말을 내야 되지만 그게 나 살아 있을 때 결론이 났으면 좋겠고, 결과가 나왔으면 좋겠고, 결과를 만들기 위해서 싸우는 거고 움직이는 거고 그러는 거죠.

근데 그런 생각들이 '개인적인 여건, 개인적인 상황에 따라서 조금씩 틀리다'라는 생각을 하니까 화가 나는 거지. '왜 틀릴까, 왜 틀릴까' 아직도 그 답은 못 찾겠어요. 왜 틀린지는 모르겠어요. 한 가지, 부모들의 의지라고 생각을 해요. 우리가 남들한테, 특조위 위원들이나 선조위 위원들이나 국회의원들한테나 "의지를 갖고 싸워야 되는 거야" 그렇게 얘기하는 당사자들은, 어떻게 보면 직접 당사자가 우린데, 뭐 하는 건가…. 결국에는 그런 마음이 없진 않겠지만 그걸 행동으로 못 나타내는 거는 의지가 없기 때문이라고 생각을 해요. 물론 힘들고 아프고 너무 고통스러우니까 안주하고 싶고, 다른 자식들도 또 챙겨야 되니까, 그건 맞아요. 거기에 대해서는 그 누구도 부정할 수 없는 이윤데, '부모로서 해야 하는 가장 최소한의 것, 거기까지는 해야 하는 거 아니냐'. 그게 뭐냐, 물론 그게 목표지만, '진상 규명 아니냐, 우리 아이들의 명예, 우리 아이들의 명예를 되찾아 주고 지키는 일이고 그걸 해야 되지 않느냐' 그 생각으로 하는 거죠. 그렇습니다.

면담자    아버님 6, 7월 달에는 직장 다니시면서는 공식적인 연락을 통해서가 아니라 간접적으로 접하셔서 뒤에서 따라가는 정도로 활동을 찾아가셨고, 팽목에 가신 것도 개인적으로 가신 거죠? (건우 아빠 : 그죠. 개인적으로 내려간 거죠) 그러다가 활동을 시작하신 계기가 있을까요?

건우 아빠    있었어요, 당연히 있고. 많이 봐왔거든요. 물론 이제 어떤 가족협의회 내에서 어떤 일들이 어떤 집회라든가 농성이라든가 어떤 대응이라든가 이런 것들이 결정이 되면 공지를 하잖아요. 그러면 각 반마다 대표들이 있으니까, 대표들이 반톡이라든가 이런 데에서 또 공지를 하고, 평일 날 하는 건 못 하지만 토요일, 일요일은 할 수 있으니까 그냥 참여하는 정도, 그냥 보고 그 정도였었는데, 진짜 몸을 담고 직접적으로 하게 된 계기는 2015년 1월 말경이었어요. 1월 말경 계기가 된 게…. 사실 6월 달부터, 14년 6월 달부터 직장생활을 하게 되면서 혼자 생각하는 그런 것들이 많았거든요. 뭐냐 하면 '지금 내가 직장을 다니고 있는 게 맞는 건가, 옳은 건가. 지금 내가 해야 할 일이 뭔가' 그거에 대해서 계속 고민하고, 근데 결론은 못 내리고 있었죠.

고민만 하다가 한편으로는 쉽게 회사일을 접을 수 없었던 이유가 잠깐 말씀드렸지만, 회사에서 벌려놓은 사업들, 내가 담당이다 보니까 내가 그걸 놔버리면 회사에서 그 일을 수행을 못해요. 회사라는 게 이익을 목적으로 하는 조직인데, 집단인데, 회사 이익이 안 생기면 월급은 어떻게 가지고 가고 직원들 월급은 어떻게 주냐고. 그런 거 때문에 어떤 일종의 중간 관리자로서의 책임감이라 그럴까요, 그런 거. 그런 것도 우리 아들에 대한 일 못지않게 중요한 일이거든. 그래서 쉽게 결정은 못 하고 고민만 하고 있었어요. 고민만 하고 있다가, 제가 회사를 나오는 계기가 된 게 2015년 1월 말경에 어떻게 보면 기회가 주어진 거죠. 〈비공개〉 2월 말 부로 그만뒀어요. 회사를 그만두게 된 거고, 그 밑면에는 물론 직접적인 이유가 된 건 그거였지만, 아까 말씀드렸던 '나의 고민들, 갈등들, 그걸 해결할 수 있는 방법은 이거밖에 없다'라는 생각을 했거든요. 어떻게 보면은 제가 고의적으로 그만둔 거예요. 그게 맞는 말일지도 모르겠어요.

그렇게 그만두고 나서 처음에는 좀 많이 방황을 했어요. 방황을 하다가 어느 날, 성호 아빠, 그때 당시에 성호 아빠가 특조위가 만들어지고…. 한동안 방황을 하다가 2015년도에 특별법이, 2015년도죠? 아니다, 2014년도에 특별법 만들어지고, 시행령 4월[2015년 5월] 달에 통과되고, 지나면서 특조위가 만들어지고, 특조위 만드는 과정 중에 굉장히 진통을 많이 겪었죠. 그 내용 있잖아요. 정부 대응 문건이라든가 이런, 중간에 특조위가 만들어서 준비위원회 설립 추진단 만들어지고, 특조위 준비를 하면서 있었던 것들, 그런 상황들에 대해서 가족들이 굉장히 많이 싸움을 했거든요. 정부 상대로 싸움을 하는 거죠. 그걸 하는 중에 성호 아빠가 그때 당시에 굉장히 열심히 했어요, 4반 성호 아빠가. 성호하고 우리 건우하고 또 절친이고…. 부끄러움이 생기는 거야. '저 아빠는 성호를 위해서 저렇게 열심히 하는 데 나는 뭔가, 나는 뭔가. 나는 내 아들 건우를 위해서 하는 게 뭐지' 그런 생각, 그런 고민들을 또 하게 된 거죠.

그러다가 "같이하자. 지금은 내가 뭔지 모르겠지만, 아무것도 모르지만 같이하자" 그래서 성호 아빠한테 얘기를 하고. 성호 아빠가 1기 특조위에 지원소위 쪽에서, 그때 심리생계분과장이었었어요 그때 당시에, 지원소위 쪽으로 일을 했었거든. 그러면서 내가 그때 심리생계분과 팀장으로 들어가서 성호 아빠하고 같이. 성호 아빠가 육체적으로도 그렇고 정신적인 멘탈이 굉장히 강한 줄 알았는데, 역시 자식 잃은 아빠들은 다 똑같아요. 보여지는 멘탈만 강하게 보일 뿐이지, 그 뒷모습을 보게 되니까 '저거 혼자 못 한다. 같이하자. 같이해야겠다'라는 그런 생각이 딱 들었죠. 그래서 2015년에 특조위가 만들어지면서 같이 시작하게 된 거였죠.

면담자    아버님이 먼저 "같이하겠다"라고 하신 거네요.

건우 아빠    "같이합시다" [했죠]. 성호 아빠 입장에서도, 성호 아빠도 나이가 어리잖아요, 우리 막냇동생 나이고. 혼자 하는 거보다 아무래도 십시일반이라고 서로 힘을 합치면 더 강해지고 더 수월해질 수 있으니까. 그래서 그때 시작을 한 거예요. 그러면서 하나하나 알아가고 그랬던 거죠. 그래서 우리 가족협의회의 어떻게 보면 공식적인 활동들은 그때 그렇게 시작을 하게 됐어요. (면담자 : 3월 이후에요?) 아니, 아니에요. 그때가 5월 이후에요. (면담자 : 1주기 이후요?) 1주기 이후죠.

면담자    그때까지 다른 유가족분들이랑 팽목도 가셨으니까 따로 연락하는 가족들은 좀 있으셨던 거죠?

건우 아빠    없었어요. 그때는 우리 건우 친구들, 5인방 엄마, 아빠들이 만들어준 5인방, 그 부모들 외에는 다른 가족들은. 5반의 부모님들하고도 그때 그 특별법이 통과되는 과정상에서 그냥 갈라서 버렸죠, 제가 갈라져서 나왔으니까 뛰쳐나왔으니까. "나는 내 아들을 위해서 열심히 할 테니까 당신들도 당신들 아들들을 위해서 열심히 하십시오" 하고 나왔어요, 난. 그 이후로는 5반 가족들하고는 작은 건우, 작은 건우 아빠도 그때 사무처에서 회계팀장으로 같이 일을 했었고, 5반에 준영이 아빠, 준영이 아빠는 투사급이고, 그다음에 성원이, 성원이 아빠는 성원이네는 나하고 다른 방향을 선택을 했고 그 길로 갔지만, 지금도 가끔 연락은 해요. 우리 건우하고 참 친했던 그 5인방 외에, 개인적으로 참 친했던 친구 녀석이었고 그렇기 때문에 그 관계 외에는 다른 부모들에 대해서는 그냥 내려놨어요. 마음도 내려놨고 생각도 내려놨고 다 내려놨고. 그런 상황이에요.

면담자    반톡은 언제 들어가셨는지 기억나세요?

건우 아빠    반톡은 처음 만들어질 때, 반이라는 개념이 팽목에서 만들어졌잖아요. 그때 이미 진도 내에서 많은 가족들이 체육관에 있었잖아요. 근데 서로 소통을 반톡을 통해서 하고, 어떤 전달 사항 같은 거 전달하고. 일단 그때 당시에는 그냥 같은 5반이라는 이유 때문에, 내 아이가 5반이라는 이유 때문에 그렇게 모였던 거고. 실질적인 그런 가족협의회 내에서 반이라는 어떤 조직의 계층에서, 조직이라고 그래야 하나, 조직의 계층에서 유지해 나가는 그런 개념은 올라오고 나서. 2015년도 들어오고 나서 본격적으로 체계화되었고 그렇게 됐었죠. 정확한 날짜는 기억 못 해. '이런 일이 있었고 이때쯤인 거 같다' 이런 건 기억을 하는데, 내 머릿속에 지우개가 생기더라고. 그래서 아무튼 특별법 문제 때문에 가족들하고 생각이 갈리면서 따로 나오게 됐죠. 지금도 5반 내에서는, 니 편 내 편, 편 가르는 건 아니지만, 뭐 그렇게 받아들인다면 어쩔 수 없는 거고, 지금도 5반 내에서 활동하는 가족이 없어요. 우리 5반이 아이들이 27명이거든요, 희생당한 애들이. 그중에서 활동하는 가족은 하나, 둘, 셋, 네 가족. 네 가족, 다섯 가족, 여섯 가족까지라고 얘기할 수 있겠네. 〈비공개〉 어쨌든 우리가 원하는 거, 우리의 목적은 변하지 않으니까. '누가 하더라도 해야 된다'라고 생각을 하거든요. 그거는 시간이 지나가면서 또 다른 색깔로 만들어질 수 있고 그렇겠죠. 그렇습니다.

# 6
## 5인방

**면담자**　　아버님, 5인방 얘기를 듣고 갈게요. 부모님들이 만들어준 거라고 하셨잖아요. 어떻게 5인방을 만들어준 것인지 그 과정을 좀 설명해 주세요.

**건우 아빠**　　팽목에 있을 때, 저는 몰랐죠. 몰랐는데 건우 엄마를 통해 건우 친구들 얘기가 나오고, 재욱이 같은 경우는 많이 봤어요. 저는 아이들을 볼 기회도 없었을뿐더러 많이 못 봤지만, 얼굴이 기억에 남는 거는 재욱이밖에 없었고, (면담자 : 집에서 보신 거죠?) 예. 집에서 봤죠. 재욱이밖에 없었고. 그리고 이름을 기억하는 건 성호였고. 사실 준우하고 제훈이는 잘 몰랐었어요. 잘 몰랐었는데, 성호는 5반에 박성호. 한번 제가 말씀드렸잖아요, '걘 줄 알고 했더니 아니었더라' 그런 거.

　그 정도였었는데, 처음에 아이들을 찾기 시작한 부모가 준우네, 준우 아빠하고 준우 엄마하고 먼저 아이들을 찾기 시작했었더라고요. 맨날 보는 준우도, 5월 3일 날 준우가 돌아왔거든요. 건우보다 12일 전에 돌아왔으니까, 5월 3일 날. 준우도 늦게 왔어요. 맨날 보는 사람이 준우 아빠고. 준우 아빠는 그때 당시에 팽목에서 활동을 했으니까, 임원으로 활동을 했으니까. 나는 항상 뒤에서 힘만 보태줬고…. 준우 아빠는 내 얼굴을 몰랐겠지만 나는 알았거든요. '아, 준우 아빠구나'. 그때 준우 아빠를 처음 알게 된 거죠. 준우 아빠라는 건 알았지만, 우리 건우 절친의 아빠인 거는 그때 알게 된 거죠, 서로 찾고 하면서. 그래서 팽목에서 제일 먼저 알게 된 게 서로 인사하고 한 게 부모들끼리 인사를 한 게 준우네고. 그러면서 굉장히 당시에는 존경을 했었죠. '야, 진짜 아빠다. 저렇게 해야 되는 게 아빠가 맞다'. 어떻게 보면 저는 굉장히 보수적이에요. 생각이 보수적이지 뭐. 그래서 '저게 맞다. 아빠의 모습이 저 모습이다' 그렇게 생각을 보여준 게 사실 준우 아빠였었거든요. 지금 그 아빠는 직접 활동 안 하고 있지만, 어쨌든 그랬고.

그다음에 준우네하고 재욱이네는 먼저 알게 됐고. 재욱이 아빠도 그때 진도에 있을 당시에, 재욱이가 4월 26일인가 그래요, 돌아온 날짜가. 제훈이도 같은 날 돌아오고, 같은 반이었으니까. 제훈이 아빠까진 모르겠는데, 재욱이 아빠가 그때 당시에 진도에 있을 때 8반의 대표를 했었대요, 그때. 그래서 대표하고 또 가협 임원하고 또 아니까 서로 알게 된 거고… 먼저 알게 된 거고. 애들 얘기하다 보니까 건우 얘기도 나오고, 그래서 건우 찾아보니까 "건우 아빠가 팽목에 있다더라" 그렇게 알게 됐어요. 재욱이네 같은 경우는, 재욱이는 제가 얼굴을 알고 있었거든요. 이름이 재욱인지는 몰랐지만, 얼굴은 알고 있고.

근데 웃겼던 게 뭐냐면은 제가 팽목에 계속 있다가 무슨 일 때문에 진도체육관에 갔어요. 근데 진도체육관에서 안산시 생활체육협의회 직원들이 내려와서 봉사를 하고 있었거든. 근데 그때 우리 담당을 하던 여직원이 있었는데, 이 사람이 나를 보자마자 붙들고

건우 아빠 김광배

우는 거야. 그러면서 "미안하다"고…. "뭐가 미안하냐" 그런 얘기하고 하면서. 근데 우리 연합회에 그 전에, 그때는 내려놨지만, 그 전에 제가 등산 연합회… 제가 사무처장을 하고 있었거든요. 그러면서 얘기하다 보니까 그 직원이 그런 얘기를 하는 거예요. "우리 생활체육협의회에 두 사무장이 계시는데, 지금 세월호 참사를 당하신 부모가 두 분이 계시다". 하나가 나고, "등산 연합회 사무장님이고". 한 분이 국학기공연합회가 있어요, 단전호흡하고 하는데. "거기 사무장을 맡고 계시는 어머님이 있는데, 그 어머님이다. 두 분이 계시더라. 두 분만" 그 얘기를 하는 거예요. 그래서 아무 생각 없이 "국학기공연합회요? 아이가 이름이 뭐랍니까, 몇 반이랍니까?" 하니까 8반 이재욱이라는 거야. '어?' 그 생각이 딱 든 거죠, '재욱이면은 그 녀석인데'.

그러면서 기억을 더듬어보니까, 2013년도에 송년 행사를 하면서, 생활체육협의회에서 송년 행사를 하면서 그때 같이 표창을 받았어요, 안산시장 표창을. 그때 시장이 김철민이었었는데, 그때 같이 인사하고 "누굽니다", "누굽니다" 인사하고 했던 재욱이 엄마. 지금 심리생계분과장이죠. 거기서 봤고 서로 아는 사이였었지. 근데 '아, 재욱이 엄마가 그 사람이구나' 그걸 그때 알게 된 거죠. 그래서 '아. 이놈들은 참 지네들끼리 헤어지기 싫어서 이 녀석들이 다 같이 갔는데, 혹시나 해서 엄마, 아빠들끼리 다 엮어놓으려고 했었구나' 하는 생각이 들더라고. 그래서 어쨌든 다섯 녀석 중에서 우리 건우가 제일 늦게 돌아왔고. 올라와서 건우 보내고 나서 돌아가면서 부모님들이 서로 모이기 시작한 거예요. 10명이 모이기 시작하면서 그때는 진짜 5인방 하면은 다 알 정도로 그랬었는데, 그렇게 이제 숱한 에피소드도 뿌리고 다니고 그랬었죠. 지금은 그런 마음은 덜하지만….

재욱이 엄마가 제안을 했어요. "우리 이름 만들자. 5인방 어떠냐" 그래서 5인방이라고 이름이 정해졌고. EBS에서 5인방, 얘네들 다큐도 만들어주고… 그런 게 많았었어요, 처음에. 지금은 또 각자 다른 일들을 하고 있고 한 달에 한 번씩만 모여요. 재욱이 엄마야 같이 활동하고 있으니까 가끔 보는데, 다른 가족들은 한 달에 한 번씩만. 그때부터 한 달에 한 번씩 매월 첫 번째 토요일 날 아이들 한테 가기로 정했거든요. 정하고 1년씩 엄마, 아빠들이 회장, 총무를 번갈아 가면서 하고…, 그렇게 하기로 결정을 하고 정관도 만들고 회칙도 만들고 매달 회비도 걷어서 아이들을 위해서 쓰는 거고. 또 모일 때, 한 달에 한 번 모일 때 식사를 하게 되면 또 쓰고. 그리고 또 초록우산어린이재단에 우리 아이들 이름, 다섯 녀석의 이름으로 각자 후원을 하는 게 있어요. 그거를 지금까지 하고 있는 거지, 계속.

아무튼 5인방은 그렇게 해서 만들어졌고, 지금은 그때의 열정은 많이 식었지만 그래도 한 달에 한 번씩 아이들 돌아가면서, 건우하고 준우하고 재욱이는 효원에 있고, 제훈이하고 성호는 서호에 있어요. 그래서 한 달에 한 번씩 두 군데를 다 가긴 가는데, 어디 먼저 갈까 그걸 정해가지고 바꿔가면서 가고 있어요. 이번처럼 명절 때가 되면 먼저 날 정해서. 내일 가기로 했어요, 요번 추석은. 엄마들끼리 나눠서 음식을 준비를 해가지고, 어떤 격식이나 그런 거 상관없이 애들이 좋아하는 거 그런 거 이렇게 해가지고 가서, 다섯 녀석 사진[을 앞에 두고 만남을 가져요]. 그 테이블에 앉아서 찍은 사진이 있거든요. 거기 성호는 없었어요, 그때 당시에. 성호는 1학년 2학기가 늦게 순천에 있다가 올라왔거든요. 전학을 [했다가] 다시 올라왔거든요, 그래서 그 후에 지들끼리 알게 됐고. 그래서 그 사진에는, 그게 고등학교 1학년 때 찍은 사진인데, 고등학교 1학년 때는 네 녀석이 같은 반이었었잖아요. 그래서 이렇게 찍은 사진인데, 거기에다가 막냇동생 녀석이 영화 편집을 하거든요. 그 녀석이 성호 사진을 요렇게 옮겨가지고 다섯 명을 만들어놨고. 그렇게 하나하나, 이 녀석들을 위해서 하나하나 다 만들어놓고.

지금은 그 관계를 계속 유지하고 있고, 앞으로도 계속 그렇게 할 거고. 마찬가지로 아이들이 친한 거지, 엄마, 아빠들이 친한 건가? 어쨌든 각자의 일들을 하고 있고, 또 각자의 방법대로 방식으로 아이들을 또 생각하고 아이들을 위해서 하고 있겠죠, 그럴 거라고 생각을 하고. 근데 사실 처음에 진짜 힘들었을 때, 많이 육체적으로든 정신적으로든 힘들었을 때, 가장 큰 힘이 되어준 게 바로 5인방 엄마, 아빠들이거든요. 서로 모여서 아이들 얘기를 하면서 서로 공유하고 그 과정들이 우리 5인방 엄마, 아빠들한테 가장 큰 힘이 됐었죠. 젤 큰 힘이 되었고, 다른 가족들도 가족들이 있겠죠. 근데 진짜 그게 엄마, 아빠들한테 큰 힘이 되는 건 맞아요.

그 외에 가족협의회에서 활동을 하고 또 어떤 생활을, 온마음 센터라든가 이쪽에 어떤 프로그램 참여를 하고 그러면서 개별적으로 알게 된 부모들도 있고. 집사람 같은 경우는, 건우 엄마 같은 경우는 차웅이네, 같이 꽃누르미팀, 압화팀 그거 하면서 차웅이네, 백지숙이, 지숙이네, 또 다인이네 이렇게 또 친하게 지내고 있고… 그렇게 됐죠.

면담자     애들이 다섯 명이 친하다는 거를 어떻게 알게 되셨어요?

건우 아빠     그거는 아이들이 만들어놓은 동영상이라든가 자살 방지 캠페인 동영상, 그런 동영상이라든가 사진이라든가 이런 게 준우 컴퓨터에서 굉장히 많이 나왔어요. 준우 아빠가 그걸 다 확인을 했다고 하더라고요. 거기에서 생각하지도 못했던 동영상들이 나오고 그러다 보니까 '아, 이 녀석들이 어떤 생각으로 어떤 마음으로 지냈구나. 친구라는 관계를 유지했구나' 그런 걸 알게 된 거죠. 그렇게 알게 된 거죠.

면담자     애들이 어떻게 지냈는지 이런 얘기들을 나누셨을 거 같은데, 서로 모르던 얘기가 있으셨어요?

건우 아빠     그죠. 모르는 얘기들도 알게 되고. 다른 집도 마찬가지지만 저는 아침에 일찍 나갔다가 밤에 늦게 들어오니까 거의 새벽에 나갔다가 새벽에 들어오니까 많이 못 봤는데, 건우 엄마 얘기로는 그래요. 이놈들이 한번 몰려 다니면은 다섯 녀석이 몰려다니는데, 냉장고 정리를 해주고 간대요. (면담자 : 다른 집에 가서요?) 다른 집도 그렇고 우리 집도 그렇고. 하튼 돌아가면서 냉장고에 오래된 음식들 그런 것들 싹 정리를 해주고 간대요. (면담자 : 먹는 게 아니라 정리를요?) 아니, 먹는다고. 그렇게 식성이 좋더라고요, 이놈들이. 오죽하면 우리 같은 경우는 맞벌이를 하다 보니까 부식을 일주일 치를 사다가 놓잖아요. 그러면 이 녀석들 하루 다녀가면 싹 깨끗하게 비어 있는 거예요. 나는 진짜 그런 게 좋거든요. 내가 어렸을 때도, 그만할 때도 나도 그렇게 했었고 친구들을 그렇게 생각했었고. 건우 놈도 친구 놈도 내가 지금까지 살면서 친구라고, '친구란 무엇인가' 생각하는 그 안에 다 들어가 있더라고요. '아, 참 친하고 잘 만난 친구 사이구나' 그런 걸 많이 느꼈거든요. 지들끼리, 뭐 예를 들어서, 건우 컴퓨터에서도 많이 나왔는데, 사진보다는 지네들끼리 이렇게 카톡한 거 있잖아요. 카톡한 거 캡처해 놓은 것들 그런 것들이 많이 있더라고요. 그거 제가 다 받아서 별도로 저장해서 가지고 있고, 하튼 뭐 그런 것들.

면담자　　　중요한 대화를 캡처해 놓은 거예요, 아니면 소소한 이야기도?

건우 아빠　　　쓰잘데기 없는 것들. 건우는 여자 친구를 사귀었잖아요 중학교 때, 그러다 고등학교 올라올 때 헤어지게 됐지만. 근데 그 사귀었던 여자 친구도, 다른 친구들도 다 같은 중학교였기 때문에 또 알고. 재욱이 같은 경우는 초등학교, 중학교 친구. (면담

자 : 초등학교 때부터요?) 그렇게 친구, 건우하고 친구였고. 그다음에 성호하고 건우는 산부인과 동기고…. 하튼 그런 내용들이, 참, 맞다, 그런 것들을 어떻게 알게 되었냐 하면은 같이 식사하고 하면서 제가 그 얘기를 했어요. "아니, 우리 아이들이 지금까지 어려서부터 안산에서 살았는데 이놈들이 한 번쯤은 스쳐가지 않겠느냐. 한 번쯤은 어디서 만나면 만났지 않았겠느냐. 그 후에 한번 찾아보자" 그래 가지고 그걸 찾았어요. 찾아보니까 그런 게 나온 거지.

제일 빠른 게 성호하고 건우하고 산부인과 동기라는 거. 그다음에 성호하고 재욱이하고는 유치원 친구였다는 거. 같이 두 놈들 찍은 사진도 있고 그렇더라고요. 찾다가 결국엔 다 못 했는데 시작만 했었죠, 결론은 못 내고. 개인적인 욕심으로는 그거를 좀 영상을, 그런 사진들이 있으면 전부 갖다가 영상으로 좀 만들려고 생각을 했었어요. 해주겠다는 분들도 다큐 감독들도 많았고, 또 우리 동생들도 그런 쪽의 일을 하고 있으니까. 근데 결국엔 못 했고…. 그냥 아쉬움보다는 과정이라고 생각을 해요. 그때처럼 2015년도, 2016년도 이때처럼 엄마, 아빠들의 마음이 다시 뜨거워질 수 있을까? 있을 거라고 봐요. 그 계기는 한번 올 거라고 봐요, 그 기회는. 그 시간은 한번 올 거라고 보고… 잘 돼야죠. '그래도 우리 아들들이 제일 좋아했던 친구들의 부몬데, 마음은 같지 않을까' 생각을 해요. '뭐 하는 건 틀리고 방법은 틀릴지 모르겠지만 마음은 같지 않을까. 아이들만 보고 가자' 그런 상황이에요.

# 7
## 진상 규명 활동

면담자  오늘 아버님이 본격적으로 진상 규명 활동을 하신 이야기를 해주셔서 그 이후를 한번 쭉 했으면 좋겠는데, 시간이 모자라네요. (건우 아빠 : 그러네요. 12시 15분이네) 질문 하나만 더 할게요. 처음에 심리생계분과의 팀장으로 들어가셨다고 하셨는데, 거기서 처음에 어떤 활동을 공식적으로 하셨어요?

건우 아빠  그때 주로 하는 일이 뭐였었냐면 특조위 지원소위, 피해자 지원소위가 있는데 지원소위 회의에 같이 참석해서 서로 회의하면서 논의하고 소위원장 김선혜, 김선혜 소위원장. 오지원 변호사 아시죠? 그분이, 오지원 변호사 그 양반이 애들 피해지원 쪽과 인권 쪽으로 많이, 인권 쪽은 아니고, 피해지원 쪽으로 많이 해주신 분이거든요. 그분이 그때 당시에 피해지원과 과장으로 계셨었고. 유미선 씨라고 아시나? (면담자 : 잘 모르겠습니다) 이 양반은 우리 아이들하고… 우리 아이들이 아니고, 단원고등학교. 그 양반이 안산에 살았었거든요. 단원고 아이들 알고 있고. 어떻게 보면은 가족이 아닌데, 가족만큼 아파했던 사람이거든요. 지금도 마찬가지지만. 〈비공개〉

그때 주로 했던 일이 지원소위에서 피해자 지원에 관한 일들, 그런 쪽으로 일을 많이 했어요. 어떻게 보면 공식적인 일들, 이런 '재난을 당한 가족들에 대한 지원, 국가 차원의, 정부 차원의 지원들 필요하다'. 가장 중요시 생각한 게 뭐였냐면은 정신적인 건강, 육체적인 건강이었었거든요. '돈, 배·보상금. 그거 필요 없다. 실질적으로 피해자 가족들한테 필요한 지원이 뭔가' 그거를 찾아내고 그거에 대해서 시스템까지는 아니지만 어떤 근거와 이런 것들을 만들어내는 데 많이 치중을 했었죠.

성호 아빠가 굉장히 잘하는 게 기획, 이쪽으로 굉장히 잘해요. 그래 가지고 그때 특조위 내, 지원소위 내에서도 소위원장조차도 과장조차도 생각해 내지 못했던 피해자 지원 쪽의 이슈들이라든가 이런 것들 많이 만들었거든요. 많이 끄집어냈거든요, 실질적으로 제대로 된 건 하나도 없지만. 당시에 정부에서 정해놓은 피해자 지원이 의료지원, 특히 의료지원 같은 경우 딱 정해졌잖아요, 3년. "3년만 아프고 말라는 얘기냐" 그런 거. 그리고 또 지난번에 국조실 내에서 만들어낸 법안, 피해자 지원 법안 거기서도 10년 동안만, 10년 동안만 기간을 뒀었잖아요. 만약에 10년 후에 아프면 어떻게 하라고. 트라우마라는 것이 딱 정해놓고 아픈 거냐고요. 안 그렇잖아요. 그니까 어떤 정부에서 공무원들, 그런 공무원들 그런 사람들이, 일반 사람들이 전문가라고 하지만, 당해보지 않고 알 수가 없잖아요. 그런 것들을 우리가 몸소 보여주는 쪽으로 많이 활동을 했죠.

지금도 마찬가지고… 지금 사참위[사회적 참사 특별조사위원회]도 마찬가지고, 우리 항상 그 얘기 하거든요. "우리가 세월호 참사의 증거다. 우리가 증거다" 그런 얘기를 많이 하거든요. 사실 그래요. 초창기 때, 사고 해역에 정부에서 발표한 구조 인력, 구조 세력

146
•
건우 아빠 김광배

들, 박근혜가 떠들었던, 거짓말했던 또 해경청장이라든가 해수부 장관이 거짓말했던 그 내용들, 우리가 증거잖아요. 우린 다 봤거든, 그거. 그렇기 때문에 지금 사참위에 2소위가 세월호 진상 규명 소위 하는데 2소위 위원장한테도, 그 양반이 감사원 출신이에요. 근데 굉장히 체계적이시더라고요. 아주 믿음이 가요, 의지가 있고. 그분한테 항상 하는 얘기가 그 얘기거든요. "우리가 증거다". 지금 이제 파견 공무원들 거의 다 내려왔는데, 파견 공무원들 거의 다 내려왔거든요. 그 사람들한테도 일주일에 세 번, 네 번 회의를 하는 게 그런 거예요. 알려주는 거예요. 세월호 참사가 어떻다는 거, 뭘 해야 되고 어떻게 해야 된다는 거 그런 얘기를 해주고, 알려주기 위해서 회의들을 계속 잡거든요. 그거를 주도하고 있어요, 지금. 소위원장 이 양반이 참 잘해요. 지금까지는 굉장히 잘하고 있어요. 그래서 공무원들한테도 얘기가 "우리가 증거다" 그런 얘기를 자주 하고, 어떻게 해야 되고 무엇을 해야 되는지 그런 거에 대해서 어떤 기준을 잡고 계획을 잡는 게 가장 중요하거든요.

정식 기간이 1년이고, 1년 연장할 수 있고, 결국은 2년밖에. 아무리 맥시멈[최대한]으로 해봐야 2년밖에 못 한다는 건데, 2년 사이에 이거 다 못 해요. 가장 중점적으로 우선 먼저 해야 할 것들 그게 뭐냐 하면은 나중에 또 필요할, 그때 되면 또 말씀드리겠지만, 지금 가장 중요한 게 조사 계획. 조사 계획도 중요하고, 그다음에 그거보다 중요한 게 뭐냐 하면은 그 뭐라 그러죠? 기소할 수 있는 기간, 기소 유예 기간인가? 공소시효··· 공소시효. 미치겠다[자꾸 단어가 생각이 안 나서]. 공소시효가, 아직 지금 누구도 책임자 처벌 받은 사람 없어요. 정부에서 김경일 경장 하나밖에 없잖아요. 선원들도 마찬가지고 제대로 다 처벌을 못 받았거든요. 근데 공소시효가 5년짜리가 있고 7년짜리가 있어요. 내년이면, 내년 4월이면 5년이잖아, 5년이 끝나잖아요, 지금 5년차니까. 지금 그런 것들을 빨리 끄집어내고 확인하고, 거기에 대한 조사를 하지 않으면 공소시효 지나서 못 하는 거지. "그런 걸 지금 준비해야 된다" 그런 얘기들. 어떤 방향이라든가 해야 할 것들, 기준들 그런 것들을 좀 정해주고 있는 거죠, 특조위 쪽에서. 진상분과장이 진짜 대단한 사람이에요. 나이는 어리지만, 대단한 사람이죠.

**면담자**     팀장 일은 언제까지 하셨는지 기억나세요?

**건우 아빠**     지금도 팀장인데요.

**면담자**     지금은 다른 팀이시잖아요.

**건우 아빠**     어…, 딱 1년 했어요. 딱 1년. 성호 아빠 임기 끝날 때까지. 그니까 그때 흔히 얘기하는 지금 임원들, 운영위원장이나 집행위원장이나 지금 임원들이 선출되는, 임명되고 선출되는 그때까지, 그 전까지.

**면담자**     그러면, 다 같이하신 거네요?

**건우 아빠**     같이하다가 새로 이제 4·16, 공식적으로 사단법인 4·16가족협의회가 생기기 전에, 2016년 2월 달에 생겼잖아요, 가족협의회가, 사단법인 가족협의회가. 그 전까지 임무완수하고 다시 넘어온 건데, 지금까지 온 건데, 성호 아빠가 그만뒀어요. 제가 반강제적으로 했는데도 고사를 하더라고요. 어떤 일이 있었냐 하면은 진짜 재밌는 일인데, 사실은 가족협의회 사무처장을 제가 하려고 했었어요. 왜냐면은 조직의 사무처 일들에 대한 경험도 있고, 등산 연합회에서 했던 경험도 있고, 또 여러 가지 부족한 점들, 그런 것들도 많은 생각이 들었고. 결정적으로 지금 집행위원장, 유경근 씨나 아니면 전명선 씨, 지금 운영위원장 사람들이 "사무처장 좀 맡아달라" 그런 얘기를 했었고, 저도 그런 생각이 있었고.

근데 그것보다도 저는 성호 아빠를 좀 잡아놓으려고 그랬었어요, 추모분과 쪽으로. 왜냐면 그쪽으로 어떤 뭐라 그럴까, 하려고 하는 생각이…. 왜냐면 특조위 피해지원 쪽에 일하다 보니까, 그쪽에 그때 당시에 막 생명안전공원에 대해서 대두되고 얘기 나오고, 그 전부터 나온 얘기지만 막 이슈화되고 할 때, 그때였었거든요. 그[러]니까 필요하다는 걸 너무나 잘 알고 있기 때문에, 이걸 하려면은 '계획적이고, 계획적으로 할 수 있는 조직, 어떤 협의체가 있으면 협의체를 장악할 수 있는 능력을 가진 사람이 해야 된다. 추모분과장은 그런 사람이 해야 된다. 끊임없이 도전하는 사람이 해야 된다. 거기에 딱 적당한 인물이 성호 아빠다', 그 판단을 했거든요. 그래서 이제 위원장들하고 얘기를 해가지고 성호 아빠를 하게 하겠다[고 했는데]. 근데 못 하겠다고 고사를 한 거예요. 사실은 몸 상태도 안 좋았어요. 그건 알고 있지. 〈비공개〉 알고 있는데, 그래도 "누가 할 거냐, 우리 아이들의 일인데 누가 할 거냐, 하자". 굉장히 설득을 했는데도 결국엔 안 따라오더라고요. 그래서 내가 마지막 내 히든카드까지 다 보여줬어요. "성호 아빠 안 하면 나도 이거 사무처장 안 할 거야". 그렇게 했는데 결국엔 안 하더라고요. 그래서 저도 공식적으로, 그걸 둘이만 얘기한 게 아니고 공식적으로 임원회의에서 얘기를 했거든요. 그럼 뭐 어떻게 되돌릴 방법이 있나. 그래서 어쨌든 그렇게 성호 아빠… 그때 손을 놨어요. 그래서 지금까지 진짜 백수생활 하고 있는데, 근데 언젠가는 돌아올 사람이라고 생각을 해요. 기다려주는 거지.

**면담자**　　　연락은 자주 하세요?

**건우 아빠**　　　당구도 가끔 치고, 복수전도 가끔 하고. 본인도 알고 있어요. 본인도 알고 있는데, 아직 어떤 이유 때문에 나서지를 못하는 거고, 나서지 않고 있는 거고…. 꼭 해야 될 사람이고 그만큼 능력이 있는 사람이라고 생각을 하거든요. 다시 시작할 거예요. 기다려주는 거지, 말 그대로. 그사이에서도 많이 얘기를 했었어요. "지금 해야 된다. 지금 안 하면 누가 하냐, 필요하다 사람이". 더군다나 진상 규명 쪽도, 진상분과 쪽도 그렇지만 특히 인양분과 쪽. 아, 그래서 목포 신항에 처음에 초창기에 활동할 때 성호 아빠가 거의 6개월 넘게 내려가 있었을 거예요. 6개월 넘게 내려가서 거기서 상주하면서 했던 이유가, 그 얘기를 했었거든요. "우리 가족협의회 조직 꾸려야 되는데 누가 하냐, 성호 아빠 하자" 그래 가지고 본인도 '무언가 우리 아이들의 일을 해야 된다'는 생각을 하기 때문에, 그걸 제가 알고 있기 때문에 얘기를 한 거고, 본인도 오케이 해서 같이한 거고. 근데 많이 힘들었죠. 정신적으로든 육체적으로든 많이 힘들고. 〈비공개〉 그렇습니다.

## 8
## 마무리 인사

**면담자**　　　오늘은 여기까지 하고, 다음 시간에 그때 시기를 조금 더 구체적으로 여쭤보고, 그 이후에 사단법인 가족협의회 이야기 더 할게요.

**건우 아빠**　　　지금 얘기한 게 2015년도까지는 다 얘기한 거예요. 2016년도에 공식적으로 우리 가족협의회가 사단법인으로 발족하고 나서 그 지금까지, 지금까지는 내가 열심히 했으니까 다 얘기해 줄 수 있을 거 같아요.

**면담자**　　　고생하셨습니다.

**건우 아빠**　　　수고하셨습니다.

# 4회차

2018년 9월 28일

## 1
## 시작 인사말

면담자　　　본 구술증언은 4·16 사건에 대한 참여자들의 경험과 기억을 기록으로 남김으로써 이후 진상 규명 및 역사 기술에 기여하고자 합니다. 지금부터 김광배 씨의 증언을 시작하겠습니다. 오늘은 2018년 9월 28일이며, 장소는 안산시 단원구 4·16기억저장소입니다. 면담자는 이예성이며, 촬영자는 강재성입니다.

## 2
## 추석 관련 근황

면담자　　　추석 잘 보내셨어요?

건우 아빠　　집에 있었어요. 갈 데가 없어가지고 우리는. 따로 뭐, 다 안산에 있으니까.

면담자　　　네. 그래도 왔다 갔다 하시지 않으세요?

건우 아빠　　왔다 갔다는 그러니까, 우리 형님 댁에 가서 차례 지내고, 길 하나 건너면 2분 정도 걸리는데 처갓집 가서 또 인사드리고 그거죠.

면담자　　　그 정도로 가까우시군요.

건우 아빠    오죽하면은 작은 녀석이 처갓집 가면서 화를 내더라고요. "아니, 무슨 명절에 우리는 친가에서 외가로 가는 게 2분밖에 안 걸리냐"고(웃음). 그것도 복이지. "야, 그래도 남들 8시간, 10시간 걸려서 갔다 오는 것보다는 낫지 않냐"고 그랬더니…. 그것도 그렇고 하튼 명절 되면은 한군데에 있어요. 특별히 뭐, 다른 사람들 다 명절 쇠러 가는데 잘 지켜야지. 안산도 지키고 시흥도 지키고.

면담자    좀 쉬시는 기분이 드시겠네요? (건우 아빠 : 그렇죠, 정말) 5인방 모임 잘 다녀오셨어요?

건우 아빠    예. 가서 너무 많이 차려서. 요번에는 또 가서 서호에 가서 차웅이네 만나 가지고, 차웅이네랑 같이 여섯 또 잘 멕이긴 했는데 엄마들이 너무 손이 커가지고…. 결국엔 먹고 남은 건 나눠요. 나눠서 또 가져오고.

면담자    지난 설이나 작년 추석과 비교해서 다른 분위기나 그런 건 없었어요?

건우 아빠    다른 분위기… 글쎄요. 다른 분위기에 뭐 특별한 건 없고, 내 개인적으로 느끼는 그런 감정들. 그러니까 처음 때보다 뭐라 그럴까, 어떻게 표현해야 되나. 그러니까 가족들 사이에, 그러니까 엄마, 아빠들 그죠, 그 사이에 있는 그 어떤 유대, 유대 관계라든가 그런 끈이 좀 느슨해졌다는 그런 생각도 많이 들고. 근데 또 이제 각 개인적으로 엄마, 아빠들 개인적으로는 똑같은 감정을 느끼겠죠, '어디를 가도 우리 아이는 없다'. 광화문도 갔다 왔었는데, 추석 당일 날 많은 시민분들이 마찬가지로 애들 차례 상도 준비해 주시고… 너무 좋죠, 감사하고. 근데 항상 느끼는 거지만, '그래도 이곳에 우리 건우는 없다'. 그게 가장 큰, 뭐라 그래야 되나, 그 빈자리가 가장 큰 아픔이죠. 근데 그걸 이성적으로 판단하고 이성적으로 받아들이니까. 그래서 그런가 어딜 가도 없다는 거… 다 마찬가지일 거예요.

면담자    그런 게 계속, 오히려 더 크게 와 닿는다는 말씀이시죠?

건우 아빠    그렇죠. 아직 그런 마음이… 어떨 때는 그런 자리도 좀 회피하고 싶고…. 그러니까 그런 생각이 드는 거죠, '이걸 해야 되나, 이런 걸 꼭 해야 되나. 꼭 가야 되나'. 항상 말로만 얘기하는 아이들을 위한 것들이라고 하는데, 결국 그 아이들은 없는데…. 거길 가도 없을 테고 저기를 가도 없을 테고…. 그런 어떤 회의적인 생각도 들고…, 근데 몸은 가요. 그럼 나중에 이제 마음이 따라가죠.

면담자    말씀하신 "이런 거"는 광화문에 가시거나 이런 거 말씀하시는 거예요?

건우 아빠    그죠. 그런 자리들. 그러니까 아이들이 있는 효원을 가든, 서호를 가든 그런 같은 생각이 드는 거죠. 나는 우리 건우…, 건우의 그… 마지막 남아 있는 건우가 효원에 있지만, 나는 '우리 집에 있다'고 생각을 하거든요, 항상. 그래서 일부러 그때 그 4주기

행사… 행사란다, 4주기 추모제 마치고, 우리 건우 영정 사진 집에 가져왔어요. 가져와서 건우가 치던 그 드럼 거기에다가 살짝 걸어 놨거든요. 그 의미가, 스스로도 그렇게 의미를 부여한 거죠. '건우는 우리 집에 있다'. 그런 생각을 해서 그런지, 아까 잠깐 말씀드렸지만, 광화문을 가든 효원을 가든 '거기 건우가 있다'는 생각은 안 들더라고요. 어떻게 보면 형식적으로 따라다니는 것 같은데, 내 마음은 그렇다는 거죠.

면담자   무슨 말씀이신지 알 것 같아요.

건우 아빠   다 그렇진 않겠지.


3
### 아이를 찾은 후의 팽목 방문

면담자   저는 개인적으로 좀 공감이 되는 것 같아요. 2014년도에 팽목에 매주 가셨다고 하셨는데, 그 얘기를 좀 더 자세히 듣고 싶어요. 매주 가셨기 때문에 다 기억이 나시진 않겠지만, 어쨌든 5월 이후에 건우를 찾고 나서 가셨을 때 다르게 보였던 게 있는지, 아니면 그때 어떤 중요한 이슈들을 목격하신 게 있으면 말씀해 주세요.

건우 아빠   어떤 특별한 일들이라는 거는 뭐 없었어요. 사실 그때, 6월 달부터 매주 내려가기 시작했었는데, 그 이유가 말씀드렸지만 그 미안한 마음. 그때 당시에 11명, 아직 11명의 미수습자가 있었고, 근데 그 남아 있는 가족들에 대한 미안함 때문에 사실 내려갔다 온 거였었거든요. 그리고 더군다나, 이름이 자꾸 오락가락 하네. 윤지 같은 경우 또 부모님들이 같이 있었기 때문에, 윤지가 아니고 민진가, 이름이 헷갈리네. 민지도 같이 있었고 그랬기 때문에, 그분들하고 같이 팽목에 있으면서 느꼈던 그런 감정이 그 부모도, 그 감정이 다 똑같았을 거예요. 다 똑같다고 생각은 하는데, 아이들이 내 자식이 아직 돌아오지 않았다는 게, 그 부모 당사자들한테는 어떤 의미였는지 그건 잘 알고 있으니까. 굉장히 외로웠거든요. 외롭고 힘들고 뭐 아이들에 대한 미안함이라든가 그리움이라든가 이런 거 뭐. 더 말할 것도 없지만… 그래서 내려갔던 거예요. 뭔가 같이 하루라도, 단 하루라도 옆에 같이 있어준다는 거. 그게 어떻게 보면은 작은 거일 수도 있겠지만, 그게 당시에 팽목에 남아 있던 부모들한테 힘은 아니지만, 그래도 외로움을 잠시나마 잊게 해줄 수 있는 그런 방법이었다고 생각을 하거든요. 저도 이제 팽목에 있으면서 많이 느꼈으니까. 뭐 친구들 내려오고 아는 사람들 내려오고. 내려왔다가 당일 날 바로 올라가고 그랬지만 그런 것들이, 물론 이제 저를 알기 때문에 그 사람들이 저를 찾아왔던 거였지만. 결국엔 건우 때문에, 건우가 그러니까, 건우라는 그 존재에 대해서 그 사람들이 충분히 마음속에 담아두고, 또 그런 아픔이라든가 가족들의 아픔을 이해할 수 있었기 때문에 서로 이제 공감이 되니까 찾아왔던 거라고 생각을 했거든요. 그게 이제 당사자인 저한테는 어떻게 보면은 짧게나마 그래도 힘이 됐고, 그런 마음이 있어서 계속 내려갔던 거예요. 그게 한마디로 표현하면 미안함이었죠, 미안함. 먼저 아이들을 찾은 부모들이 올라가면서 남은 부모들한테 했던 "미안하다"고 했던 그 말, 그 말의 의미가 그런 거였었거든요. 그걸 이제 나도 이해하고 나서, '내려가야겠다'. 그래서 매주 일요일…, 토요일에 내려갔다가 일요일에 올라오고 그랬던 거죠.

면담자     당시에 11명이 남아 있었다고 하셨는데, 거기 단원고 피해자가 아닌 일반인도 있잖아요.

건우 아빠     일반인들까지 해서. 그 일반인, 일반인은 아, 그때 당시에도 일반인은 그 권혁규 씨, 아니 권재근 씨하고 혁규하고 그렇게 두 명이었고. 나머지는 또 그… 이영숙 씬가 김영숙 씬가, 그분, 그렇게 세 명이었고. 그렇게 세 분, 세 명하고 나머지 여덟 명이 은화, 다윤이, 현철이, 영인이, 그리고 고창석 선생님하고 양승진 선생님, 그다음에 먼저 제 기억으로는 6월인, 6월 거의 말경이었던 거 같은데, 중근이, 중근이하고 10월 23일 날 생일날 돌아온 지현이, 황지현이 하고 그렇게 했었는데. 중근이 같은 경우는 그때가 평일이었었을 거예요, 아마. 그래서 중근이 찾았다는 연락을 가족협의회를 통해서 듣고 안산에 데리고 올라왔을 때 갔었거든요. 중근이 그랬고.

또 지현이 같은 경우는 제 기억에, 지현이 찾기 고 전주에, 고 바로 전 토요일인가 내려갔다 올라왔어요. 그때 당시에 지현이, 지현이 어머님하고 그때 몇몇 가족들은 다 저기 체육관에 있었거든요. 체육관에 가서 지현이 어머님을 한번 뵀었는데, 근데 지현이 어머님은 전에 잘 아는 사이는 아니지만, 얼굴은 알고 있었던 분이에요. '어디서 많이 뵌 분이다'는 생각을 했었는데, 그 전에 일하던 거래처가 있는데 그쪽 거래처가 있는 주변에 식당, 식당이 있었는데 거기에 계셨던 분이더라고요, 식당에. 그랬었고, 그래서 그때 다녀오고 나서 지현이 생일, 23일 그날이, 기억을 하는데 10월 23일, 그날 지현이 돌아오고. 그러고 나서 한동안 없다가 11월 달에, 11월 7일이었죠[11월 11일에 수색중단 선언], 그때 이제 "수색 종료한다"는 발표가 나고. 팽목에 내려가면서 뭐 특별한 일들은 그렇게 많지 않았어요. 항상 반복되는 생활이 계속 유지되는 거죠. 계속 돌아가는 거죠, 그거 외에는.

면담자      그때는 팽목이나 체육관에 계신 유가족분들이랑 소통을 많이 하셨던 거예요? 아버님 같은 경우는 건우 찾기까지는 팽목에 계셨었잖아요. (건우 아빠 : 네. 팽목에만) 근데 그 이후론 체육관도 가시게 되고 그런 건가요?

건우 아빠      아니요. 일부러 간 건 아니고, 항상 팽목에 내려가는데, 체육관에 가족이 있으니까 거기도 들르는 거죠. 들렀다 올라오고….

면담자      거기 계시는 모든 분들이랑 인사를 하고 오시고 그랬던 거네요.

건우 아빠       대부분이 다 뵀죠. 거기 내려가 대부분 많이 뵀고.

면담자        미수습자분들 아홉 가족이 남았을 때, 그 이후에 미수습자 가족들이랑 언제까지 관계가 유지됐어요? 계속 팽목에 가시고 했으니까 지금까지 유지가 되고 있나요?

건우 아빠       아니요. 그 관계가 지금까지, 아직도 다섯 명이죠. 다섯 명이 안 돌아왔고. 근데 선생님 가족하고, 그러니까 양승진 선생님하고 또 권재근 씨나 혁규나 잘 모르니까 빼고. 물론 마음은 다, 다 똑같지만 그래도 사람인지라, 가장 큰 아픔이라 그럴까, 그런 공감하는 것은 현철이나 영인이죠. 똑같은 우리 아이들, 내 아이의 학교 친구들, 친구들이고 또 같은 또래고 그런 이유. 그런 이유인데, 사실 현철이 아빠, 영인이 아빠는 거의 대면은 한 적은 없고, 영인이 아버지 같은 경우도 목포… 아니, 현철이 아버지 같은 경우도 세월호 목포에 올라오고 그때부터 목포에 내려가서 그때 주로 그쪽에서 많이 봤고. 가끔씩 본 거는 저기 그 인양 과정 중에, 인양 과정 중에 현장 들어갈 때라든가 그때 가끔씩 보고. 그리고 팽목에 내려간 그 이후에, 그러니까 수색이 종료되고 인양을 하는 과정 중에 체육관 정리하고 체육관에 계시던 가족들이 다 신항으로 내려왔는데, 그때는 주로 뵀던 분들이 은화네 하고 다윤이네. 은화네 하고 다윤이네 있었는데, 그분들이 거의 지키고 있었죠, 그때 당시에는. 그분들하고의 어떤 뭐 친분 관계라든가 그런 건 없고, 사실 나도 11월 달에 수색 종료한 이후론 안 내려갔으니까. 일 때문에 내려가는 경우가 있었으니까, 그때처럼 매주 그런 마음으로 내려간 건 아니었었어요. 일 때문에 내려가다가 내려가서 들르게 되면, 일이라고 하면 특히 특조위 쪽 일이어서, 들르게 되면은 거기서 얼굴 정도 보는 정도, 보면 인사하는 정도. 개인적으로는 그렇게 뭐 마음은 똑같이 아프지만. 〈비공개〉 지금도 그렇고, 그래서 어쨌든 그래요.

사실 그 팽목, 윤지. 아, 민지, 민지 찾고. 아, 민지도 있었구나. 아, 맞다. 민지도 좀 늦게 찾았죠. 민지, 중근이 마지막에 지현이. 아, 요렇게 있었다. 맞다, 근데 어떻게 보면 직접적인 이유가 된 건 민지네였고. (면담자 : 같이 계속 계셨던 가족이니까요?) 내려가면 같이 이제 계속 같이 계셨던 분들이니까 보게 된 거였고. 종료되고 그 이후로는 팽목에 자주 내려갈 일이 없었으니까 그런 것도 있었겠죠.

### 4
### 팽목에 방문했을 때 남아 있는 가족들의 반응

면담자     아버님은 미안한 마음으로 다시 진도에 가시고, 다른 부모님들도 미안해하시며 떠나시잖아요. 먼저 아이를 찾은 부모님들이 다시 진도에 왔을 때, 그것도 꾸준히 찾아올 때, 거기 계신 분들이 어떻게 반응을 하셨는지 궁금하거든요. 하소연이라도 좀 하셨나요? 아니면 괜찮다고 오지 말라고 하시기도 하셨나요?

**건우 아빠**  아니, 그건 아니고요. 그러니까 제가 좀 전에 그런 말씀드렸잖아요. 내가 아는 사람들이, 나를 아는 사람들이 찾아와 준다는 게 물론 나를 알기 때문에 찾아오겠지만, 그거보다도 그러니까 내가 받아들이는 그 느낌은 '우리 건우가 아직 이곳에 있기 때문에 그 사람들이 우리 아들, 내 아들 건우를 이해를 하고 또 건우를 생각하기 때문에 내려온다'라고 생각, 그런 마음이었다고 얘기를 했잖아요. 아마 그분들도 마찬가지였을 거 같아요. 사실 저도 내려갈 때 마음이 그랬고…. 물론 그 부모들한테 미안한 마음, 그런 마음도 당연히 있는 거고 또 그런 마음을 알기 때문에 내려간 거였는데, 사실 그곳에 아직 아이들이 있었기 때문에 그런 생각으로 내려갔었거든요.

근데 뭐 다른 부모들하고 그렇게 대화를 많이 한다든가 그런 건 없었고, 주로 그때 당시에 얘기를 했던 부모가 민지네. 민지 아버님 같은 경우는 호형호제하면서 같이 대화도 많이 하고, 그때 당시에 그 양반이 술을 참 많이 마셨어요, 팽목에서… 거의 매일. 걱정도 많았는데… 그런 농담도 하고, "아니, 민지 오기 전에 벌써 갈 거냐"고, "민지한테 갈 거냐"고 그런 얘기도 하고. 뭐라 그럴까 서로 표현은 안 하지만 기다림이라 그럴까요. '토요일 됐으니까 오겠네' 그런 기다림, 그런 게 있었을 거예요. 있었다고 생각을 하거든요. 그러니까 내려오면은 그냥 뭐 특별한 인사가 뭐 없죠. 그냥 "그간 잘 지냈냐?", "오늘 얼굴 좋네", "쫌만 마셨나 보네" 농담하면서 그런 것들이죠. 또 물론 내려갔지만, 다른 가족들도 내려오는 가족들도 있었고 뭐 누구라고 뭐 특정해서 기억은 안 나지만, 내려오는 가족들도 있었고, 그리고 또 많은 일반 시민분들이 많이 찾아오고.

　　그 팽목이, 팽목항이 그때 그렇게 유지되고 지켜질 수 있었던 게, 물론 아직 돌아오지 못한 아이들도 있었지만, 가족들이 있었고 그렇지만, 거길 찾아와 주는 다른 시민분들이 있었기 때문에 그렇게 지켜질 수 있었다고 생각을 하거든요. 그 양반들이 거기를 지금, 사람들이 생각하는 기억의 장소, 아픔의 장소 그런 걸로 만든 거죠. 그 등대 가는 쪽에 여러 가지 작품들 뭐 그런 거 해놓고 그런 게 아마. 거기 진도항으로 개발되면서 등대하고 거기는 남긴다고 하는데 그대로 보존한다고 하는데, 그게 어떻게 보존이 될지는 아직 모르죠. 정확한 건 모르고…. 그러니까 결국에는 기다리셨을 거예요.

면담자　　　네. 굉장히 의지가 많이 되셨을 거예요. (건우 아빠 : 그렇죠) 그때 6월 이후에 특별법 서명운동부터 범국민 대회 이런 것들이 서울에서, 안산에서 벌어지고 있었는데, 팽목에는 그런 상황이 전달되거나 얘기되거나 그랬을까요?

건우 아빠　　　그런, 그때 상황에는 팽목에 우재 아빠하고 찬민이 아빠하고 주로 있었을 거예요, 아마. 찬민이 아버지 같은 경우는 주소지를 진도로 옮겨서 거기서 살아, 진도에서 거의 살았죠. 우재 아빠도 마찬가지죠. 지금도 우재 아빠가 거기 밑에 있지만, 진도에 있지만, 그때 팽목에 분향소가 만들어지고 거기서 이제 많은 분들이 오셨었어요. 그[러]니까 그 이후로도 가끔 팽목에 내려가면 분향소 들러서 아이들 먼저 보는데, 근데 거기서 서명을 받고 그랬거든요, 분향소에서.

그때 당시, 그러니까 그런 어떤 일들 때문에 이쪽 안산이나 서울이나 이런 도시에서 하던 그 서명이나 이런 것들도 팽목에서 똑같이 했었어요. 그래도 가면 보죠. '많이 다녀가셨구나'. 리본단들도 안산에서 또 광화문에서 리본공작소 이런 데서 리본 제작을 해서 그걸 또 팽목에다 갖다 놓으면은 거기 찾아오시는 분들도 또 많이 가져가시고…. 아마 안산, 광화문에서 했던 그런 서명, 서명 활동이나 이런 것들도 똑같이 했었어요, 팽목에서. 그렇게 알고 있었어요.

## 5
## 진상 규명과 특별법 시행령에 관한 가족들의 입장 차이

**면담자**　　　　저번에 얘기를 많이 하려고 했는데 15년도 얘기를 많이는 하지 못했었어요. 아버님이 진상 규명 활동을 처음 시작하실 때 중요한 이슈가 시행령에 관한 거였다고 하셨잖아요. 그때 가족들 사이에 의견 차이가 좀 있었다고 하셨는데, 어떤 거였나요?

**건우 아빠**　　　　시행령, 시행령이 아니고 그때 이제 특별법을 만들기 전에 만들기 전에 특별법 안에 있는 세부 사항들, 예를 들어서 뭐는 안 되고 뭐는 되고 가장 대표적인 게 뭐였냐면 수사권, 기소권이었어요. 사실 그게 없으면은 실질적인 어떤 수사를 못 하거든요. 조사를 못 하거든요. 할 수가 없거든요. 근데 그 문제.

면담자       그 문제에 대해 가족들 의견이 달랐었나요?

건우 아빠     좀 달랐죠. 다른 차이가 뭐였냐면은 '어떻게 해서든 지금 특별법, 최종 조정을 해서 합의를 해서 특별법을 만들어야 된다. 특조위를 출범시켜야 된다. 그러면서 부족한 부분들, 그 이후로 특조위 활동하면서 싸우면서 부족한 부분들 찾아야 된다. 만들어야 된다. 일단 어쨌든 빨리 더 늦기 전에 시작을 해야 된다'라는 그런 생각을 갖는 부모….

면담자       그럼 그분들은 수사권, 기소권이 없더라도 해야 된다는 거죠?

건우 아빠     '없더라도 시작해야 된다. 더 이상 질질 끌면서 이런 수사권, 기소권, 물론 가장 중요한 문제지만, 가장 중요한 거지만 더 이상 질질 시간을 끌 수 있는 상황이 아니다. 시작하고 그 안에서 반드시 싸워야 된다' 그런 생각을 갖는 분들. 그리고 '무슨 소리냐. 수사권, 기소권 없으면 아무것도 못한다'. 물론 아무것도 못해요. 제한적으로 할 수밖에 없죠. '수사권과 기소권은 반드시 특별법에 넣어야 된다' 그렇게 그 의견이 일치가 있었는데, 결국에는 정치권에서 그 당시에 박영선, 박영선이죠. 물밑 작업을 했었는지, 특별법을 수사권과 기소권 없이 만들어지고. 근데 그렇게 될 수밖에 없었…, 지금 상황에서 생각을 해봐도 그렇게밖에 될 수가 없었어요. 앞으로 지금 사회적 참사, 사회적 참사 특조위도 수사권과 기소권은 없어요. 대신에 그거를, 그런 상황을 만들, 그니까 수사권과 기소권의 상황을 만들 수 있는 다른 것들을 만들어놓은 거, 그거 갖고 일단 시작을 한 거죠. 근데 앞으로 그래서는 절대로 안 되지만 또 세월호 참사에 관련된 특별법은 만들어지고, 또 특조위가 만들어진다 그러면은 마찬가지로 그때도 수사권과 기소권은 없을 거예요. 어떤 또 다른 사안에 그런 특별법이 만들어진다고 그래도 그건 들어갈 수가 없을 거예요. 국회의원들이 목숨을 걸고 그건 지킬 거예요.

**면담자**  현실적으로 어려운 문제라는 말씀이시죠? 그럼에도 불구하고 '이거를 반드시 해야 한다'라는 의견은 어디에서 시작된 건가요, 어떤 분들의 뜻이었는지요? (건우 아빠 : 특별법, 아니 수사권과 기소권 그걸 꼭 넣어야 된다) 네, 그걸 꼭 넣어야 된다는 입장이 현실적으로 어려운 일임에도 불구하고 굉장히 강하게 주장하는 여론이 있었던 거 같은데, 그냥 내부적으로 생긴 건가요?

**건우 아빠**  그죠. 내부적으로… 내부적인 문제고, 또 그때 활동하시던 시민들 중에서도 그런 의견들이 많았어요. 그런 의견들이 많이 나누어졌었는데, 자꾸 말씀드리지만 수사권과 기소권은 반드시 필요한 거예요. 그래야지만 제대로 된 진상 규명을 할 수가 있어요. 그런데 결과적으로 그런 법을 만드는 데, 국회에서 국회의원들이 만드는 데, 그거 국회의원들 입장에서는 지금도 그 생각이지 만… 국회의원들 입장에서는 자기 목에다가 총부리, 자기 머리에 다가 총부리 겨누는 거거든, 자기 목에다가 칼 들이대고. 누가 그런 짓을 하겠냐고, 국회의원들 중에서. 물론 그때 당시 야권이었던 민주당 그쪽, 열린우리당이죠. 열린우리당 맞[나], 아닌가. 아, 새정치 민주당[새정치민주연합]이구나, 열린우리당은 아니고(웃음). 그쪽 야권, 민주당 계열의 야권의 국회의원들은 요구를 하죠. 근데 그 사람들도 다 그런 게 아니고 일부만 요구를 하죠, "있어야 된다"[고].

근데 거기에는 항상 그런 말이 들어가요. "가족들의 뜻이다". 결국에는 이 사람들도 거기에 대해서, 사실 가족들만큼 절실한 그런 상황은 아니었던 거죠. 그렇기 때문에 실질적으로 당시에 새누리당이 의석수가 더 많았고, 국회 내에서 새누리당이 여당이었고, 의석수를 따져도 그렇고, 그게 만들어질 수가 없는 법이었죠. 그렇다면은 박근혜 정권이 유지가 되면서 새누리당이 계속 그 정권을 잡고 있는 한, 특별법은 안 만들어진다. 그[러]면 언제까지 끌고 갈 거냐. 그렇다고 우리가 청와대에 직접 "청와대에서 특별조사 TF를 만들어달라".

지금은 가능한 얘기지만 그때 당시에는 어림 반 푼어치도 없는 얘기죠. 그런 모든 것들이 안 되는 거죠. '안 된다는 상황을 충분히 이해를 하면서 그거를 위해서 싸운다는 것은 어떻게 보면은 우리가 얘네들의 작전에 말려들어간다'라는 그런 생각을 하게 된 거죠. 시간 질질 끌면서 지네들 할 수 있는 거 다 해놓고, 나중에…. 나중에도 물론 안 주겠지만, 쪼금 양보를 하겠죠. 대신에 많은 것을 요구를 하겠죠. '그거는 아니다. 어쨌든 법적으로 활동할 수 있는, 진상 규명 활동을 할 수 있는 특별조사위원회, 특조위를 만들어야 된다. 특별법을 만들고 특조위를 만들어야 된다'. 그런 생각을 하는 부모들과 또 어떤 좀 현실적인 것을 받아들이지 못하는 그런 부모들 사이에서 사실 좀 대립이 있었습니다.

근데 우리의 의사와는 관계없이 얘네들은, 얘네들은 물밑에서 이미 협의를 해서 특별법을 만들었거든. 그것 때문에 삭발하고 농성한 거였잖아. 그러면서 이제 시행령 갖고, 또 어떻게 시행령이 법보다 위에 있을 수가 있느냐는 거죠. 사실 그렇게 만들어졌거든요. 시행령이라는 게 그거잖아요. 어떤 법이 있으면은 이 법의 하나하나의 조항에 대한 세부적인 내용들을 정하는 게 시행령인데, 법에서는 '된다'라고 해놓은 걸 시행령에서는 '안 된다'라고 거꾸로 시행령을 만들어버리면은 결국에 시행령이 법보다 위에 올라가 있는 거예요. 그러니까 '세월호 참사라는 그 자체가 정치적인 영향을 많이 받는 사안이다 보니까 어쩔 수 없다'라고 받아들이는 거예요, 그거는. 국민들의 힘이, 국민들이 원하는 힘이 거기까지밖에 안 된다는 거죠. 그렇다면은 저는 '일단 만들어야 된다. 특별법 만들고 일단 싸워야 된다. 어차피 우리가 특별법, 법 가지고 싸울 것도 아니고 뭔가 진상 규명의 실질적인 활동을 할 수 있는 그런 내용들을 갖고 싸워야 되는 거 아니냐' 그런 생각을 하는 사람이었거든요. 그렇게 의견이 갈리면서, 부모들 사이에서 좀 어떤 감정적인 게 폭발

건우 아빠 김광배

해서 입에 담지 못할 그런 얘기들이 나왔어요. 대표적인 건 "네가 부모냐". 그 사람들 입장에서 우리한테 그렇게 얘기하는 거죠. "너희가 부모냐, 아이들을 위해서 이런 걸 만들어서 싸워야 되는데 포기하는 거 아니냐". 절대로 이해 안 되죠. 이제 그러면서 그런 말 한마디에 감정들이 폭발하고 아주 심하게 대립을 했었죠. 〈비공개〉

**면담자**　　제가 아는 바로는 외부적으로는 이것과 관련해서 '수사권, 기소권 무조건 반드시 포함되어야 한다'는 것이 가족들의 통일된 입장이라고 접했거든요. 내부에서는 사실 이게 굉장히 중요한 문제 같은데요.

**건우 아빠**　　그게 왜 그러냐면은 이게 표결에 의해 결정된 것도 아니고, 어쨌든 그 '수사권과 기소권을 꼭 가진 특별법을 만들어야 된다'라는 의견이 더 많았어요. 어떻게 보면 그게 당연한 건데, 그 당시에 현실적으로 너무 어려운 상황이었고, 안 되는 상황이었고, 그렇게 될 수 없는 상황이었고. 뭐 그걸 반대, 반대는 아니지만, '그걸 좀 포기하더라도 어쨌든 시작해야 한다'라고 생각했던 부모들이 선견지명이 있는 건 아니지만, 어떻게 보면 '좀 더 현실적이지 않았을까' 그런 생각. 이번 4·16특별법[사회적참사진상규명특별법]도 마찬가지예요. 그거 우리 [2017년] 11월 23일, 23일이죠. 23일 날 그 눈보라 치는 그 밤에 그 추운데, 그 국회 앞에서(헛웃음) 텐트 쳐놓고, 그런 의지가 부모들한테는 다 있다는 거죠.

　단지 법을 만들고 특조위를 만들고 진상 규명을 위해서 그런 활동을 하고 싸울 때, '어떻게 할 것인가' 그 방향성을 갖는 게 가장 중요하다고 보거든요. '안 된다, 안 되는 건 빨리 정리를 해야 한다'고 봐요, 내 생각엔. 그렇다고 그때 당시에 그거를 뭐 좀 현실적인 면을 간과하고 그걸 유지했던 부모들이 잘못했다는 건 아니지만, 그래서 그분들이 시행착오를 겪었다는 건 아니지만, 어쨌든 그게 맞는 거지만, 결국엔 그 이후에 와서는 '시행착오였다'라고 생각을 하는 거죠. 사실 많이 지워졌어요. 많이 지워졌다고⋯ 세월호에 대한 증거라든가 이런 것들이 많이 지워졌어요.

**면담자**  시간이 지나는 과정에서요?

**건우 아빠**  우리는 그렇게, 나는 그렇게 생각해요. 5·18 같은 그런 사건, 사건이란다. 5·18 같은 경우는 30년이 지나도 그때 당시에 모든 것들이 다 고대로 남아 있어요. 그것 때문에 30년이 지난 후에, 특별법 만들고 특조위를 만들어서 진상 규명을 해도 밝힐 수가 있어요. 밝힐 수 있잖아요. 밝혔잖아요, 100프로는 아니지만. 근데 세월호는, 세월호 참사는 아닌 거죠. 시간이 지나면 지날수록 지워지거든요, 그 증거라는 것들이. 그거를 우려했던 거죠. 그때 당시에 언론이나 많은 일반 활동가들도 그렇고 "가족들의 의견은 이거다, 수사권과 기소권이 있어야 한다" 그렇게 뭐 보도를 하거나 그렇게 얘기를 했던, 당연한 거예요. 어쨌든 당연한 거죠. 저도 그게 당연한 거라고 생각을 하죠, 하니까. 대신에 지금 돌이켜 생각을 해봐도 그때 당시에 그거는 조금 어떻게 보면은 너무 '현실을 직시하지 못한 그런 시행착오다'라는 생각을 하는 거죠. 결국은 그렇게 안 되었잖아요. 그러면서 어떻게 보면은 그런 상황 때문에 반대하는 상황이 생길 수도 있었죠. '세월호 참사의 진상 규명을 요구하는 더 많은 시민들이 생겼다'라고도 볼 수 있는 거죠. 어쨌든 정치권에서 벌어진 일들이 국민들에게는 곱게 보일 리도 없지, 그런 반대 상황도 있을 거고. 그래서 아마 그때 그런, 사실 그게 맞아요. 그런 보도가 나가고 "가족들은 이걸 원한다"라는 게 맞아요. 또 그거를 위해 싸웠고 각 당 여당, 야당의 원내대표들 만나서 요구하고 싸우고 했던 이유가 그거였었고.

# 6
## 심리생계분과 활동

**면담자**　　　그 과정에서 특별히 참여하셨던 거, 기억나시는 거 있으세요?

**건우 아빠**　　　없어요. 그때는 뭐라 그럴까. 나는 좀 어딘가, 외부로 나서는 그쪽으로는 거의 안 했었어요. 안에서 내부에서만 고민만 하고 있는 거죠. 어떻게 보면 굉장히 소극적이었었죠, 그때 당시에(한숨). 후회 같은 건 안 해요, 후회 같은 건. 지금 생각해도 후회 같은 건 안 하는데, 그때는 물론 많은 가족들이 같이했었고 또 그걸 대표해서 하는 가족들도 있었고, '그랬기 때문에 오히려 내가 더 소극적이지 않았나' 그런 생각도 들고. 근데 이제 하나하나 일이 진행이 되면서 참여를 하게 된 거죠. 사실 그 성호 아빠하고 같이 심리생계분과를 같이 했던 게, 어떻게 보면은 '이 트라우마라는 거, 이 아픔이라는 이런 거에 대해서 좀 빠져나갈 수 있는 방법을 찾다가 내가 찾은 게 그게 아니었나', 지금 생각해 보니까 그러네요. 사실 그게 나는 '지금 우리 가족들한텐 가장 적합한, 가장 맞는 방법'이라고 생각을 하거든요. '싸워야 된다'고 생각을 하거든요. '그래야지 내가 그 아픔을 조절할 수 있고 달랠 수 있고 어루만져 줄 수 있고, 그럴 수 있다'고 생각을 하는 거죠. 또 현실적으로는 성호 아빠 혼자 다니면서 고생도 많이 했고, 그래서 그렇게 시작하게 된 거죠.

**면담자**　　　　성호 아버지는 혼자 고생을 많이 하셨지만, 아버님은 성호 아버지가 기획 쪽 일을 잘한다고 하셨거든요.

**건우 아빠**　　　기획, 어떤 뭐 계획을 세우고.

**면담자**　　　　그중에서 어떤 지원 방안이나 이런 아이디어를 구체적으로 예를 들어 말씀해 주세요.

**건우 아빠**　　　아, 기억이 안 나네. 그때 가장 큰 이슈가 뭐였냐면 피해자 쪽에서, 피해자 가족들의 정신적인, 육체적인 말 그대로 그 피해지원 그 문제였고, 그리고 하나가 지금은 생명안전공원이라고 얘기하는 거, 추모 시설 그 문제가 있거든요, 추모공원이라고 얘기하는 거. 근데 그때 당시에 특조위의 피해지원 소위원장이었던 김선혜 소위원장이, 그 양반이 대법원 법관 출신이에요, 대법원 법관 출신인데 너무 몰라. 근데 참 아이러니한 게, 그분도 그분의 가족 중에 어떤 이런 뭐였더라, 하튼 이런 민주항쟁이라든가… 정확하게 기억 안 나는데 그런 거에 의해서 가족을 잃으신 분이거든요. 그런데 오히려 자기가 그런 사안에, 특조위 내에서 그런 역할이라든가 그런 것들이 굉장히 소극적이었고, 속된 말로 하면 "뭘 모르더라. 아무것도 모르더라" 그런 상황이었었어요. 근데 거의 매주 미팅을 하면서 그런 얘기들 "우리가 필요한 게 뭐고 해야 되는 게 뭐고" 그런 얘기들을 주로 했는데, 당시에는 고개 끄덕거리지만 돌아서면 까먹는 건지, 일부러 지우는 건지 참 답답한 점이 많았었죠.

**면담자**  진척을 안 시키는 건가요?

**건우 아빠**  그게 고의적이었는지, 아니면은… 근데 고의적이었던 건 아니었던 거 같고. 그 밑에 그때 당시 오지원 과장이라고 오지원 변호사, 지금은 사참위 사무처장이 되었어요, 그 양반이 뒤에서 또, 유미선 씨 아시죠? (면담자 : 그때 말씀을 해주셨어요) 그 두 사람이 굉장히 노력을 많이 했거든요, 피해자 지원 쪽으로. 근데 결국엔 안 됐지. 안 된 것들이 너무 많지. 그걸 하면서 성호 아빠 같은 경우는 그런 어떤 포인트라든가 이런 것들을 잘 집어요, 잘 집어서 잘 얘기를 하고. 그런데 그런 것들이 실질적으로 안 만들어진 거는 지금 생각해 봐도 고의적인 것보다는 아무것도 몰라. 모르는 사람이 그걸 맡아서 하다 보니까 이게 왜 해야 하고 왜 필요한지를 모르는 거지.

하나 좀 잘했다고 할 수 있는 건 코호트 연구회라는 게 있는데, 거기서 우리 이제 정신 감정, 정신 감정을 하면서 육체적인 거. 아, 그거 말씀드리면 되겠네. 처음에 이 코호트 연구회라는 데에서 '피해자 가족들의 심리 상태를 체계적으로 분석을 해서 자료로 남겨놔야 된다'는 취지로 우리한테 왔어요. 특조위 쪽에서 그게 연결돼 가지고 했던 거였었는데, 그때 당시에. 그때 그 담당이었던 분이 이소희 과장님이라고 있었는데, 여러 사람 미팅을 하는데, 그런 어떤 정신적인 거, '지금 우리나라에는 이런 참사에 대한 피해자 가족들의 그 정신적인 분석, 그리고 연구한 자료가 하나도 없다. 이 세월호 참사가 대표적인 거다. 만들어야 된다. 이게 기준이 돼야 된다' 그런 의지, 그런 공감은 똑같이 갖고 있었는데. 단지 그 양반은 그쪽으로만 생각을 하셨던 거고, 실질적으로 트라우마… 그 당시에, 트라우마를 갖고 있는 가족들을 어떤 식으로 설득을 하고 어떤 식으로 끌어들이고 그래서 그런 분석하고. 뭐 예를 들어 면담을 할 수 있는 거라든가 상담을 할 수 있는 어떤 방법은 전혀 없었어요.

방안이라든가 그런 것들을 성호 아빠가 만든 거죠. 그런 면에서 어떤 기획력이라든가 이런 게 뛰어나다고 말씀드린 게 그런 거예요. 대표적인 게 "그냥 트라우마 상담만 갖고, 정신적인 문제만 갖고 가족들에게 접근하면 욕먹는다. 절대로 안 된다. 어느 정도 시간이 지났고, 1년 이상 시간이 지났고, 가족들의 육체적인 건강 이것도 검진을 해야 된다. 그 부분도 예산에 포함을 시켜라" 해가지고…, 금년에도 해요, 금년에도 4찬가, 4차쨴가 되는데. 그래서 그 부분이 육체적인 건강검진 그 부분이 이제 들어간 거지. 그런 것들이 대표적인 게 성호 아빠의 활약이라 그럴까, 대표적인 게 그런 건데. 만약에 그게 없었으면 사실 그렇게 프로그램을 기획을 해서 그렇게 만드는 것조차도 부모들한테 욕을 많이 먹었어요. 욕을 많이 먹었는데… 그때 당시만 하더라도 가족들한테 엄마, 아빠들한테 아이들의 얘기를 물어본다는 거는 진짜 그건(웃음) 욕먹을 각오를 해야 되는 거지. 그런 상황이었었는데… 당연히 부모들이 안 나오죠. 상담에 응해주겠어요? 그니까 진도에서 있었던, 팽목에서 있었던 그런 아픔들…, 내 자식에 대한 그런 기억들을 또 얘기를 해야 되는 데 그게 쉽게 되겠냐고.

그런 계기를 만든 게 "건강 검진을 해야 된다" 그 이유를 갖고 가족들을 좀 많이 부르게 된 거죠. 가족들이 많이 호응을 했죠. 물론 그중에서도 반대를 하고, 한바탕하고(웃음) 안 오신 부모들도 있지만. 그런 부분을 참 잘했어요, 성호 아빠가. 그리고 어떤 내용에 대해서 분석하는 능력도 참 잘했고. 제일 좋아하는 게 브리핑, 브리핑. 사람들 앉혀놓고 화이트보드에 막 써가면서 브리핑. 참 간단하게 정리를 해요. 어려운 것들을 간단하게 나눠서 정리를 해요. 그런 것들 참 잘해요. 성호 아빠가 기획력이 뛰어나다고 한 게 그런 거였거든요. 핵심을 잘 이해하고 잘 캐치를 해요, 그런 것들 상대방한테 잘 얘기하고. 그런 아까운 인재가 지금 저렇게 놀고 있으니… 참.

**면담자**　　　그때 당시에 심리생계지원 관련해서 어젠다[의제], 그런 게 있었을까요? 아버님이 갖고 계셨던 어떤 큰 방향이나 구체적으로 꼭 만들어야 하는 지원책으로 뭐가 있었나요?

**건우 아빠**　　　그 어젠다까지는 아니지만, 그거는 이미 지금도 사참위 내에서도 피해지원 소위 내에서도 방향이 그 방향이에요. '참사를 당한, 정신적인 트라우마를 겪은 피해자 가족들이 아니, 피해자들이 3년에 그게 치료될 수가 있나, 5년 내에 치료될 수 있나, 10년 내에 치료될 수 있나?'. 10년 후에 나타날 수도 있거든요, 그런 증상들이. 그런 정신적인 피해를 어떤 그 뭐라 그래야 되나, '사이즈가 어느 정도다'라고 정할 수 있냐는 거죠. 그게 방향이었거든요. 어떻게 보면은 그니까 그런 경험을 겪어보지 못한 사람들이 보면은, 제3자가 보면 '야, 이거 너무 욕심 아니냐. 뭐 평생 우려먹으려고 한다' 그런 생각을 할 수도 있겠지만, 사실은 그게 아니거든요.

정신적인 트라우마라는 게, 지금도 공황장애 겪고 있는 부모님들도 계세요. 아예 외부하고와의 관계를 끊어버린 사람들도 있고, 심지어는 가족협의회 내에, 이런 가족협의회에 부모들이 모인 이유가 뭐예요. 목적은 하나잖아요. 진상 규명, 진상 규명이잖아요. 그 진상 규명조차도 부정하는 부모들이 계세요. 그게 어떤 다른 의도라든가 뭐 그런 것보다도 생각의 방향이 틀린 거죠. 원하고 있지만, 진상 규명을 할 만큼의 의지가 약해져 있는 거죠. 그 의지가 약해진 이유가 바로 아이들에 대한 트라우마 때문에 그렇거든요. 그런 어떤 증상들이라든가 현상들이 많은데, 그거를 횟수를 정해놓고 또 연수를 정해놓고….

　그때 당시에 또 욕을 했던 게, 지금도 마찬가지이지만, 아직 계속 이어지는 건데, 그 생존 학생들, 우리 생존한 애들. 얘네들도 그렇지만, 생존자들, 일반인들도 마찬가지고. 그다음에 또 그때 당시에 현장에서 아이들 수습했던 잠수사들, 심지어는 동거차도 어민들까지. 그런 세월호 참사에 의한 피해가 비단 직접 당사자인 우리들만 피해를 입었다는 게 아니라는 거죠. 그 특조위의 피해지원의 방향은 그 방향으로 가야 되거든요. 그게 그때나 지금 흔히 얘기하는 1기 특조위나 2기 특조위나 피해지원 방향은 마찬가지거든요. 똑같거든요.

　그다음에 생명안전공원에 관한 문제, 그거는 어떻게 보면은 가족들만 원하는 상황일 수도 있어요. 저는 그렇게 생각을 하는데, 그게 뭐냐면 그래 그 화랑유원지, 안산에서 가장 큰 공원은 아니에요, 가장 큰 공원은 아니지만 어쨌든 시청하고 가깝고 중심에 있고, 안산 거의 중심에 있고, 그다음에 어떤 그런 시설도, 공원 시설도 잘되어 있고. 이런 데를 말 그대로 지금 사람들이 얘기하는 거 "납골당을 만든다, 납골당을 만든다". 그런 부분들이 안 받아들여질 수 있죠. 그건 "너희들의, 부모들의 욕심이다"라고 얘기할 수 있죠. 그렇지만 우리가 원하는 건 그거거든요. 아이들이 거의 태어난 곳이고 아이들이 어려서부터 자란 곳이거든요. 자란 곳이기 때문에 '이 안산에, 안산 시민들이 우리 아이들을 받아주지 못하면, 지켜주지 못하면 누가 지켜줄 것이냐' 그거거든요. '그렇다면은 우리 아이들이 고향에, 이 안산에 우리 아이들을 좀 영원히 담아놔야 되는 거 아니냐' 그런 생각을, 우리가 그런 생각을 갖고 있는 거죠, 가족들은. 가장 적합한 위치가 여기…, 그건 모든 어떤 전문가들의 평가도 "여기다. 여기가 가장 적합한 장소"라는 평가도 받았고. 그리고 뭐 아시겠지만 지상에 노출되는 것도 아니고, 지하에다가 만든다는 거. 근데 이 사람들도 반대하는 이유가 봉안 시설이니까 반대하는 거 아니냐고…. 아이들인데, 아이들의 가장 마지막 모습인데, 그게 그런 마음을 '사람의 마음으로, 인간의 마음으로 이해를 한다면 문제가 될 게 없다'라고 생각을 하는 거죠. 그런데 그게 문제라고 얘기를 하니까, 집값이 떨어진대나 어쨌다나…. 그런 방향.

1기 특조위 당시에는 그때 당시에는 '화랑유원지를 아이들의 생명안전공원으로 만든다'는 그런 어떤 나름대로의 내부적인 개인적인 생각은 있었겠지만, 그게 표면화된 건 하나도 없거든요. 단지 '만들어야 된다'라는 거. '아이들의 추모 시설을 만들어야 된다' 그 정도. 트라우마센터 그것도 마찬가지고. 그니까 우리가 지금 요구하고 있는 특화된 트라우마센터, 그러니까 '육체적인 그런 치료도 할 수 있는 특화된 트라우마센터를 국립의료원 정도의 레벨로 그 정도의 레벨로 만들어야 된다'라는 이유가[생각을] 그때부터 가지고 있었던 거죠.

면담자　　　그때부터 이 정도로 구체적인 안을 갖고 있었나요?

건우 아빠　　아니, 그때 당시에는 구체적으로 나온 게 아니에요.

이거는 그 시점이 언제부터냐면은, 제 기억으로는 지금 운영위원장의 생각과 임원들의 생각이 같이 공유되고 한 시점이 제 기억으로는 2016년도. 그러니까 사단법인, 가족협의회가 사단법인 설립을 하면서 그때 전명선 위원장이 운영위원장으로 취임을 하고 그리고 구체적으로 전명선 위원장이 갖고 있던 생각이에요. 물론 다른 부모님들도 갖고 있었지만, 거의 유사한 그런 생각이나 개요를 갖고 있었지만, 실질적으로 그거를 표면화시킨 거는 전명선 위원장 생각이거든요. 그 생각을 부모들이 다 같이 공감을 하고 있었기 때문에, 공유는 하지 않았지만 공감을 하고 있었기 때문에 쉽게 공유가 되는 거거든요. 그런 건 꽤 오래됐어요, 그런 생각을 하게 된 게.

# 7
## 교실 존치

**면담자**    15년에 세월호 자체의 굵직굵직한 사건들이 또 많이 있었는데, 그중에 하나가 교실 존치죠. 제가 시간순으로 여쭤볼 게 더 있는데, 일단 큰 사건을 먼저 되짚어보는 게 좋을 거 같아서요.

**건우 아빠**    (한숨) 교실 존치 얘기만 나[오]면 지금도 화가 나는데, 결국에는 교육청이 뭐… 학교도 학교지만, 교육청도 원하지 않았어요. 이재정도 원하지 않았어요, 결국엔. 그때 협의체를 만들어 가지고 협의체를 만들었었는데, 가족 대표로는 유경근 집행위원장이 가족 대표로 했었고, 그때 뭐 김익한 교수님도 거기 계셨으니까 잘 아시죠? 〈비공개〉 뭐 가족들 얘기는 다 들어요, "맞다"[라고 하면서도]. 근데 하는 짓은 다 딴짓을 하고 있어. 결국에는 안산시하고 교육청하고 책임을 회피한 거예요. 책임을 회피하고 결국엔 희생자 가족들하고 재학생, 그니까 피해자 가족들하고 가족들의 부모들하고 재학생 부모들하고 싸움을 붙여놓은 거죠, 결국엔. 결국엔 싸움 붙여놓은 꼴이 된 거죠.

그때 우리가 운영위원장이, 전명선 운영위원장이 굉장히 노력을 많이 했는데, 계획까지 다 만들고 이런 식으로. 그때 유경근 집행위원장도 같이, 유경근 집행위원장이 협의체 위원이었으니까 굉장히 노력을 많이 했죠. "교실이 부족하다", "그래, 어떤 방안으로 해결을 해야 될까?" 우리 아이들이 있던… 아이들은, 그 교실은, 그 건물, 그 동은 어떤 식으로 보존을 해야 되고 또 어떻게 기억 장소, 그 기억 공간을 일반 사람들이 느낄 수 있는 방법적인 것들. 다 우리가 계획을 만들어가지고 제시를 했잖아요, 예산까지 다 해가지고. 결국에 안 됐죠. 그게 재학생 부모들하고 피해자 부모들하고 싸움을 붙여놓은 거죠. 실질적으로 이게 부모들이, 당사자들이 해야 될 문제가 아니거든요. 이건 교육청과 학교, 그다음 시에서 나서가지고 자기네들이 자발적으로 나서서 협의를 하고 그렇게 만들어야 되는데, 결국에 다 손 내려놓고 싸움만 붙여놓은 꼴이 된 거죠. 우리에게 트라우마가 그거잖아요, 어떻게 보면 아킬레스건인데. 아직 미수습된 우리 아이들, 현철이, 영인이, 다른 분들도 있지

182
건우 아빠 김광배

만, 그리고 그 제3의 아픔을 갖고 있는 단원고 학생들, 얘네들이 피해를 본다 그러면은 당연히 우리 못 하죠. 그런 것들을 교묘하게 이용했다 그럴까. 결국엔 우리가 포기할 수밖에 없게끔 만들어놨더라고요.

면담자     말씀하신 사건의 과정이나 논쟁을 목격하셨어요? 예를 들어서 학교에 가서 본 장면들을 조금 얘기해 줄 수 있으세요?

건우 아빠     직접 보진 못했지만, 재학생 부모가 아이들 책상을 빼면서 한바탕 소란이 벌어졌었죠. 그때 당시엔 가족들, 부모들 다 단원고 안에 들어가서 거기서 다 노숙을 했었으니까, 그런 상황이 벌어지고…. 근데 그게 다른 재학생들 부모가 아니고 생존 학생 부모라는 얘기를 들었을 때, 그때 어떤 배신감이라 그럴까 그런 마음들은 많이 들었고…. 직접 참여는 안 해서 실제 상황은 잘 모르지만, 재학생 그니까 학부모 뭐라 그러죠? 운영위원횐가, 학교 운영위원회, 그쪽을 통해서 재학생 부모들한테 직접 전달을 해야 될 그런 우리의 계획들, 기억교실에 대한 우리의 계획들 그런 것들이 고의적으로 그때…. 이름도 안 까먹었네, [아무튼] 고의적으로 커트를 당했고, 제대로 전달이 안 된 거죠. 그걸 막은 거죠. 그런 걸 막고, 학교도 일조를 했죠. 교장도 그렇고, 학교 운영위 내에서도 고의적으로 그런 상황들을 많이 막았고.

　실질적으로 이 기억교실이 단원고 내에서 사라지게 된 거는 사람의 마음이라고 얘기하면은, 그때 당시에 재학생 부모 입에서 나온 얘기가 그거거든요. "우리 아이들 공부해야 된다. 근데 이게 있으면 공부가 되겠느냐" 그런 이유, 핵심적인 이유가 그런 거였었어요. "절대로 용납할 수가 없다". 예를 들어 우리가 요구하는 그런 계획에 대해서, 우리가 저쪽 운동장 끝 쪽, 그 야산 있는 쪽으로 우리가 별도로 건물을 증축하는 계획이 핵심인데. 그래서 교실을, 우리 아이들 말고 재학생들의 교실을 그쪽으로 가고, 여기는 폐쇄를 하고 이동 통로도 별도로 만들고 그런 식으로 우리가 계획을 했던 거였는데, 그걸 반대하는 논리는 간단해요. "공사하는 동안 시끄러워서 애들 공부 못 한다" 그런 논리거든. 근데 결국에는 원하지 않았던 거죠. 그러면서 지원은 다 받았고⋯ 단원고에, 단원고에 지원되는 그런 지원들은 다 받았죠. 단적으로 혜택 볼 건 다 보고, 원하는 대로 됐고, 아이들 기억교실 다 지웠고, 다 없앴고.

참 우습지 않아요? "아이들 교실에 있던 책상, 아이들이 쓰던 책상, 의자 그다음에 칠판, 교탁⋯. 뭐 이런 것들 그거 그대로 이리로 옮깁니다. 여기가 아이들이 쓰던 기억교실입니다" 뭔가 좀 어색하지 않아요? "아이들이 있던 곳은 여긴데 아이들의 물건만 이쪽으로 갖다놨다고 해서 거기가 아이들이 있던 곳이냐, 아이들의 교실이냐" 이거죠. 암튼 저 같은 경우는 실질적으로 아이들의 교실에 있던 물건들 전부 박스에 담아서 우리가 도구를 다 옮겼잖아요. 그 이후로는 저희는 기억교실에 대해서는 접었어요. 더 이상 제 개인적으로는 '이거는 싸울 수가 없는 얘기다' [생각하게 되었죠].

요즘 '미스터 선샤인'에 보면 그런 대사 있잖아요. "빼앗기는 건 찾을 수가 있지만, 내어주는 건 찾을 수가 없다". 한번 봐보세요. 그런 대사가 있거든, 고종 황제하고 그 얘기하는 대사 중에 그게 있는데, 그게 이병헌이가 한 말일 거야. 근데 맞는 거 같아요. 우리가 빼앗겼다면은 빼앗긴 게 맞지만, 결국엔 우리가 내어준 거거든요. 그런 상황이 되어버린 거죠. 거기서 하다못해 창틀까지 다 뜯어서 가지고 나왔는데 '이거 다시 갖다 놓는다고 해서 그게 진짜 우리 아이들의 기억교실, 우리 아이들의 교실이 될까' 회의적인 생각이 들더라고요. 그래서 그날 이후로 기억교실에 대한 생각은 접었어요.

**면담자**      내려놓으신 거죠?

**건우 아빠**      있어야 되는 건 맞지만, 사람들이 "필요 없다"라면 "필요 없다"라는 거죠. 다른 부모님들이 들으면 나 막아설지도 모르겠는데, 하튼 저는 개인적으로 기억교실에 대한 건 접었습니다. 대신에 생명안전공원하고, 우리 아이들의 가장 첫 번째 일은 말할 것도 없이 진상 규명이고. 이 진상 규명이라는 게 단지 '사고가 왜 났고, 왜 아이들 구하지 않았고, 왜 특조위 방해했고, 그 어떤 음모가 있느냐', 어떤 그런 걸 밝히는 거. '어떤 범죄적인 요건이 있느냐. 그냥 단순히 해상 교통사고였느냐, 해상 사고였느냐' 그런 걸 밝히는 것도 중요하지만, 결국엔 그 진상 규명이 교실마저 뺏긴 우리 아이들의 명예, 명예를 다시 되찾아 주는 거라고 생각을 하거든요. 그걸 할 수 있는 건 부모라고 생각을 하고. 그렇기 때문에 할 수 있는 데까지, 아니 그 이상이 필요하더래도 끝까지 하려고 하는 이유가 그거죠. 우리 아이들은 '배 타고 제주도 수학여행 가다가 재수 없어서 사고 나서 물에 빠져 죽은 아이들이 아니야' 그런 기본적인 생각을 하기 때문에 '진상 규명이 더 필요한 거, 절실한 거, 꼭 해야 된다'라고 생각을 하는 거고. 그래서 '그게 우리 아이들의 명예를 되찾아 주는 길'이라고 생각을 하는 거, 그렇습니다.

**면담자**　　　내려놓으셨다고 얘기하셨지만, 교실도 애들의 명예를 위해 굉장히 중요한 일이었던 거네요.

**건우 아빠**　　　그래서 제가 말씀드렸잖아요, 거길 내어준 거라고, 다시 찾는다는 게 좀 불가능하고. 꼭 불가능한 건 아니지만, 저는 '그럴 일은 없다'라고 생각을 하는데, 우리 아이들의 그 기억[교실], 지금 안산지청[안산교육지원청]인가, 거기 준비하고 있잖아요. 근데 우리 아이들의 책상, 의자, 우리 아이들의 교실에 있던 모든 것들이 다시 단원고로 돌아간다? 원래 있던 자리로 돌아간다? 그래서 거기에 대해서 접은 거죠, 미련을 접은. 이미 거기는 포기는 아니지만, 마음에서 내려놨고 '여기다 만들어도 돼. [여기가] 기억교실' [이야라고 생각하려 하는 거죠]. 우리가 여길 기억교실이라고 얘기하고, 많은 사람들이 와서 '이게 아이들의 기억교실이구나' 하고 느끼면 되는 거죠(웃음). 참, 긍정 같지 않은 긍정을 하고 있어요.

# 8
## 인양

**면담자**　　　15년에 선체 인양이 되지 못했지만, 인양 절차가 시작됐고 그래서 가족분들이 동거차도 감시 활동을 하셨는데요. 인양 절차를 어떻게 알고 계시고, 아버님이 직접 참여하시거나 보신 게 있으시면은 얘기해 주세요.

**건우 아빠**　　　그때 인양이 한참 진행되고 있을 땐, 제가 정성욱 인양분과장하고 같이 분과팀장을 하고 있었어요. 그때 당시.

**면담자**　　　두 가지를 하신 건가요?

**건우 아빠**　　　두 가지를 한 게 아니고 2015년도에, 아니다. 2015년도가 아니고 2016년도구나, 잘못 생각했다, 2016년도. 아, 2015년도에 …. 가만있어 보자. 아, 2015년도에 인양이 결정된 거는 그 해 4월, 4월경이었던 걸로 기억하고요. 4월 초에. (면담자 : 네, 4월 22일이요) 4월 초에 그때 한바탕 가족들 삭발하고 그때 저도 광화문에서 같이 삭발을 했었는데, 그때 시행령 싸움 때문에 그랬어요. 그때 당시에 특별법 만들어지고 시행령 싸움 때문에 했었고. 그리고 더 화가 났던 게, 그때 이제 배·보상 문제 때문에 가족들이 많이 화가 나 있었고. 그러면서 인양 얘기가 나오고 5월 달에 인양 결정이 되었을 거예요. 그죠?

**면담자**　　　결정은 4월 말, 4월 22일에 되었다고 나와 있는데요.

건우 아빠     22, 23, 24. 2015년… 아, 맞다… 아, 맞다, 맞아. 4월
달에 인양 결정이 됐어요.

면담자     그때 당시에는 인양분과팀장이었던 건 아니신 거죠?

건우 아빠     아니에요, 이때 당시에는 아니었고. 2015년 겨울에,
겨울 무렵 때, 10월 달이 추석이었을 거예요. 그 이후에, 11월 달.
11월경인데, 그때 인양분과. 아니다. 아, 이 기억이 한계야. 우리
좀만 쉬고 할까요.

(잠시 중단)

면담자     15년도에 인양이 시작이 됐을 때 어떻게 진행됐다고
알고 계셨어요, 직접 참여하셨어요?

건우 아빠     처음에는 진상분과장하고 인양분과장이. 진상분과,
인양분과 이렇게 나누어져 있지 않았고 진상과 인양이 하나로 돼
있었어요, 하나의 부서로. 그때 아, 이름이… 준형이. 큰일났다, 이
거. 준형이 아빠 장훈하고 동수 아빠 정성욱, 이 두 사람이 진상과
인양 쪽에 일을 같이하고 있었었거든요. 근데 인양이 결정이 되면
서, 진상하고 인양하고 두 파트를 나눴어요. 인양 파트 쪽은 총괄,
총괄 책임자로 정성욱 인양분과장. 인양분과라는 게 새로 생긴 거
죠, 어떻게 보면. 진상 파트는 장훈이 계속했었는데, 준형이 아빠
가 계속했었는데, 사실 인양과 진상은 뗄 수 없는 관계에요, 지금
도 마찬가지지만. 근데 굳이 이제 파트를 나눠서 한 건, 진상도 그

렇고 인양도 그렇고 그쪽에 관련된 사안들이 굉장히 큰 거거든요. 꼭 필요한 거고, 반드시 해야 하는 것도 있고. 그렇기 때문에 그만큼 그 중요성이 높은 거죠. 그래서 나누게 되는 거고, 그래서 나눠졌고.

인양업체가 결정이 되고 그 후에 실제 상하이샐비지가 현장 투입 되면서 전적으로 인양분과장 동수 아빠가 전적으로 그쪽을 담당을 하게 된 거죠. 지금 현재까지 진상분과, 인양분과 나눠져 있는데. 어쨌든 인양을 해서 목포 신항으로 가져왔고, 미수습자 수습도 10월 달이면 끝나고. 그 이후에 아마 정해진 건 아니지만 필요한 게 뭐냐면 선체 보존에 관한 업무, 그 일들도 아마 계속 연결해서 해야 될 거예요. 아마 세월호가 '어떤 식으로 보존하겠다'라는 결정된 사안은 선조위에서도 못 만들었거든요, 결과가 너무 없으니까. 그래서 나중에 인양 보존 방법이라든가 이런 것들이 결정될 때까지는 가족들이 참여를 해야죠. 그 부분을 누가 맡게 될지는 모르겠지만, 아마 지금까지 인양 파트에 관해서 동수 아빠가 계속해 왔기 때문에, '동수 아빠가 그 보존 쪽도 같이하게 되지 않을까' 생각을 하고 있는 거고. 지금 그 상황[이에요].

면담자        15년도에는 인양을 시작을 한다고 했는데 사실 안 됐잖아요.

건우 아빠        할 수가 없었죠. 그때 당시에는 인양을 하기 위한 초기 작업들, 인양 현장 조사라든가 그런 부분들이 이루어졌었고. 근데 현장 조사가 2014년도 11월경에, 2014년도에 다 끝난 상황들이 거든요. 그때 선체 인양 TF라는 게 만들어져 있었는데, 얘네들이 이미 그 사고 해협에 현장 조사는 다 끝내놓은 상태였어요, 인양 방법까지는 잘 모르겠는데. 하여튼 그 부분은 조사가 다 끝났었는데 또 하게 되는 거죠, 중복해서. 그니까 모든 과정을 보면은 시간 끌기, 그니까 증거를 은폐하기 위해서, 증거를 감추기 위해서 많이 시간을 끌었어요.

인양이 되는 것도 나중에 2016년도에 선체 인양분과[를] 같이하면서 많이 알게 된 사실들이지만. 한 가지만 얘기를 한다면 결정적으로 가장 큰 [이유], 인양이 그렇게 지연이 되고 문제들이 생기고 한 거는 그 이유가 뭐냐 하면요. 지금 많이 훼손됐잖아요, 세월호가. 그 이유는 딱 하나밖에 없어요. 증거 인멸. 정부에서는, 해수부에서는 세월호 인양할 마음[이 없었던 것 같아요]. 인양 발표는 어쩔수 없는 상황상, 그때 당시에 막 삭발하고 대통령 나와서, 박근혜나와서 헛소리하고 그럴 당시에 상황상, 어떤 이슈 전환을 위해서 "인양을 할 수 있겠다. 인양한다" 그렇게 발표를 한 과정이 있었지만, 결과적으로 정부에서는, 해수부에서는 인양을 할 생각이 없었어요, 의지가 없었어요. 그니까 인양을 하겠다고 결정을 하고 20개월이 넘는 그 장시간 동안, 오랜 시간 동안 상하이샐비지랑 그런외국 업체, 중국 업체를 끌어들여서 비밀리에 증거 인멸을 해왔던 거죠. 많은 부분들에 대해서 아직까지는 증거가 밝혀진 것은 없지만, 가족들은 그렇게 판단할 수밖에 없어요.

건우 아빠 김광배

**면담자** 　　그렇기 때문에 동거차도 감시 활동들을 하셨을 거 같은데요.

**건우 아빠** 　　원래 선체 인양 TF에서, 해수부에서 가족들한테 약속한 게 있어요. 그 약속이 뭐냐 하면은 "인양을 하는 과정, 전 과정을 가족들 참여를 [보장]해 주겠다. 참여할 수 있게 해주겠다. 모든 그 인양에 관련된, 모든 것들을 다 오픈을 하겠다" 약속을 했었는데, 약속을 하나도 안 지켰죠. 그[러]니까 가족들이 가서 인양 현장을 확인할 수 있었던 것은 동거차도밖에 없었죠. 그래서 2015년 여름경서부터 8월경인데 그때부터 동거차도에 그 예전에 KBS인가, 거기서 썼던 천막 그거 보수하고 해가지고 그때 고생 좀 많이 했죠. 나는 뺀질거리느라고 거기 참석 못 했지만, 그때 처음에 그 숙영지라고 보통 얘기를 하는데, 군대 용어로…. 그 동거차도에 숙영지 만들면서, 진짜 그때 들어갔던 초창기 때 부모님들 진짜 고생 많이 했어요. 그 무거운 거, 지게에다 지고 밑에서 또 올려서 다 설치하고. 2015년 9월 1일부터 동거차도에 일주일씩 부모님들 돌아가면서 상주를 하기 시작하게 된 거고, 저는 10월경에, 추석 무렵 때 처음 들어갔었어요. 처음 들어갔는데, 그때 저하고 성호 아빠하고 차웅이 아빠 일주일 들어갔었는데, 차웅이 아빠는 직장일 때문에, 그때 기억이 토요일 날 들어갔던 거 같아요. 차웅이 아빠는 직장일 때문에 일요일 날까지 계시다 배 타고 나오셨고, 남은 일주일을 성호 아빠하고 같이 있었죠.

면담자　　　그때 어떤 걸 보셨어요?

건우 아빠　　　그때 당시에는 특별한 사항들은 없었고, 나중에 이제 특별한 사항들, 그 상하이 쪽에서 헛짓거리, 말 그대로 헛짓거리 하는 상황들이 그 이후에 목격을 하게 된 건데, 처음에는 인양을 하기 위한 준비 작업들, 예를 들어서 상하이샐비지, 달리하오호하고 센첸하오호하고 그리고 또 예인선, 예인선 한 척하고 이렇게 세 대가 들어왔었던 걸로 기억하는데. 주요 작업을 한 건 '달리하오호'에서 했었고, '달리하오호' 그게 바지선이고요. 거기에 크레인이, 그게 몇 천 톤 크레인이라 했더라, 하여튼 굉장히 큰 크레인이 있었고, 거의 뭐 만 톤 가까이 됐으니…. 크레인이 그걸로 기억하는데, 굉장히 큰 메인 크레인이 있었고. 그다음에 모든 상황을 갖다가 관리하고 상황 지시를 하고 하는, 어떻게 보면 본부선이죠. 본부선이 있었는데 '센첸하오호'라고 있었어요, 큰 배 있었어요. 달리하오호만큼 큰 배[인] 센첸하오호도 같이 있었고, 그런 상황이었었고. 처음에는 인양을 하기 위한 준비 작업, 그러니까 해양 조사라든가 이런 것들을 했었죠. 처음엔 두 달, 한두 달, 두 달 정도 했었나. 처음에는 그런 작업하는 그런 상황들이 거의 없었어요, 사전 조사만 했었으니까.

면담자　　　주로 텐트에 계셨겠지만, 그래도 동거차도 주민분들이랑 만나시진 않으셨어요?

건우 아빠　　　만났죠. 특히 많이 만난 사람이 이옥영 씨라고, 이옥영이. 동갑이에요, 나랑. 그래서 처음 들어와서 친구가 됐는데, 사실 옥영이 같은 경우는 우리 세월호 가족들하고 굉장히 인연이 깊어요. 문지성이를 발견한 게 옥영이거든요. 그래서 4·16TV 하시는 지성이 아버님하고 형, 동생 하고 거의 가깝게 지냈[어요], 지금도 가깝게 지내고 있고. 물론 들은 얘기지만 만약에 옥영이 그 친구가 한 번 더 신경을 안 썼으면 지성이 완전히 못 찾았어요. 지성이 유실되어 가지고, 멀리 유실돼서 떠내려 왔는데, 쳐놓았던 그물에 걸려 있었던 거예요. 그것도 지성이 아버님 말씀 들어보니까 머리카락[이], 머리가 길었대요, 지성이가. 머리카락이 그물에 이렇게 걸려 있었는데 그걸로 더 안 빠져나가고 걸려 있었던 거죠. 근데 옥영이 그 친구하고 [동거차도에] 가서 술 한잔 마시면서 이런저런 얘기를 하다 [얘기가] 나왔었는데.

면담자    옥영 씨를 처음 뵀을 때요?

건우 아빠    예, 처음. 근데 지성이 얘기 하다가 사실 그때 지성이하고의 관계, 지성이 아버님, 그니까 4·16TV [하시는 지성이 아버지의 아이] 지성이하고 [옥영 씨]의 관계를 그때 들어서 알았거든요. '아, 그게 얘구나. [지성이를 발견해 주었던 그 사람이] 이 친구구나' 그걸 그때 알았거든요. 그런 얘기를 하면서 그 얘기를 하더라고. 보통 이렇게 그물에 땡겨가지고 안 올라오면 '어디 걸렸구나' [하고] 끊어버린대요. 끊어버렸으면 지성이는 영영 못 찾는 거지. 근데 뭔가 이상하더라는 거예요, 느낌이. 그래서 어떻게 어떻게 해가지고

193

4회차

끌어올렸대요. "끌어올렸더니 지성이가 있었더라" 그렇게 그 얘기를 하더라고요. 그런 얘기하면서 울고.

참 마음이 굉장히 여린 친구에요, 이 친구가. 여린 친구고, 당시에는 어머님하고 이 친구하고 단둘이 살았었는데 진짜 많은 도움을 줬어요, 가족들이 동거차도에서 생활하면서 어렵지 않게. 사실 그 비 오고 눈보라 치고, 눈보라란다, 막 비바람 불고, 겨울에도 마찬가지지만 날씨가 진짜 안 좋을 때, 바닷가다 보니까 바람이 세잖아요. 근데 산등성인데, 거긴 얼마나 세겠어. 그러면은 어차피 얘네들 작업을 못 하니까, 현장에서 작업을 못 하니까 내려오면 어디에 있어요. 옥영이네 집에, 거기 집 바로 옆에 조그만 쪽방이 하나 있었는데 거기 내주고, 거기서 생활하라고 [해줘서] 거기서 생활하고. 하여튼 물적으로 심적으로 진짜 도움 많이 줬어요, 그 친구…. 이런 얘기해도 과언이 아닌데 그 친구 아니었으면 진짜 가족들 동거차도에서 생활 못 했어요. 생활 못 했어요, 그 친구 아니었으면.

**면담자**　아버님만 그분을 만나게 된 게 아니라, 이미 가족들의 조력자셨던 거에요?

**건우 아빠**　그렇죠. 많은 가족들이, 그렇죠. 거기 동거차도에 내려온 가족들은 사실 정해져 있었어요. 이게 시간이 좀 지나면서 장기화되면서 어떻게 보면, 딱 [가는 사람이] 정해져서 내려왔지만, 그니까 반마다 일주일씩 돌아가면서 내려갔거든요. 그럼 그 반에서 내려가는 분들은 정해져 있는 거예요. 초기에는 5반 다른 아버지들도 있었지만, [나중엔 가는 사람이] 정해져 있는 거죠. 그렇게 내려갔었는데, 5반에서는 저하고 5반 오준영이 아버지하고 고렇게 [가는 사람이] 정해져 있었는데, 나중에는 반에서 내려가는 것도 이제 힘들어져 가지고 다른 반하고 같이, 반 개념을 떠나서 "다음 주는 누가 내려가십니까" [하고 파악해서] 각 반에서 내려갈 수 있다는 분들 해서 두세 명씩 내려가고. 저 같은 경우는 인원이 안 되어가지고 저 혼자 내려간 것만, 동거차도에 저 혼자 들어간 것만, 두 번이나 혼자 들어갔어요.

**면담자**　　혼자 가셨을 땐 이옥영 씨가 도움이 더 많이 되셨겠네요.

**건우 아빠**　　그죠. 가끔 [옥영이] 집에서, 그 위에 천막 가지고 올라가 가지고 [감시하다가], 날 안 좋고, 작업이 어려운 날씨다 그러면 내려가서 같이 또 술 한잔하면서 이런저런 얘기도 하고. 어머님도 그렇지만, 진짜 친어머니처럼 많이 보살펴주고 하여튼 뭐든지 아끼지 않고 필요한 것들 다 지원해 주고 그랬었으니까. [그런 것들이] 기억이 [나요]. 저 같은 경우도, 특히 영석이 아빠가 참 많이 신경을 썼는데, 다른 부모님들도 다 마찬가지겠지요. 저 같은 경우도, 이게 어떤 값을 드리는 게 아니고 그냥 왜 자식들 오래간만에 고향집 가면 부모님들 용돈 [드리잖아요]. "어머님 용돈 하세요, 아버님 용돈 하세요" 용돈 드리고 그런 느낌, 그런 마음으로 5만 원도 좋고, 10만 원도 좋고 그냥 있는 대로 "어머니 맛있는 거 사드시라"

고 용돈 드리고 그런 기억들도 있고. 많이 내려갔었는데, 또 혼자 두 번 내려갔었고.

**면담자**　　　동거차도 다른 주민들은 가족들이 오시는 거에 대해서 어떻게 생각하는지 아세요?

**건우 아빠**　　　같아요. 왜냐면 동거차도에 계신 주민들은, 물론 직접적으로 해준 건 옥영이라는 친구였지만, 많아요. 거기 1구, 2구 쪽 할 것 없이 많은 분들이 도움을 주셨죠, 직간접적으로. 그리고 어쨌든 우리 들어오면은 아침에, 아침 배 타고 들어오면 점심 때 되거든요. 그러면 나가는 분들은 오후 1시 30분인가, 1시 50분인가, 서거차도 갔다가 돌아오는 배 타고 나가고 그러는데, 딱 들어가면은 동네사람들 이름 모르고 그렇지만 다 인사하고, 다 "아휴, 가족들 왔구나" 반겨주시고. 진짜 그분들, 우리들 못지않은 피해자거든요. 그분들은 양식해 놓은 거, 미역 이런 거 손해 많이 보셨지만, 피해 많이 받았지만, 지금 피해보상 진행되고 있는데 그런 거 갖고 사실 부족하죠. 그런 피해도 많이 보셨지만, 실질적으로 그분들 동거차도 어민들, 동거차도에 계시는 그분들도 가족들만큼, 다들 세월호를 아파하는 그런 사람들만큼, 어떤 정신적인 고통들도 심하셨거든요, 당사자들이니까. 직접 그 현장까지 나가셨던… 많은 분들이 그러세요. "진짜 다 애들 구할 수 있었다. 나오기만 했으면, 나오라고 방송을 하든 뭘 하든 뭔 짓거리를 하든 아이들만 다 나오라고 해서 애들만 다 나왔으면, 다 살릴 수 있었는데" 그런 말씀 하실 때마다 다들 이렇게 눈이 뻘개지고 다 눈물 보이고 그래요. 그분들도 우리 못지않게 그런 아픔들을 참 많이 갖고 계신 분들이거든요. 아무튼 동거차도 생활은 1년 넘게, 2015년 9월 달부터 시작해 가지고 2017년 4월, 4월 달에 끝났으니까, 몇 개월이야, 그 기간 동안 그분들 도움을 참 많이 받았죠. 참 많이 도와주셨죠.

면담자    언론에서는 볼 수 없는 이야기네요.

건우 아빠    언론사들도 많이 들어왔어요, 많이 들어와서 많은 인터뷰도 하고 그랬었는데. 언론사라는 데가 동거차도 들어올 때는 딱 정해져 있어요. 어떤 현장에 특별한 일이 있을 때, 예를 들어서 명절 때, 특히 설날. 삼원다중방송인가, 사원다중방송인가. 예를 들어서 광화문 그다음에 팽목, 동거차도 이렇게 연결해서 그런 방송하고. 그때는 언론사들도 많이 들어와서 합류했는데 언론의 특성이라면 특성일까, 그런 거죠. 우리가 뭐 그런 걸 바라고 하는 건 아니니까.

<br>

## 9
## 배·보상 문제와 삭발

면담자    15년도에 시행령 때문에 가족들이 화가 많이 나셨었다고 하셨는데, 특히 배·보상 문제와 삭발하시게 된 과정을 설명해 주세요.

건우 아빠     처음에 배·보상 때문에, 그 건 때문에 중소기업연수원에서 한번 설명회를 했었어요. 그때 한번 갔다가, 그때 듣고 '이건 아니다' 저는 그렇게 판단하고 그 이후로는 거의 신경을 안 썼는데.

면담자     처음이 14년도죠?

건우 아빠     그렇죠. 14년도였죠. 14년도 가을경이었을까, 아마 그랬을 거예요. 신경을 안 썼는데, 배·보상에 관해서 다른 가족들 얘기를 [들어보면] 말 그대로 설득을 한다 그럴까, 꼬신다 그럴까. 유언비어도 많이 돌았잖아요. "이번에 배·보상 신청 안 해서 못 받는 건 다음에도 못 받는다" 그런 얘기도 또 많았었잖아요. 가족들 사이에서도 그런 얘기가 많이 돌았고, 그리고 금액 문제. 사람의 생명은 돈으로 가치를 정할 수가 없는 거잖아요.

근데 저는 처음에 '이거는 아니다'라고 판단을, 생각을 한 이유가 뭐였냐면은요. 아주 단순한 거였었어요, 사실은. 그게 뭐냐 하면 아이들의 일실소득[생존했을 경우 예상되는 소득]이라고 그럴까, 일실소득이죠. 그게 흔히 얘기하는 노동, 노가다, 일용직 기준으로 매긴다는 게. 제가 이 얘기했었죠, "우리 아이들의 진상 규명, 세월호 참사의 진상 규명은 결국은 우리 아이들의 명예를 되찾아 주는 일이다" 말씀드린 이유가 바로 그거거든요. 우리 아이들은 인간의 생명, 인간의 존엄성 그 기준으로 안 보는 거예요, 돈의 가치로만 보는 거지. 그러니까 "얘네들은 요 정도야, 애 목숨값은 요거야, 그러니까 요것만 받아". 돈을 받고 안 받고를 떠나서 우리 아이들의 가치가, 존재의 가치가 돈으로 이렇게 매겨진다는 거 자체가 화가 났었거든요. '이건 아니다'라고 판단을 했었고, 그 이후로는 문자도 오고 뭐 많이 왔었어요. "언제까지 신청하시면, 신청하십시오" [이런 게] 많[았]지. 그런 문자도 많이 오고 전화도 많이 오고, 그러면 거의 뭐 통화를 안 했었거든요.

그러다가 그 후에 가족들이 의지를 모아서 "우리 이제 이거 민사소송 간다". 우리가 민사소송 간 목적이 분명하잖아요. 판결문에, 비록 형사가 아니고 민사지만, 판결문에 정부의 책임을 명시하고 싶다는 거, 정부의 책임이 있음을 판결문에 적고 싶다는 거, 그게 우리가 민사소송을 들어간 가장 첫 번째 목적이거든요. 정부의 책임을 밝히는 게 목적인데 그 얘기가 딱 나왔을 때, 내가 젤 먼저 신청했어요, 민사소송. 근데 아이들을 가나다순으로 해보니까 뒤로 밀리대(웃음). 그리고 또 대표도, 소송인 중에서도 대표가 있잖아요. 대표가 전명선 위원장이잖아요. 전명선 위원장이 젤 처음 올라갔고, 가나다순으로 하니까. 그때 배·보상 신청할 당시에 우리가 소송 들어가는 가족들 취합하는 분과가 심리생계분과에서 했어요, 성호 아버지하고 저랑 같이. 배·보상에 관련된 [사항에 대해], 가족들 배·보상 문제 신청하다 보면은 신청서 양식이나 이런 거 설명해주고, 어떤 식으로 하고 필요한 게 뭔지 그런 정도만 설명해 주고.

**면담자**　　아버님도 가족들한테 직접 그 설명을 하셨어요?

**건우 아빠**  전 안 했어요, 전 안 했어요(웃음). 궁금하면, 정말로 궁금하면은 해수부에서 '옳다구나' 하고 잘 해줄 텐데 그건 안 하고, 저는 주로 했던 거는 소송 신청하는 가족들, 그런 건 제가 잘 챙겼었고. 그게 심리생계분과 마지막 일이었나 보다. 그래서 어쨌든 배·보상에 관한 문제, 그리고 시행령에 관한 문제 그것 때문에 광화문까지 갔고, 광화문에서 삭발을 했고. 그때 다른 가족들이 많이 했어요. 한 60명 가까이 한 걸로 기억을 하는데, 그때 성호 아빠도 삭발을 했었고, 재욱이 엄마도 삭발을 했었고. 셋이 찍은 사진이 있어요, 머리띠 이렇게 두르고. 근데 그게 어떤 다른 사람들한테 이목이 집중되고 그러는 게 아니고 마음이 그랬었거든요. '할 수 있는 거면 다 한다. 무엇이든지 다 한다', 그중에 하나가 삭발이었었고. 삭발이라는 거는 의미가 있잖아요, 삭발의 의미, 그런 의미로 했고. 어쨌든 우리 가족들은 '목숨을 걸고 진상 규명한다'라는 의지를 보여준 거라고 생각을 하거든요, 그런 마음으로 했었고. 삭발도 제일 먼저 하려고 그랬는데, 그것도 위원장부터 하대(웃음). 특히 엄마들이, 엄마들이 삭발을 참 많이 하셨어요. 엄마들이 삭발할 때 진짜 눈물 나죠. '엄마, 아빠들이 삭발까지 할 정도면 도대체 세월호 참사라는 게 뭔데, 이 자식을 잃은 부모들이 타지인 서울에까지 와서 삭발을 해야 되는 이유가 도대체 뭔가' 하는 그런 생각도 많이 하게 되고.

하튼 정부에 대한 신뢰라든가 그런 것들은 그 이전에 다 무너졌으니까. 그때 당시에 삭발을 했던 이유는 그거였었어요. '진상 규명 반드시 한다'. 우리가 돈 때문에 삭발을 하는 게 아니고 그때 당시에 배·보상 문제 계속 대두되고 하면서, "위로금을, 위자료를 얼마 더 줄게. 1000만 원인가 더 줄게" 하고 그때 배·보상 금액에 정부가 그때 발표했잖아요. 8억 정도 됐던 걸로 아는데, 8억인가? 하여튼 그 정도 되는데 국민 성금까지 다 합쳐 가지고. 그리고 또 애들 수학여행 가면서 여행보험 들었던 거. 그게 애들이 1억씩, 사망일 경우에 1억씩 보험을 들었었는데, 그거까지 다 합쳐가지고 배·보상하는 것처럼 [말했죠], 정부에서 주는 것처럼. 그런 의도 자체가 우리한테는 정부에 대한 믿음뿐만이 아니라, 믿음도 깨지고….

사실 우리[를] 거지 취급했어요. 거지 취급했고, 많은 사람들이 안산 단원고에 다니는 학생들의 부모는 "아, 이 정도 수준이다" 그런 얘기들이 많이 있었거든요. 그런 말도 안 되는 말들이 많이 돌았었거든요. 어쨌든 삭발을 한 의미는, 가족들이 삭발을 한 의미는 그거예요. 가족들, 부모들의 의지를 보여준 거죠. 그게 가장 큰 의미고, 그래서 저도 같이 삭발을 했어요.

면담자      주변에 만류 같은 건 없었나요?

건우 아빠    누구도 말릴 수가 없었죠.

면담자      삭발을 하신 게 몇 월인지 혹시 아세요?

건우 아빠    4월. 4월 10일이었나, 아니 4월 1일. 4월 1일이었나, 4월 11일이었나, 아니 4월 1일 같애. 4월 1일 같아요.

## 10

## 4·16연대와 가족협의회의 주요 활동들과 청문회

면담자      그리고 4·16연대[4월16일의 약속 국민연대]가 2015년에 발족식을 했죠?

건우 아빠      예. 2015년에 발족식 했죠.

면담자      4·16연대는 가협이나 가족분들한테 어떤 의미인가요? 혹시 발족식을 한 과정에 대해서 알고 계시는 게 있으신지요?

건우 아빠      다른 과정은 모르고, 처음에 그 발기인대회 할 때 그때 갔었고, 같이 가서 거기서 회원가입도 하고. 가족들은 당연직 회원이지만, 당연직 회원이라는 거는 회비를 안 내도 되는, 가족들의 경우에 [회비를 안 내도 되는 당연직으로 가입됐어요]. 근데 가입 원서를 썼어요. 써서 냈고 그래서 매달 회비가 나가고 있고. 4·16연대의 의미는 그때는 잘 몰랐지만 시간이 지나면서 알게 된 게 뭐였냐면은, 가족들의 입장에서 볼 때 가족들이 국가를 상대로 그 참사의 진상 규명을 위한 싸움을 하는 원동력이라 그럴까요. 지금까지 4·16연대에서 어떤 그런 동력을 많이 제공해 줬죠. 4·16연대의 동력의 원천은 세월호 참사를 같이 아파하고, 같이 생각하는 많은 시민분들의 힘이 가족들의 동력이 됐던 게, [그] 과정에 바로 역할을 해준 게 4·16연대라고 생각을 하거든요. 물론 [실제로] 그랬고.

그냥 단순하게 생각을 해서 '아, 이 사람들은 물론 뭐 시민활동가들 맞아. 그런 시민활동 하는 사람들인데, 이 사람들은 무슨 생각을 갖고 세월호 참사에, 말 그대로 올인을 했을까' 하는 생각을 하면은, 정상적인 사람이라면은 똑같은 생각을 한다는 거죠. 당사자가, 직접 당사자가, [아니] 간접 당사자들. 아, 당사자라고 얘기하면 안 되지. 간접적인 경험을 한다는 것, 간접적인 피해를 본 사람들, 모두가 다 정상적인 사고, 정상적인 생각을 하는, 정상적인 가치관을 갖고 있는 사람이라면 똑같다는 거죠. 그래서 모인 게, 그런 사람들의 생각이 모인 게 4·16연대고, 4·16연대 자체는 세월호 참사 진상 규명을 위한 원동력인 거고. 사실 저는 간담회 갈 때마다 오신 분들한테 꼭 그 얘기 해줘요, "감사하다"고. "여러분들의 힘이 아니었으면 우리 가족들 지금까지 못 싸웠다. 지금까지 올 수가 없었다"[라고 말해요]. 사실 맞거든요, 사실이거든요. '그런 원동력을 만들어준 게 4·16연대다'라고 생각을 해요, 저는.

**면담자**        4·16연대랑 가족협의회랑 같이하는 일은 뭐가 있나요? 어떻게 소통하고 어떻게 서로 돕는지요?

**건우 아빠**        대외적인 것들. 세월호 참사 진상 규명에 관한 직접적인 것들은 가족협의회에서 가족들이 하지만 그 외에 대외적인 것들. 예를 들어서 뭐냐 하면은, 단편적으로 말씀드리면 기자 회견이라든가 어떤 집회라든가 이런 것들은 4·16연대 쪽에서 기획을 하고 가족협의회하고 같이 [하죠]. 그래서 어떤 기획안도 만들고 그런 것들. 그리고 워크숍이라든가, 어떤 4·16이라든가, 안전이라든가 이런 거에 관련된 워크숍이나 포럼 같은 거 그런 것들도 만들고. 또 그런 게 있으면 거기에 참여하는 문제들, 그러니까 어떻게 보면 4·16가족협의회에서 가족들이 할 수 없는, 하기 어려운 그런 대외적인 것들을 많이 커버를 해줘요, 4·16연대에서.

어떻게 보면 대표적인 게 1기 특조위 때, 청문회 할 때 4·16연대에서 전국적으로 다 조직을 만들잖아요, 청문회에 참석을 할 수 있게끔 해주고. 세월호 참사에 관한 모든 내용들을 보도 자료로 만들고 언론에 뿌리고, 또 각 시민 연대라든가 공지하고, 뿌리고 그런 내용들[을 같이하죠]. 또 하나 진짜 큰일이 지금까지 광화문, 4·16 광장, 세월호 광장 지키고 있잖아요. 똑같은 사람이 똑같은 마음, 사람의 마음을 가지고 할 수 있는 일이라고 생각을 하거든요, 저는. 어떻게 보면 자기 일이 아닌데 자기 일처럼, 내가 직접 그런 어떤 피해를 입은 당사자인 것처럼 열심히 해주죠. 내 일처럼 해주죠. 그런 것들이 너무 고맙죠.

면담자     4·16연대가 대외적인 일을 맡고 있으니까 가족협의회랑 꾸준한 소통이 중요할 거 같아요. 소통 창구 같은 게 있어요?

건우 아빠     있어요. 위원회가 만들어져 있는데, 지금 4·16연대 공동대표는 박래군 씨하고 안순호 씨하고 공동대표잖아요. 근데 한 분이 더 있어요. 그게 4·16가족협의회 위원장이거든요. 지금 전명선 위원장이 위원장으로 있기 때문에 공동대표로 되어 있고, 실질적인 내적인 공동대표고, 그 세 명이. 대외적인 공동대표는 두 사람이죠, 박래군 씨하고 안순호 씨하고. 그리고 그 밑으로 위원들이 있어요, 운영위원들. 이사들도 있고 운영위원들도 있고.

제가 알기로는 한 달에 한 번씩 그런 운영위원회의를 하는 거 같아요, 4·16연대에서. 그러면 저희 가족협의회에서 분과장들이 또 운영위원들이에요. 운영위원들인데 [같이 회의에] 참석을 하고. 대부분 그쪽 4·16연대 쪽하고의 소통이라든가, 그런 어떤 모든 계획들, 소통하고 같이 기획하고 하는 것은 물론 연대해서 하지만, 같이 협의하고 하는 것들은 유경근 집행위원장하고, 그다음에 경빈이 엄마, 대협분과장 이렇게 두 양반이 하는 걸로 알고 있어요. 그리고 개별적인 사항들, 예를 들어 인양에 관한 문제, 특히 목포 신항 쪽에 관련된 것은 4·16연대하고 인양분과장하고 같이 소통을 하고, 진상 규명, 특조위라든가 선조위, 그다음에 또 사참위 일 같은 경우는 정성욱 분과장하고 소통을 하고. 그다음에 피해자 지원 같은 거, 국회에서 어떤 뭐 세미나나 이런 것들 심리 쪽 분과장하고 소통을 하고. 각 분과장들이 다, 제가 알기론 그래요. 그래서 그 4·16연대하고 그런 가족협의회에서 [하는] 대외적인 모든 것들을 4·16연대에서 다 해주죠. 다 챙겨주죠.

**면담자**   의견이 다르거나 그럴 때는 없나요?

**건우 아빠**   (웃으며) 모르겠어요. 어쨌든 기준은 가족의 의견이에요. 그런 거 같애. 우리가 가족협의회 내에서 담당자들도 마찬가지지만, 가족협의회의 의견이 전혀 생뚱맞은 그런 의견이 아니고,

가장 합리적이고 가장 명분이 있는 그런 의견이기 때문에 4·16연대에서는 그 의견을 받아들이고, 그 의견의 플러스로 들어가는 것을 많이 붙이는 것, 그런 역할을 해주는 거지. 4·16연대에서 "의견이 이렇다. 그러니까 그걸 쫓아와라. 따라와라" 그건 아니거든요. 그렇기 때문에 항상 운영위원회의할 때, 가족협의회에서 담당하시는 분들이 올라가 같이 회의를 하는 이유가 그런 거죠.

**면담자**　　　가족의 의견을 굉장히 중요하게 여기나 보네요.

**건우 아빠**　　　그렇죠. 어떤 일들을 계속 만들고, 계속 만들면은 그 일을 하기 위한 핵심 목표라든가 방향성이라든가 이런 것들, 이런 것들은 다 가족협의회와 4·16연대가 협의를 해서 정한 목적과 방향을 정하는 거죠. 거의 가족들의 의견을 많이 따라줘요. 따라주고, 나는 운영위원회를 한 번도 들어가 본 적은 없지만 그렇게 되더라고요.

**면담자**　　　청문회 참석하셨을 때 상황을 말씀해 주세요.

**건우 아빠**　　　너무 상황이 많아 가지고. (면담자 : 그쵸) 기억나는 그런 일들은 뭐냐면은 제일 크게, 제일 많이 기억 남는 게, 동수 아빠가, 그게 아마 두 번째 청문횐가 세 번째 청문회인가 잠깐 기억이 안 나는데, 동수의 그 마지막 사진을 호소를 하기 위해서 "우리 아이들의 억울함, 그래서 세월호 참사의 진상, 진실을 밝혀야 된다"라는 그 호소를 하기 위한 방법으로 동수의 마지막 사진을 공개했잖아요. 물론 언론이나 이런 데 모자이크 처리돼서 나왔지만 그 모습을 저는 알거든요, 그 사진에 있는 동수의 모습. 왜냐하면 우리 건우의 마지막 사진에 담긴 그 모습하고 같을 거니까. 내가 안 봤어도 같을 거니까, 알거든요. 근데 그거에 대해서 물론 동수 아빠의 결정이었지만, 그거에 대해 좀 반대 입장을 갖고 있는 사람들도 있었어요. '너무 잔인하다' 그런 생각도 있었지만.

저는 찬성을 했어요, 개인적으로. 찬성한 이유가 뭐냐면, 저는 그런 생각을 기본적으로 '속에 있는 아픔이라든가 분노 이런 모든 것들, 감정적인 것들은 사람 몸 바깥으로 꺼내놔야지 이 속도 편해지고, 속도 정리가 되고, 바깥에도 알릴 수 있다'고 생각을 하거든요. '그것도 한 방법이었을 거다', 저는 그렇게 판단을 해요. 말을 바꾸는 건데, 적극적인 찬성이라기보다는 '그 방법도, 그 방법을 원한다면 당사자 본인이 원한다면 가능하지 않을까'[라고 생각해요]. 그거를 좀 "이래저래 해서 이런 이유 때문에 힘들다. 어렵다, 안 된다", 그런 얘기를 붙일 수가 없는 거라고 생각을 해요. 그런 생각을 했던 거고.

그거 하고 그때 많이 놀랐잖아요. 사실 다른 사람들은, 일반 시민들은 그런 거 모를 거예요, 그런 모습. 심지어는 가족들 내에서도 몰라요. 가족들도 본 사람들만 알지 안 본 사람들은 몰라요. 그리고 또 하나, 이게 어떤 차이를 두기 위한 건 아니지만, 아이들이 일찍 돌아온 녀석들의 모습들하고 조금 시간이 지나고 난 다음에 돌아온 녀석들의 모습은 좀 틀려요. 그렇기 때문에 어떤 경각심이라 그럴까, 그게 잘못된 방법일 수도 있겠지만, '기억하고 분노하고 그러기 위해서는 필요한 방법이지 않을까' 그런 생각을 하는 거죠. 기억만 해가지고는 세월호 참사 진상 규명 못해요, 분노를 해야지.

나중에 또 나가다가 강연을 다녔던 거, 전국적으로 다녔던 거 그 얘기들도 하겠지만, 항상 그 얘기들을 하거든요. "분노해라. 그래야지 기억한다. 그래야지 연대할 수 있다", 그 얘기를 꼭 하거든요. 세월호 참사의 가장 처음은 분노에요. 분노를 해야 하는 충분한 이유가 있잖아요. 왜 침몰하게 됐는지. 급격하게 급변침을 하고 급격하게 쓰러지고, 그래서 침몰하고? [그러면] 왜 침몰하고 [그랬는지] 그 이유는 아직 모르니까. 왜 그랬는지 아직 모르니까. 그걸 일단 차치하고라도 '구하지 않았다, 안 구했다. 근데 의도적으로 안 구했다', 그런 정황들이 많이 밝혀졌잖아요. 그런 모습을 보고 그런 이유를 갖고 분노하지 않는다면 도대체 뭘 갖고 분노해야 하느냐. 지금도 그렇지만 많은 분들이 '구하지 않았다'라는 그 이유 하나만 갖고도 화를 내거든요, 화가 나고 분노하고. "세월호 참사 진상 규명의 시작은 분노하라. 그리고 기억해라. 그러면 연대할 수 있다. 서로 연대할 수 있다", 그렇게 얘기를 해요. 무슨 얘기하다가 이리로 빠졌지?

면담자    동수 마지막 사진을 보여줬다는 얘기요.

건우 아빠    아, 맞아. 그게 특조위 청문회 때 가장 기억에 남는 거. 그다음에 하나는 진짜 절대 그래서는 안 되는데, 왜 그랬는지도 모르겠고, 사실. 김동수 씬가, 그 사람 자해한 거. 바로 내 옆에서 했어요, 바로 내 옆에서. 그때 당시에 분명히 칼은 아니고, 손톱깎이. 손톱깎이가 뭐 달려 있던 것들 있잖아요. 그런 거였었는데, 맥가이버 칼같이. 칼은 아니었어요, 날카로운 것도 아니었어요. 근데 그것도 쇠다 보니까 힘으로 누르면 들어가잖아요. 근데 다 들어가진 않지만, 딱 박힌 상태에서 쫙 긋더라고요. 내가 그걸 봤거든. 내가 그걸 뺐었어요, 내가. 붙들고서, 주위에 몇 사람 붙어서 말리고 하면서, 이걸 꽉 쥐고, 얼마나 꽉 쥐고 있던지 손목 비틀어가지고 손가락 꺾으면서 내가 이걸 뺐었거든요. 그 사람의 마음, 고통 이런 거는 이해를 하지만, 왜 그랬는지 모르겠어요, 왜. 〈비공개〉

그리고 또 하나는 해경, 〈비공개〉 박상욱인가, 이름이 뭐였더라. 나와서 증언할 때 "애들이 어려서 도망칠 생각을 못 했다" 그런 말들. 근데 해경이 그때 진술했던 내용들을 보면 다 거짓말이에요. 제가 아마 첫날 그 얘기 했었을 거예요. 특조위, 또 선체 조사위원회도 마찬가지지만, 지금 특조위도 우리 가족들이 위원들한테 당부한 말, "가족들이 증거다. 가족들이 증거다". 우리가 알고 있는데 거기서 그런 거짓말을 할 때, 그래서 수사권과 기소권이 필요한 게 그래서 필요한 건데. 그건 알지만, 그걸 할 수 없었던 그런 어떤 정치 문제도 뭐라 그럴까. 기준이 정치적인 문제로, 정치적인 문제[의] 기준으로 딱 정해져 버리니까 얘네들 입장에서는 그렇게 못 만드는 거고. 그런 것들이 이해는 가요. 현실적으로 불가능하다는 것을 이해를 하고 그걸 알고 있기 때문에 '어떻게든 시작을 해야 된다'는 그런 생각을 하게 되는 거였었고. 그런 것들, 그런 진술들….

요즘 당시에 그 검찰 진술 조서하고 그다음에 그 국정조사한 거, 지금은 선원들, 선원들 조서 내용을 좀 보고 있거든요, 계속. 보고 있는데, 지금도 그런 걸 느끼지만 얘네들 얘기하는 거 다 거짓말이에요. 지금 하나하나 밝혀지고 하는 사안들하고 비교해 보면은 다 거짓말이고, 그런 말을 맞춘, 입을 맞춘 그런 정황들도 상당히 많이 있고. 그런 내용들을 보면서 지금, 지금 특조위에서 할 일이 많죠, 많아요. 근데 한편으로는 걱정이 되는 게 해경들도 그렇고, 선원들도 그렇게 지금까지 조사를 몇 번을 받았는데, 조사의 달인이 되어 있지, 무슨 얘기하면 이렇게 대답하고. 그런 것들을 어떻게 조사관들이 극복해야 되느냐.

그래서 그… 지금 2소위 소위원장님하고 그런 얘기를 했죠, 장훈 분과장하고 같이. 그런 얘기를 좀 많이 했는데, 그래서 지금 프로파일러 있잖아요, 프로파일러들도 지금 저희가 조직 안에다 넣고 있어요. 그[래]니까 이제 배워야죠. 어떤 식으로 유도신문을 하고 어떤 식으로 말을 할 수 있게끔 만들 수 있는지, 그런 방법들도 많이 연구를 하고. 청문회를 하면서 실제 청문회에 관한 내용들은 다 기억은 안 나지만, 그런 에피소드 같은 거 있었다는 거 기억나고. 근데 정확하게 뭐라고 딱 찍어서 얘기하기는 그렇지만, 그 세 차례의 청문회를 통해서 세월호 참사가[의] 가장 핵심적인 게 거의 바뀌어지기 시작되었어요. 그게 뭐냐면 '다 구조하지 않았구나'. 우리가 가족협의회에서 자료집을 만들고 강연을 하고 다녔던, 어떻게 보면 모태가 되었다고 생각을 하거든요. 그 청문회를 통해서

'아, 얘네들은 진짜 구조하지 않았고 그리고 거짓말을 하고 있다. 입을 맞췄다. 그리고 책임지는 자들은 단 한 사람도 없다'. 결국엔 정부의 책임은 김경일 정장 한 사람에게 다 돌아갔고. 그때 그런 부분들, [제가 보고 느낀 것은] 그런 부분들이죠.

**면담자**     세월호 청문회에서 사실 구체적으로 밝혀진 것은 없고요. (건우 아빠 : 없죠) 에피소드만 기억에 남고 크게는 '구조하지 않았다'는 사실을 알게 된 것이네요.

**건우 아빠**     사실을 왜곡한 그런 진술이나 증언들을 했잖아요. 그때 해경들이나 다 나와서, 관련자들 나와서 세월호 참사를 왜곡하고 은폐하고 하려는 의도가 세 번의 청문회를 거쳐서 많이 확인이 됐죠. 그러면서 결국에는 특조위 해체까지 오게 된 거고. 정부에서 얼마만큼 집요하게 특조위 방해하고 해체하려고 했는지…. 진짜 웃긴 게 대법원 판결이, 123정장에 대한 김경일 정장에 대한 판결이 "얘의 책임만으로는 볼 수 없다. 그 위에 지휘 계통에도 문제가 있다. 얘네들한테도 책임이 있다. 지휘 계통에도 책임이 있다"라고 판결을 내리면서 5년형에서 3년형으로 감형까지 했잖아요, 그렇잖아요. 근데 결국엔 "얘네들한테도 책임이 있다"고 한 애들은 지금까지 조사받은 애들 하나도 없어요. 다 얌전히 있지, 그렇잖아요. 그게 3년째 이렇게 딱 멈춘 상태에서 흘러온 거지, 지금까지. 그런 것들을 이제 하나하나 끄집어내야지.

그래서 지금 외치고 다니는 게 그걸 뭐라 하더라. 어떤 사건에 대한 공소시효. 아, 공소시효, 진짜 왜 이러지(웃음). 공소시효가 내년인 것들이 있어요, 내년 4월인 것들. 그래서 공소시효 닥친 것들 빨리 끄집어내서 확인해 가지고 고소를 하든 고발을 하든 그런 부분들[을 해결을 해야죠]. 선원들이라든가 해경들에 관한 것들 많거든요. 공소시효가 5년짜리가 있어요. 그게 이제 예를 들어 직권남용이라든가 그런 건 7년 이렇게 되는데, 그거 뭐더라 직무은폐…, 직무유기(한숨), 이해하세요(웃음), 직무유기 이런 거는 공소시효가 5년짜리[라서] 그런 건 빨리빨리 걸러내야지.

지금 특조위 만들어졌다고 해서 다 된 거 아니에요. 그렇게 생각한다면 진짜 큰 미스[잘못]예요. 그래서 특조위에서 계속 그런 얘기들을 하고 있고, 다 같이 하는 거죠. 우리가 지금 세월호 참사에 관해서는 세 번째 특조위 법을 만들었고, 특조위를 만들었잖아요. 우리나라 사람들이 좋아하는 전문가 아니에요, 전문가. 진상분과 장하고 가끔 농담하는데, "아니 뭐 특별법도 필요 없고, 특별법 만드는 데 특조위 필요 없고, 특조위 만들어도 좋은데 특조위 안에 조사관으로 가족들 집어넣으면 벌써 진상 규명됐다"고 얘기하거든요. 그런 농담도 하거든요. 그거는 지금 특조위 계신 양반들이 인정을 해요.

**면담자**   잘 알고 계셔서요?

**건우 아빠**   잘 아는 것도 중요하지만, 그것도 큰 거지만, 가장 중요한 거는 정확한 방향을 갖고 있거든요. 정확한 시각을 갖고 있고, 가장 객관적인 가장 제3자의 시각으로 보고 있거든요. 선조위 때 많이 느꼈어요. 얘네들은 하나 딱 꽂히면은 [거기에만 맞추려고 해요]. 우리가 진짜 많이 요구를 했던 게, 경고를 했던 게 뭐냐면 "결과를 만들지 말라". 결과를 만들고, 이미 정해놓고 이 결과를 증명하기 위한 증거들을 계속 만들어내잖아요. 전혀 과학적이지 않은 이유가, 침몰 원인의 결과가 원인이 되고, 결국에는 이게 '세월호 침몰의 원인은 이거다'라고 시작을 해서, 기승전결해서 가면은 '이게 아니다'라고 자기가 자기부정을 해요. 그런 상황이 선조위에서 벌어졌거든요, 다.

우리가 선조위 처음 만들어지고 목포 내려와서 처음 전원회의 할 때 위원장 이하 위원들한테 요구한 게 "세월호 참사 침몰 원인 절대 재단하지 마십시오, 재단하지 마십시오". 분명히 그렇게 요구했거든요. 근데 결국은 그렇게 됐더라고요. 우리 자신 있게 얘기하는데, 가족들은 가장 정확한 방향과 가장 객관적인 기준, 시각으로 판단을 하거든요. 그렇기 때문에 그런 농담을 하는 거죠. "특조위의 조사관들, 가족들도 조사관 만들면 진상 규명 벌써 했다"고 그런 농담하는 거죠. 그래서 가족들이 특조위에서 같이 활동을 해주고 역할을 해줘야 되는 이유가 바로 그런 거죠. 근데 어렵네요. 그 공무원적인 생각, 마인드를 갖고 있는 사람들하고 소통을 한다는 게….

근데 지금 사참위, 지금 특조위에 파견직 공무원들 거의 다 [결정] 됐어요, 거의 다 들어왔어요. 근데 이 사람들은 조금 다른 소위는 모르겠지만, 2소위 같은 경우는, 2소위가 세월호 참사 진상 규명 소속이거든요. 2소위에 파견된 공무원들은 진짜 여러 계통에서 왔는데, 그 사람들은 조금 말이 통해요. 아직 다 본 건 아니지만 그 사람들의 생각과 의지 이런 것들을 조금 느끼겠더라고요. '아, 생각을 갖고 있구나' 그런 걸 좀 느끼겠더라고요. 그게 이제 교육의 효과예요. 처음에 파견직 공무원들 내려오면, 일주일에 두 번, 화요일, 아니 수요일, 금요일 일주일에 두 번씩 팀 회의라 그래 가지고 거기서 세월호에 관한 사항들, 의혹 상황이라든가 지금까지 조사된 것들, 전반적인 사항에 걸쳐서 파견직 공무원들한테 교육을 시키거든요. 교육은 아니지만 얘기를 하거든요.

이 사람들이 전혀 제3자의 입장에서 신경을 안 쓴 거죠. 알리려고 한 것도 아니고, 알 이유도 없고 사실은, 그런 것들을 하나하나 느끼게 되니까, 알게 되니까, 이 사람들이 조금씩 '어, 정말이야, 정말 그랬어?' 찾아보게 되고, 우리가 만들어준 자료들 보게 될 거고, '정말 이랬구나. 이거 꼭 해야 된다. 방법을 찾아야지' 그런 식으로 적극적이고…. 그런 시각으로 많이 바뀌더라고요. 특조위 10월 말까지 조사관들 채용이 다 끝나거든요. 그러면 한 못해도 두세 달 정도는 준비 작업으로 지속적으로 교육을 해야 돼요. 그걸 장훈 분과장이 굉장히 많이 신경을 쓰고 있거든요. 그런 사항들을 소위원장한테 요구를 했고, 소위원장도 충분히 이해를 하고 같은 생각이고, 그래서 일주일에 두 번씩 그렇게 교육을 한 거죠. 회의를 하게 되면 파견직 공무원들 다 불러요. "와서 들어라" 이거죠.

면담자      공식적으로 교육이란 이름으로 하는 건 아니죠?

건우 아빠    아니에요. 그냥 회의예요.

면담자      회의 이름은 뭐예요?

건우 아빠    그냥 세월호 팀 회의예요, 세월호 팀.

면담자      거기에 가족분들이 들어가고요?

건우 아빠    네, 우리도 참석을 해요. 물론 이제 공식적인 특조위
의 회의는 우리는 방청만 해요, 방청인 자격으로 가서. 특조위의
모든 회의는 공개예요, 공개 원칙이에요. 그래서 안건마다 비공개
안건으로 올라가지고 시비를 해요. '이건 비공개로 해야 한다'고 의
결이 되면 비공개 안건으로 해요. 원칙적으로 공개거든요. 공개기
때문에 우린 들어가고. (면담자 : 아버님 자주 가시는 거네요?) 자주가
아니고 거의 매일 올라가요. 일주일에 5일 올라가요.


# 11
## 사무처 팀장으로서의 활동


면담자      아버님이 지금 사무처 팀장이라는 직위 때문에 가시
는 건가요, 아니면 진상 규명 활동이라는 개인적인 활동인가요?

건우 아빠    내가 사무처 팀장, 세 번째로 사무처 팀장을 하고 있
는데, 하려고 했던 이유가 있어요. 그것도 나중에 얘기를 해줄게.

지금 참 그 얘기 하면 챙피한데, 내가 당사자잖아요. 피해 당사자잖아요. 진상 규명을 위해서 올라가는 거거든. 누구든지 다 갈 수 있어요, 가족들 원하는 대로. 근데 뭐 원하지 않는지 바쁜지 힘든지 거의 지금 [그렇게 많이는 참석하지 못하고 있어요]. 처음에는 사참위가 만들어져 가지고, 네 개의 소위원회가 있어요. 네 개의 소위원회가 있는데, 1소위원회는 가습기 피해자 진상 규명 소위원회이기 때문에 우리가 들어갈 필요가 없는 거고, 2소위원회는 세월호 참사 진상 규명회고, 3소위가 안전 소위예요. 안전사회 소위고, 4소위가 피해지원 소위. 3소위와 4소위는 가습기와 세월호가 다 같이 있어요. 나눠져 있어요, 과가. 국장 한 명에 세월호 과장, 가습기 과장, 기획 과장 이런 식으로 나눠져 있거든요.

그니까 처음에는 2, 3, 4소위 회의에는 다 들어갔었는데, 지금은 담당이 다 있어요, 가족들 중에서. 일단 2소위 담당은 진상분과장하고, 인양분과장, 그다음에 3소위 안전소위는 대협분과장 경빈이 엄마하고 저하고 담당이고, 그다음 4소위 피해 지원은 재욱이 엄마, 심리분과장하고 호성이 엄마, 추모분과장 그렇게 담당이에요. 근데 다른 팀장들이나 다른 가족들도 원하면 같이 가요, 모여서 같이 회의 참석하고. 그리고 또 올라가면은 자기 소위 일만 하는 게 아니고 다 같이하죠. 다 같이 통틀어서 하고, 대신 어떤 사안들에 대해서는 그 소위 담당들이 확인을 하는 거고. 저 같은 경우는 3소위 쪽보다는 2소위 쪽으로 많이 가지. 나도 '내가 제일 해야 할 일'이라고 생각하는 게 진상 규명이니까. 또 가족들이 모르면 못 해요. 진상 규명 안 돼요(웃음).

선조위에서 열린 안도 나오고 내인설도 나오고 그런 침몰 원인에 관한 것들이 결과가 나왔잖아요, 조사 결과가. 우리 가족들이 진상분과장이나 인양분과장들이 알고 있는, 가족들이 항의를 하고 커트를 안 하고 그러면 계속 그대로 가요. "이거 아니다, 잘못됐다. 증거 대봐라. 이거 다 조사했냐, 이런 조사 해봤냐, 저런 조사 해봤냐. 이런 조사 해야 되는 거 아니냐, 저런 조사 해야 되는 거 아니냐". 이렇게 하기 때문에 제대로는 아니지만, 완전한 결과는 아니지만, 그래도 어느 정도의 조사가 되고, 조사에 대한 결과라고 해서 나오는 거지. 만약 가족들이 모르면 그거 못 해요, 모르면 못 한다고. 그래서 가족들이 조사관이 되면 진상 규명 벌써 끝났다고(헛웃음). 사실 그래요. 전문가, 박사 다 됐거든, 학위만 없지. 진상분과장도 그렇지, 인양분과장도 그렇지.

세월호 선체에 대해서 가장 많이 알고 있는 건 인양분과장이고 그다음에 진상분과장도 마찬가지고. 그쪽에서 세월호 참사에 관해서 가장 많이 알고 있고 가장 정확하게, 가장 객관적인 시각으로 판단하고 알고 있는 사람이 진상분과장이에요. 그니까 세월호 참사의 진상 규명을 연구하고 생각하고 노력하는 사람들이 많은 사람들이 항상 그 사람들하고 다니면서 미팅을 해요. 서로 연구한 부분들, 공부한 부분들, 확인한 부분들, 또 방향이라든가 이런 것들 다 소통하면서 협의하고, 잘못된 건 잘못됐다고 얘기해 주고. 그런 것들도 같이 다니면서 하고, 주로 진상분과장하고 다니는 게, 특조위도 진상 소위 쪽에 많이 다니는 게, 나도 내가 해야 할 일이 그거라고 생각을 하는 거죠. 비록 직함은 사무처 팀장으로 달고 있지만, 자꾸 나보고 진상규명분과, 진상분과팀장으로 들어오래(웃음). 아니, 나보고 분과장하래 자꾸, 자기 이제 안 한다고.

**면담자**   다들 힘드셔서 그만하신다 하시죠?

**건우 아빠**   얼마나 힘든 줄 알아요, 궁금하지 않아요? 〈비공개〉 우리 아이들의 명예 [때문에 하는 거예요]. 우리가 항소 들어간 이유는 돈 더 벌려고 항소 들어간 게 아니에요. 정부의 책임을 정확하게 명시를 안 했어 법원에서, 그렇기 때문에 항소가 들어간 거고. 또 청해진해운은 항소했고, 우리는 어쩔 수 없이 한쪽에서 항소했으니까 하는 수밖에 없는 거고. 근데 우리가 원하는 정부의 책임, 그거를 정확하게 명시를 안 했어, 1심 판결에서. 그래서 정부는 항소의 의지가 없었다는 걸 알고 있었고. 〈비공개〉 뭐 다른 것들도 마찬가지지. 아니, 국민을 위한 정부인데 국민의 입장에서 판단을 해야지 정부의 입장에서 판단을 하냐고…. 말도 안 되는 거지. 그러면서 근데 청해진해운은 항소를 할 거라 예상을 했는데, 역시나 항소를 했어요. 얘네들은 시간 문제, 그리고 보험 처리 문제들도 있고, 그런 문제들 때문에 항소를 할 수밖에 없는 거죠. 우리는 그걸 알고 있었고 그래서 준비를 하고 있었고, 그래서 항소 들어간 거고… 아무튼 그런 상황이고. 그래서 또 얘기가 다른 데로 샜다.

**면담자**   괜찮습니다. 전혀 문제없습니다.

건우 아빠　　　아니, 좀 변명인데, 얘기를 하다 보면은 연결 고리, 고리가 다 연결이 돼요. "기분이 어떠셨어요?" 그러면 이제 나중에 진상 규명까지 나와요.

면담자　　　그렇기 때문에 질문이 사실 어떤 때는 구체적이지만, 어떤 때는 추상적이기도 하고 그래요. 지금 최근 활동에 대한 얘기를 듣게 된 거 같은데, 이 부분은 회차를 달리해서 들어야 할 거 같아요. 장시간 상세한 구술증언을 해주셨어요. 오늘은 여기에서 마무리하려 합니다. 수고 많이 하셨습니다. 다음 회차에 다시 뵙도록 하겠습니다.

# 5회차

2018년 10월 4일

# 1
## 시작 인사말

**면담자**　　　본 구술증언은 4·16 사건에 대한 참여자들의 경험과 기억을 기록으로 남김으로써 이후 진상 규명 및 역사 기술에 기여하고자 합니다. 지금부터 김광배 씨의 증언을 시작하겠습니다. 오늘은 2018년 10월 4일이며, 장소는 안산시 단원구 4·16기억저장소입니다. 면담자는 이예성이며, 촬영자는 박서진입니다.


# 2
## 동거차도에서 목격한 것들과 인양 관련 문제

**면담자**　　　오늘 오후의 일정이 또 서울 가시는 거예요?

**건우 아빠**　　아니요, 서울은 아닌데 어디 좀 가야 돼.

**면담자**　　　네. 어디 가세요?(웃음) 어쨌든 2시에 구술이 있어서 1시 반 전에 끝내기로 하고 (건우 아빠 : 1시에 끝나도록. 1시까지는 끝낼 수 있도록) 1시 전에 끝날 수도 있을 것 같아요, 오늘. 그리고 휴식 필요하면 말씀해 주세요. (건우 아빠 : 네) 오늘은 15년 동거차도에서 목격하신 내용들이 있다고 하셨는데, 그 얘기를 좀 해주셨으면 좋겠습니다.

**건우 아빠**　　저는 처음 동거차도에 들어간 게 2015년 10월경으로 기억하는데, 그때 거의 추석 무렵이었었어요. 그때 처음 4반의 성호 아빠하고 차웅이 아빠하고 저하고 셋이 들어갔었고. 그때 당시 초반에는 상하이샐비지에서 인양을 준비하는 과정이었기 때문에 별다른 움직임은 없었어요. 별다른 움직임은 없었는데, 특이할 만한 게 뭐였냐 하면 달리하오호, 그러니까 바지선이죠, 세월호를 인양하기 위한 모든 작업이 이루어지는 바지선이 방향을 틀었어요. 그건 상하이샐비지 측의 인양을 준비하기 위해 작업을 하는 과정 중에 적당한 위치라든가 적정한 위치를 찾기 위해서 조정할 수도 있겠지만, 어쨌든 우리가 느꼈던 것은 다른 동거차도 현장에 참여를 하셨던 부모님들이 많은 분들이 그런 얘기를 하셨는데, 어떤 고의적이고 의도적인 그런 것들이 보인 거죠.

대표적인 거는 뭐냐 하면 원래는 동거차도를 마주 보면서 [있었는데], 그 전에는 어떤 상황이었는지는 모르겠지만, 제가 처음 들어갔을 당시에는 동거차도를 마주 보면서 바지선이 정면을 보고 있었어요. 정면을 보고 있었는데 얘가 180도 방향을 돌려버린 거죠. 그니까 그게 뭐냐 하면 메인 크레인이 어떤 작업을 하는지 동거차도에서는 볼 수가 없었어요. (면담자: 원래 볼 수가 없었어요?) 원래는 보였었는데, 바지선이 있고 메인 크레인이 중앙에 있어요, 그럼 이 크레인 작업하는 이 공간이 동거차도 쪽을 향해서…….

면담자　　　작업 공간이 동거차도에 열려 있었던 거죠, 원래는?

건우 아빠　　네, 열려 있었죠. 크레인 작업을 하다가 보통 바지선의 뒤쪽에는 선실이라든가 이런 사무실 그런 것들이 있고, 그 앞쪽에 작업을 할 수 있는 공간이 있었는데, 그 공간을 처음엔 볼 수 있었어요. 그런데 배를 거꾸로 돌려버린 거지, 바지선을. 그러니까 동거차도에서 달리하오호를 보게 되면 선실밖에 안 보이는 거예요, 사실. 사이드에 있는 작은 기중기들, 작은 물건들 올렸다 내렸다 하고, 사람들 탑승하고 또 내려가고 할 때 그때 사용하던 그 작은 기중기는 옆에 서 있으니까 보이죠. 보이는데 실제 메인 크레인이 뭘 하는지, 또 바지선의 작업을 할 수 있는 공간에서 어떤 작업들이 이루어지는지는 전혀 볼 수가 없었어요.

면담자   아버님이 회전하는 걸 감지하신 거예요, 아니면 나중에 보니 회전이 되어 있던 건가요?

건우 아빠   그 후에. 저희가 처음 들어가기 전까지는, 그때는 영상이라든가 사진이라든가… 저희가 들어가면 처음에 카메라 두 대를 놓고 촬영을 했어요. 계속 24시간 촬영을 했어요. 그 영상을 보면 바지선 방향이 동거차도 쪽이었었는데 제가 들어갔을 때는 방향이 뒤돌아져 있는 거죠. 그런 상황들은 듣고 들어갔었거든요.

면담자   방향이 바뀐 건 듣고 가셨는데, 정말로 가서 감시를 하려고 보니까 아무것도 안 보인 거네요.

건우 아빠   직접 들어가서 보니까 실제 방향이 바뀌어져 있는 거죠. 그리고 처음 들어갔을 때 바지선 외에 예인선이 있는데, 예인선이 중간 역할을 했었어요. 어떤 역할이었냐면 사람들이 내리고, 외부에서 해수부 직원들이라든가 세월호 인양에 관련되어 있는 사람들이 올라가고 내려가고 할 때, 그때 그 사람들을 실어 나르는 것이 예인선이 있었는데 그때 같이 붙어 있었거든요. 근데 이 배의 움직임도 항상 왔다 갔다 해요. 뭘 하는지는 모르겠지만 왔다 갔다 하고, 자재라든가 현장에서 직원들이 사용하는 생필품들, 식료품들 이런 것들이 계속 올라가고 내려가고.

나중에 우리가 해수부를 통해서 확인을 해서 '아, 이게 뭐였다', 언제쯤 바지선에 실렸던 물건이 뭐였고, 뭐가 내려갔고 그런 것들을 나중에 우리가 요구를 했어요. 요구를 해서 알게 됐지만 하여튼 뭔가 계속 올라가고 계속 내려가고 그런 작업들이 반복이 된 거죠. 실질적으로 실제 그 작업이 이루어지는 현장 상황은 우리가 눈으로 확인할 수가 없었고. 그니까 얘네들도 이미 가족들이 카메라를 들이대고 망원렌즈까지 껴서 자기네들을 촬영하고 있었다는 거에 대해서 알고 있었고, 나중에는 "그것들이 굉장히 불편하다" 그런 것들을 얘기를 했었거든요.

근데 실질적으로 인양업체가 계약이 되고, 결정이 되고 시작하기 훨씬 이전에, 2014년 11월, 11월이죠. 11월 7일 날 공식적인 현장 수색이 종료되고 선체 인양 TF팀이 만들어지고 해서 그쪽에서 우리가 받은 대답이 "가족들의 참관을 허용하겠다". 배에 탑승하는 것, 바지선 또는 그 옆에 있던 다른 배에 탑승하는 것을 가족들한테 공개를 하겠다고 약속을 했었거든요. 근데 막상 인양 작업이 벌어졌을 땐 완전 배제를 했었죠. 그 배제한 원인이 되게 웃겨요. "위

226
•
건우 아빠 김광배

험하다" 그러더라고, 가장 첫 번째로 "위험하다, 가족들이 현장에 나와 있으면 위험하다. 배를 타면서 힘들 수도 있고" 그런 것들… 하여튼 말도 안 되는 그런 이유들을 댄 거죠. 근데 배를 탔어도 우리도 참사 초기서부터 그만큼 배를 타고 다녔고, 현장 상황이 어떻다는 거, 사고 해역의, 예를 들어서 파도라든가 또 물살이 어떻고 이런 거 정도는 우리도 알고 있었거든요. 그러니까 전혀 문제가 되지 않는 상황들을 가지고 문제를 삼는 거죠.

그리고 또 얘네들이 가족들한테 현장의 작업이 되는 내용들을 비밀리에 해왔고, 또 감췄다고 판단하는 것도 어떤 경우가 있었냐면 야간에도 촬영을 해요. 근데 뭐 적외선 카메라가 아니다 보니까 실질적으로 어두운 바다에서 배의 윤곽이라든가 바지선에 등 같은 게 켜져 있을 거 아니에요. 그러면 그 등 켜져 있는 모습이라든가 주위의 윤곽, 그 정도밖에 안 보였어요. 지금도 영상을 보면 그 정도밖에 안 보이는데 근데 그것도 불안했나 봐. 이건 제가 직접 목격을 한 건데 이미 바지선은 그 뒤쪽이 동거차도를 향해 있었고 그 뒤쪽은 선원들의 막사, 사무실도 있었겠죠, 식당도 있을 테고. 어쨌든 뒤는 완전히 가려져 있었고 그런 상황에서 그 뒤에다가 층별로 쭉 있을 거 아니에요. 거기다가 서치라이트, 경기장 같은 데 보면 큰 거 둥근 거 있잖아요. 그 경기장을 비추는 서치라이트를 달아놓고 그 불빛의 방향을 우리 가족들 있는 그 천막 쪽으로 세워놓고. 야간에 빛이 오면 찍히겠어요, 그게?

다시 말씀드리지만 얘네는 우리가 촬영하는 거, 이거조차도 허용을 안 한 거죠. 거기에 대해서 방해를 한 거지. 실질적으로 우리가 그 안에 들어가서 보고, 또 해수부를 통해서 그런 상황들을 전달받고 하기 전까지는, 그 후도 마찬가지였지만, 도대체 이 상하이샐비지가 인양을 하기 위한 어떤 작업을 하는지 전혀 알 수가 없었어요. 그래서 지금 우리가 요구를 하는 게 그거거든요, 조사해야 된다고. 얘네들 수사해야 되고. 당시 그 해수부 내 선체 인양 TF팀이 있는데, 선체인양추진단이 있어요. 그중에 단장이 연형진[이]라고, 그 밑으로 다른 실무자들이… 갑자기 이름이 생각이 안 나는데… 장기욱이라는 과장이에요. [아무튼] 얘네들조차도 중간에 어떤 인양 상황에 대한 브리핑이라든가 뭐 이런 것도 전혀 없었고. 걔네들이 실제 담당자들인데 걔네들조차도 배제를 했었거든요, 가족들을. 말로는 항상 그렇지. 말은 잘하죠, 말은 잘하는데.

그래서 상하이샐비지가 세월호 인양의 업체로 결정되는 계약 과정에서부터 그 이후에 작업하는 전 과정, 약 20개월 정도 되는데 기간이…, 2년 가까운 시간이잖아요, 그 기간 동안에 "실제 무엇을 했고 그런 모든 것들을 조사를 해야 된다"고 저희가 요구를 했었어요. 선체조사위원회가, 선조위가 있는 동안 선조위가 마지막에 해산을 목전에 두고 감사원에 조사 신청을 했거든요. 아직 시작은 안 한 것 같고, 사전 준비를 하고 있는 것 같아요. 아마 지금 특조위가 그 부분에 대해서 관여를 할 거예요. 실제 선조위에서 인양에 관련된 조사도 어느 정도 됐고…. 어느 정도라는 게 50퍼센트 이하죠. 어느 정도 조사는 됐는데 그거는 그냥 우리가 알고 있는 내용들이고, 우리에게 감췄던 내용들 그런 것들을 실질적인 재수사를 해야 되거든요, 신청을 했고 이제 할 것이고.

우리가 왜 선조위의 인양 전 과정에 대한 조사를 요청을 했냐 하면, 20개월 동안 세월호의 현장을 보면서 느낀 게 딱 하나거든요. '얘네들은 뭔가 지금 증거를 인멸하고 있다, 증거를 훼손하고 있다' 그런 걸 강하게 느꼈거든요. 걔네들이 했던 모든 정황들이 다 그래요. 아, 또 하나 있네. 얘네들 답변은 "24시간 작업을 한다. 24시간 작업을 하고, 오전, 그러니까 날 밝을 때는 준비를 하고 야간에 작업을 하는 거다" 그렇게 얘기를 해요.

면담자        당시에 질문은 하면요?

건우 아빠        응. 그 이후에 우리가 답변을 요구를 했었거든요. 왜 그러냐면 낮에는 뭐 하는지 몰라, 몰라요. 낮에는 뭐 하는지 모르고… 중간 크레인으로 어떤 물건들을, 뭔지는 모르겠지만 그런 물건들을 내렸다 올렸다 하는 거, 사람이 몇 사람이 타고 몇 사람이 내리고, 이런 정도밖에 안 보여요. 간혹 가다 상하이샐비지 선원들 움직이는 것, 그 정도밖에 안 보여요. 안 보이는데 야간만 되면 새벽까지 기계 돌아가는 소리가 계속 들려요. 예를 들어서 콤프레샤[에어컴프레서]라든가 이런 기계 돌아가는 소리가 계속 들려요. 그런데 모르지, 뭘 하는지 전혀 모르지. 그런, 작업하는 모든 과정을 은폐하고 안 보여준 이유가 뭐겠어요, 왜 안 보여줬겠어? 말도 안 되는 이유를 가지고 가족들의 승선이라든가 참관도 불허하고.

그러니까 아무리 긍정적으로 생각을 하더라도 우리는 그렇게 의심할 수밖에 없거든요. '얘네들이 뭔가 감췄다, 증거 인멸했다'. 그렇게 생각할 수밖에 없는 게, 많이 잘라냈잖아요, 사전 협의도 없이 지들 맘대로. 얘네들이 앵커[닻]도 잘라내고, 스테빌라이저[배의 균형을 잡아주는 장치]도 잘라내고, 하여튼 증거가 되는 모든 부분들을 하나씩 하나씩 다 잘라낸 걸 나중에 알게 됐어요, 우리가. 정보공개 요청을 했죠. "이걸 잘라낸 시기, 언제, 왜, 무슨 이유로 잘랐는지. 왜 사전 협의가 없었는지, [왜] 니들 맘대로 했느냐". 세월호라는 배 자체가 증거인데 증거 훼손한 거 아니에요, 결국엔. 거기에 대한 답변은 딱 하나예요. 초지일관 "인양을 하기 위해서, 불가피하게 이 부분은 절단을 해야 된다. 스테빌라이저도 들어 올리려면 걸린다, 와이어가 걸린다"[라고 했어요].

**면담자**　　　　조금씩 다른 이유를 대긴 하나요, 아니면 다 "인양을 위해서"라고 말하나요?

**건우 아빠**　　　아니요, 말 표현만 틀린 거죠. "방해가 된다", 결국에 이유는 딱 하나예요, "인양에 방해가 된다, 그래서 절단을 해야 된다". 그것도 나중에 우리가 "사전 협의를 해달라. 그래서 판단을 해서, 논의를 해서 이거 꼭 인양에 방해가 되는 요소면 절단하는 거, 그거 우리가 허용한다. 그러니까 사전 협의를 해달라", 그렇게 요청을 하고 나중에는 협의 요청을 했어요, 얘네들이 공문상으로. 그런데 웃긴 게, 예를 들어서 내일 어떤 부위 절단을 해야 되면 전날

230

건우 아빠 김광배

저녁 때 다 퇴근하고 난 다음에(헛웃음) 팩스를 보내, 그런 식으로. 그럼 우리가 거기에 대해서 항의를 하고, "야, 이거 확인하자, 논의하자" 하면 "아, 이미 절단했다. 공문 보냈지 않냐" 이런 식이거든요(한숨). 동거차도에 들어가셨던 다른 부모님들 말씀을 들어보면 아마 저하고 같은 내용의 얘기를 하실 거예요.

하여튼 느낌이, 실제 실물을 본 게 없기 때문에 "이게 뭐다" 이렇게 단정적으로 얘기를 할 순 없지만, 그런 모든 정황을 다 봤을 때 딱 그 생각밖에 안 드는 거예요. '결국엔 얘네들 20개월 동안, 2년이라는 시간 동안, 선체 인양 사전 준비 작업을 이유로, 그걸 명분으로 증거 인멸을 했구나. 증거 훼손을 했구나' 그 생각밖에 안 드는 거예요. 그렇잖아요. 박근혜 탄핵되고 나서 20개월 동안 못 올린 걸 2개월 만에 올렸잖아요(헛웃음). 진짜 웃긴 거 아니에요, 그거?

한 가지 에피소드라고 하면 성호 아빠하고 두 번째인가 세 번째인가… 아, 좀 더 있다 들어갔을 때였는데, 그때가 이른 봄경이었었는데 아마 3월 초였던 것 같아. 그때 저하고 성호 아빠하고 하용이, 빈하용, 하용이 아빠하고 셋이 들어갔을 때였는데, 예인선이 저녁에 달리하오호에 붙어 있다가, 바지선에 붙어 있다가 뭐가 이렇게 계속 물건이… 물건인지 뭔지는 모르겠지만 내려가고 올라가고 그런 정황이 보였어요. 그러더니 배가 움직이는 거야. 우리 그걸 쫓아갔어요. 쫓아가려고 산을 두 개를 넘어가지고 서거차도가 보이는 쪽, 그쪽까지 그 야간에 카메라 들고 셋이서 쫓아갔던 기억이 나는데⋯. 그때는 진짜 셋이 정신없이 쫓아갔었는데 밝은 날 보니까 '이야, 여길 밤에 어떻게 갔지?' 길도 없지, 나무에다가[나무도 무성하지], 하여튼 카메라를 들고 움직일 수 있는, 플래시 하나 비추고 움직일 수 있는 그런 상황이 아니었거든요. '근데 그걸 어떻게 갔지' 그런 생각이 들더라고요.

면담자        육안으로 움직임이 보이실 정도의 큰 움직임이었던 거네요?

건우 아빠        예, 그렇죠. 배에서 어떤 작업들이 이루어지고, 그 작업이 어떤 작업인지는 정확히 모르지만, 작업들이 이루어지고 그 배가 움직이는 걸 따라서 갔었어요. 급히 가는 거야. 근데 나중에는 이게 육지로 들어간 것도 아니고. 그니까 동거차도 있고 서거차도 있으면 현장이 여기예요. 현장이 여긴데 막사가 있는 곳에서는 안 보이니까 이 배를 따라가다 보니까 서거차도 위쪽에 배가 있더라고요, 거기 있더라고. 거기서 안 움직이더라고, 거기 서서.

면담자        거긴 왜 갔을까요?

건우 아빠        모르죠. 아는 게 하나도 없어요. 얘네들이 우리한테 보고를 하고 알려준 거는 딱 그런 것들, 눈에 띄는 것, 큰 것들, 우리가 요청한 사항들[뿐이에요]. 예를 들어서 몇 월 며칠 몇 시경에 어떤 물체를 크레인으로 바닷속에서 끌어 올려서 그거를 어떤 배에다 싣고⋯ 또⋯ 아, 거기 또 작은 바지가 하나 와 있었어요. 그때 현대 보령호가 와 있었는데, 그 보령호에다 싣고, 그런 것들 [보였죠. "이게 뭐냐? 무슨 작업을 한 거고 그 물체가 뭐냐?" 그런 것 우리가 공개적으로 요청하면 서류상으로 공문을 통해서 "이게 뭔지 알려달라" 그러면 한두 달 만에 답변이 오고, 그런 식이거든.

면담자      그때 당시에 뭔가 큰 발견이 있으면 바로 요청을 하셨어요?

건우 아빠      바로 요청하죠, 그런 상황이 파악될 때마다. 그러면 그 답변이 한 달도 좋고 두 달도 좋고, 몇 번을 요구를 하고, 몇 번을 실랑이를 해야지 그때서야 그 답변을 보내와요. 우리가 해수부에다 "지금까지 인양 작업이 진행된 내용을 브리핑을 해달라, 보고를 해달라".

면담자      일자별로 보고를 해주면 되잖아요.

건우 아빠      그걸 안 해(헛웃음), 그걸 안 해. 달리하오호에 몇 번 올라갔었어요, 그 이후에. 그러니까 20개월 동안 인양이 되고 나서도 한 달, 거의 한두 달 정도 더 있었는데 동거차도에, 그 과정 중에 몇 번 들어갔었어요. 몇 번 들어갔는데 달리하오호, 그 바지선에 들어간 건 두 번밖에 안 돼요. 나머지는 그 옆에 관리, 운영 그러니까 전반적인 현장의 모든 운영을 담당하는 배가 또 한 대 더 있었다고 그랬잖아요. 그 배도 굉장히 큰 배예요, 센첸하오호라고. 그 배에 올라가서 한 300미터 정도 떨어진 거리에서 망원경으로나 보고.

면담자      바지선과 300미터 정도 떨어진 거리에 있는 사무실

같은 배인 거죠?

건우 아빠    예, 그렇죠. 작전선이라고 그래야 되나. 그러니까 운영선이죠. 운영선인데 작전 본부가 그 배에 있었고, 파견 나와 있는 해수부 직원들도 그 배에 있었고, 그 배에서 어떤 브리핑을 받고…. 달리하오호에, 그 바지선에 들어간 건, 가서 거기서 뭐 잔다거나 그런 게 아니고. 인양분과장은 아마 그런 적은 있었을 것 같은데.

면담자    아예 가 계신 거죠.

건우 아빠    예. 들어가서 거기서 뭐 하루 정도 있었을지도 모르겠네요. 어쨌든 저희는 거기 가서 그냥 현장 상황 보고 다시 또 배로 넘어오고, 2박 3일, 3박 4일 뭐 이런 식으로 현장 배에 들어가 있었거든요. 세 번인가, 세 번 정도 그렇게 들어가 있었는데 그냥 잠깐 보고 나오고 그런 거 있잖아요. 뭐 작업을 다했어, 그러면 싹 정리를 하잖아요. 그러면 "아, 들어와, 봐. 우리 지금 이런 거 하고 있어" 열심히 중국말로 떠들고. 중간에서 통역을 해주는데, "얘네들 말 다 맞지?" 그런 상황이었었어요. 그러니까 처음서부터 마지막까지 가족들에게 공개를 안 했고, 인양 과정을… 어떤 비밀스럽게 이루어진 작업들, 그런 것들이 상당히 많이 있어요. 가족들과의 협의라든가 논의 없이 자기들 임의대로 "인양을 하기 위해선 절단을 해야 된다. 인양에 방해가 된다"라는 명분으로 상당히 많은 부분들을 절단을 했어요.

선체조사위에서 확인된 스테빌라이저가 돌아간 거, 휜 거, 그런 거 선조위에서 조사를 하면서 그게 2017년… 아, 2018년 2월경에 그 부분 조사를 했거든요. 스테빌라이저… 그 잘라진 부분하고, 단면하고 또 스테빌라이저가 약간 휘었고. 그다음에 이 틀어진 각이, 원래 25도밖에 안 틀어져요, 이게. 근데 50도에서 틀어진 거, 50.9 도인가 그런데 그렇게 틀어진 것. 돌아간 거죠, 그러니까. 그렇게 돌아갈 수가 없거든요, 스테빌라이저 날개가. 2018년 2월 달에 그때 제가 신항에 내려가서 당직 근무를 서고 있었는데 그때 조사를 했었거든요. 근데 그렇게 밝혀진 것들이 실질적으로 스테빌라이저를 얘네들이 임의대로, 상하이샐비지에서 해수부에서 임의대로 절단 안 했으면 그 모습이 그대로 보였었다는 얘기죠, 세월호가 올라왔을 때. 결국엔 의심을 받을 수 있는, 어떤 조사의 증거가 될 수 있는, 침몰 원인 조사의 증거가 될 수 있는 그런 증거들을 다 훼손, 다 증거 인멸해 버린 거죠. 그렇게밖에 생각이 안 드는 거예요, 그러니까.

하나는 또 영상에 잡혀서 많이 얘기했던 불워크(bulwark)라는 부분, 외부 파도가 넘어오는 걸 방지하기 위해서 배의 선수 쪽에 쭉 난간처럼, 펜스처럼 둘러싸 있는 거 있잖아요. 그 부분을 불워크라고 얘기를 하는데, 침몰 당시에 참사, 4월 16일 당시에 찍힌 영상들이나 사진들을 보면 이게 찌그러진 부분들 있죠. 거길 싹 잘라냈어요, 그것도 바닷속에서.

면담자　　　언제 그랬는지 정확히 모르시는 거죠?

건우 아빠 　　예, 언제 했는지는 몰라요. 앵커도 그렇고, 하여튼 다 잘라냈어요. "언제 잘랐냐?" 그러면 "언제 잘랐다"고 얘기를 하는데, 앵커하고 그런 부분들은 얘네들 투입되자마자 초반에, 그러니까 인양 작업 초반에 다 잘라진 것 같아요. "언제 잘랐다"라고 답변은 오는데 그걸 믿을 수가 있나. 상하이샐비지가 현장에 들어가자마자 가장 먼저 시작한 게 증거 인멸이었다고 생각을 하는 거죠. 그 절단된 부위들을 가족들이 다 확인을 했어요. 몇 군데 이렇게 나눠져서 보관을 하고 있더라고요. 근데 사실 저는 스테빌라이저는 그게 맞는 것 같고, 잘라진 절단면이 있으니까. 스테빌라이저는 신항 끝에 석탄부두라는 데가 있어요. 그쪽에다가 처음에 절단해서 올라온 부위들을 그쪽으로 많이 가지고 올라왔거든요. 거기서 보관했었거든요. 우리가 그런 식으로 "절단 부위들 보관해 달라" 요청을 했었고, 요구를 했었고… 그래서 거기다가 보관했고.

　　앵커 같은 경우는 부산 어딘가에 보관을 했었고…. 그 부분은 지성이 아버님하고 몇 번 내려가서 앵커 다 촬영하고 확인하고 했는데. 저는 지금도 그 생각해요. 그게 세월호 앵커라고 하는데 절단한 세월호 앵커, 좌현 앵커라고 하는데, '맞나 진짜 이거. 이게 세월호 앵커 맞나?' 사실… [이렇게] 의심해요. 얘네들이 실제 세월호에서 잘라서 건져 올린 그걸 우리가 못 봤기 때문에, 확인을 못 했기 때문에 얘네들이 "맞다"고 우기면 맞을 수밖에 없잖아요.

　　근데 그런 부분들이 의심이 가는 거죠. 지금 신항에 가면 절단물들 다 쌓아놨잖아요. 구획마다 이렇게 정리를 해놨잖아요. 그걸

236
•
건우 아빠 김광배

다 봤는데… 특히 연돌[굴뚝] 같은 경우에는 상당히 많이 구겨졌어요. 거의 형체를 제대로 확인할 수 없을 정도로. "이게 바로 연돌이다"라고 얘기해 주기 전까지는 그게 연돌인지 모를 정도로 심하게 구겨져 있었고. 근데 그도 그럴 만한 게 배가 처음에 좌현으로 쓰러지면서 나중에 거의 뒤집혔잖아요. 그래서 선수의 앞부분만 올라와 있었잖아요. 그런데 연돌은 이렇게 나와 있거든. 그러면서 '연돌이 바닥에 눌리면서 찌그러졌다'라고 생각을 하고, 그렇다면 '세월호가 침몰하면서 내려앉은 그 해저에는 상당히 단단한 암반층이 있을 것이다'라고 추정을 하는 거죠.

그래서 우리가 스테빌라이저도 다시 조사를 하려고 하는데 이게 진짜 외부 충격에 의해서 돌아갔느냐, 아니면 바닥에 그 지질, 강한 단단한 암벽이 있으면 배가 움직이면서 쓸려서 돌아갔을 수도 있잖아요. 스테빌라이저는 날개에다가 스테빌라이저 핀을 꽂아 놓은 거거든요, 용접이나 그런 걸 한 것도 아니고 타이트하게 꽂아 놓은 것, 끼워져 있는 것. 그렇기 때문에 이게 어떤 충격에 의해서 돌아갈 수도 있고, 단단하고 강한 바닥, 만약 해저 지형 상태가 그렇다면 거기에 쓸려서 돌아갔을 수도 있고, 그렇게 보는 건데.

그래서 해저 지형 조사를 해야 돼요, 실질적으로 그 정도로 사고 해협 바다 해저가 단단한 암벽층으로 되어 있는지. 이미 세 번, 네 번. 아, 세 번? 세 번인가 네 번인가, 공식적으로 저는 세 번 한 걸로 알고 있는데, 네 번 정도 한 것 같은데 해저 지형 현장 조사 다 했어요, 이미. 선체 인양 TF라는 데에서도 상하이샐비지 계약하기 이전에도 이미 두 번을 했고 한국해양과학기술연구원인가, 그리고 또 해심원[중앙해양안전심판원] 거기에서도 두 번 현장 조사를 했고, 그다음에 상하이샐비지 들어와서 초창기 때 해저 조사를 다 했고…. 그거에 대해서는 나중에 브리핑을 했어요. 해저 지형이 이렇게 생겼고… 상하이에서 브리핑할 때 그 얘기 했었구나, "해저 지형이 단단하다". 그 리프팅 빔이라는 거를 후미 쪽에 넣을 때 후미를 살짝 들어주고 넣어야 하는데, 이게 안 됐거든요. 그래서 이거 까고서 넣었는데 후미 쪽에 리프팅 빔을 넣기 위해서 굉장히 많은 시간이 소요가 됐어요.

그러니까 실질적으로 상하이샐비지라는 업체는 세월호 정도의 배를 그 정도 깊이에 있는 바다에서, 그런 상황에서 인양할 수 있을 만한 그런 능력, 기술력이 없는 업체거든요. 결국에 결과론적인 얘기지만, 인양을 하는 방법도 많은 전문가들이 얘기하고, 우리가 요구하는 그 방식대로 했잖아요. 그렇게 이야기 했잖아요, 결국엔 (헛웃음). 계약 당시에 자기네들은 처음에 제안을 했던 인양 방식을 다 깨버리고 마지막에 그 방법으로 인양을 했잖아요. 아, 이제 다 기억 안 난다, 그 말이. 상하이샐비지가 인양을 했던 방식은 '리프팅 빔 방식', 그러니까 배 밑에다가 28개의 리프팅 빔을 꽂아가지고 양쪽 끝에다가 와이어 걸어서 들어 올리는 거. 거기에 문제점이 굉장히 많았었거든요. 그런데 그거 다 무시하고 그 방법으로 했어요. 그리고 또 상하이샐비지에서 가장 적은 금액을 써 냈고…. 입찰이라는 게 그렇잖아요, 가장 적은 금액을 써 내는 업자가 하게끔 되어 있고 그러니까 기술력도 그렇게 문제가 되지 않고… 어쨌든 판단이 그랬어요. "상하이 업체가 됐다"라고 공식적으로 발표를 했지만 우리는 그거를 믿지 못하는 거죠.

**면담자**　　입찰 계약 과정을요?

**건우 아빠**　　네, 전 과정[을]. 그래서 그 수사를, "재조사를 해야 된다"고 얘기를 하는 거죠. 이미 2014년 5월 달에 해수부의 관계자들이 상하이샐비지 다녀왔어요. 나중에 우리가 안 사실이지만, 그 부분은 아마 인양분과장이나 진상분과장이 정확하게 알고 있을 거예요. 위원장들도 알고 있겠구나.

**면담자**　　해수부에서 14년 5월 달부터 이미 상하이샐비지와 관계가 있었다는 거죠?

**건우 아빠**　　이미 상하이샐비지하고의 어떤 관계가 있었다는 것, 그러니까 한마디로 얘기해서 잡다한 말 다 빼고 인양도 계획적이었다는 얘기죠. 상하이샐비지라는 업체를 통해서, 만약에 인양을 하게 된다고 하면. 이미 사전조사 다 끝났었거든요. 인양이 가능하다는 판단도 그때 다 이미 나왔었고. 근데 왜 인양을 안 하고 박근혜가 느닷없이 인양 얘기했을 때, 그때 왜 "조사해 보니 인양할 수 있다"라는 발표하고, 업체 계약을 상하이샐비지로 하고. 그런 모든 과정이 이미 준비되어 있었던, 준비 다 해놓은 상태에서 그 스토리대로 끌고 갔다는 거밖에 안 돼요.

면담자    15년도 1주기가 지나고 나서 바뀌지 않는 상황을 매일 체감하시는 상황이었을 것 같아요. 보이지도 않는 렌즈로 동거차도에 올라가서서 보고 이럴 때 느꼈던 감정이나 다른 분들과 대화하셨던 거 기억이 나세요?

건우 아빠    (침묵) 화가 났던 거밖에 기억 안 나고(웃음). 혼자 들어가든 몇 명이 들어가든 그런 과정들을 보면서 사실 제대로 잠을 못 잤어요. 잠도 못 잤고 화났던 기억밖에 안 나네.

면담자    진도에 있을 때의 상황이랑 거의 유사하네요. 예를 들어서 정보공개를 요청하면 답변이 오지 않거나 납득이 안 되는 답변을 해주는 상황이 비슷하네요.

건우 아빠    그렇죠. 수습 당시에 진도에서 정부의 대응 방법이라든가 그런 것들이 똑같아요, 절대로 공개 안 했고 나중에 변명으로만 다 했고. 그런 과정들을 현장에서 지켜본 가족들은 속이 터지죠, 화만 나는 거지. 그런 생각도 했었어요. '이거 도대체 매일같이 24시간 촬영을 하는데, 이 영상들 똑같은 영상이야, 똑같은 영상'. 예를 들어서 카메라 하나 있었어요. 카메라로 8시간 동안 계속 촬영을 한단 말이죠. 그럼 8시간 동안에 그 영상이 똑같아요. 파도 물결이 좀 왔다 갔다 하고 배가 좀 흔들리고, 가끔씩 뭐가 좀 움직이고. 그 정도 외에는 초점을 딱 잡아놓으면 주위 여백이나 잡히는 게 똑같거든요. 그러면 진짜 정지 영상이죠, 8시간 정지된 영상. 이제 그런 것들을 보면서 정말 나중에 물론 어떤 예상치 못했던 어떤 도움, 증거가 될 수 있겠지만, '아니, 저기 들어가면 되는데 이게 뭐 하는 짓인가' 그런 회의감도 많이 생기고.

**면담자**     가족분들이 많이 지치셨을 것 같아요.

**건우 아빠**     그렇죠. 처음에는 많이 들어가셨던 분들도 나중에는 지치죠. 그런 상황에서 일주일을 있는다는 게 진짜 쉬운 일이 아니거든요. 그런 상황을 몇 번 접해보다 보면 사람이 완전 질려버리는 거죠. 나중에는 동거차도 들어가시는 분들이 다 정해져서 들어갔어요. (면담자 : 네. 그 말씀이 갑자기 떠오르네요) 혼자도 들어가고. 2016년 추석 때도 제가 들어갔거든요. 아, 추석이 아니고 청문회 할 때 그때가 11월이었든가. 2016년도에 청문회가, 그때 2차 청문회였던 것 같은데, 12월인가, 11월인가? 12월이었던 것 같은데, 2차 청문회 할 때 한번 찾아보세요(웃음). 저는 그 청문회를 동거차도 안에서 휴대폰 가지고 봤어요.

**면담자**     16년 2차 청문회 할 때 아버님은 동거차도에 계셨다는 거죠?

**건우 아빠**     예, 혼자 들어갔었고.

**면담자**     1년을 동거차도를 왔다 갔다 하신 거네요.

**건우 아빠**     거의 그랬죠. 어쨌든 동거차도의 일들도 우리들에겐 가장 중요한 일이었으니까. 그런 생각도 해봐요. 우리가 거기 들어가서 뭘 보고 확인하고 그런 건 없어요, 사실. 불가능한 상태였었기 때문에. 그런데 우리가 거기에 큰 의미를 두는 건 뭐냐 하면, "너희들 딴짓하지 마라". 결국엔 딴짓을 다 했지만… "우리 가족들이 항상 너희들 지켜보고 있다" 그런 어떤 메시지. 아, 동거차도 들어갈 때, 우리가 초창기 때 많이 했었는데, 한동안 했었는데. 동거차도 들어갈 때 어선을 타고 들어가잖아요. 동거차도 들어가기 전에 작업 현장을 한 바퀴 뱅 돌아요, 배에서.

**면담자**　어느 정도 떨어진 거리에서요?

**건우 아빠**　한 100미터? (면담자 : 그 정도 가까이에서요?) 하여튼 최대한 가까이 접근을 해요. 방송해 가지고 뭐 "가까이 오면 위험하다"고 방송하고.

**면담자**　현장에서 그렇게 방송해요?

**건우 아빠**　예, 걔네들이 그렇게 하는데.

**면담자**　승선한 분들이 누군지는 알죠?

**건우 아빠**　알죠, 당연히. 아니, 노란 옷 입고 노란 잠바 입고 현수막 쫙 펼치고, 현수막에는 그런 내용이에요. "안전을 기원합니다. 아무 사고 없이 여러분들이 무사히 세월호를 인양할 수 있게 되기를 기원한다" 이런 좋은 말들, 중국말로 써가지고.

**면담자**　이 얘기는 처음 들었어요.

**건우 아빠**　처음 들었어요? 그런 영상들도 있을 거야. 우리는 걔네들한테 어쨌든 인양 작업은 옳든 그르든 또 좋든 싫든 걔네들이 해야 되는 거고, 우리는 그걸 지켜볼 수밖에 없는데 그렇다고 얘네들하고 싸울 수가 없잖아요. 어쨌든 우리가 을이잖아. 그래서 얘네들한테 그런 메시지도 보내고.

**면담자**　　부모님들이 항상 들어가실 때마다 하셨어요?

**건우 아빠**　　예, 한동안 했었어요. 한동안 계속 들어갈 때 하고, 나올 때 하고. (면담자 : 초반에 하셨을까요?) 거의 한 중반 정도까지 계속했었는데, 들어오던 부모님들이 한 바퀴 돌면서 하고 들어오고, 나가는 분들이 한 바퀴 돌면서 하고 나가고 그렇게 했었는데, 얘네들이 이거를 또 거부했었어요. (면담자 : 거부가 아니라 하지 말라는 거잖아요) "하지 말라"고, "위화감 조성된다"고. 그리고 "현장에 가까이 오면 위험하다"고. 위험한 거 모르나? 근데 적당한 거리 떨어져서 한 바퀴 돌면서 그렇게 하고 들어가고 나가고 했었어요. 근데 "그것도 싫다"고 하더라고요.

**면담자**　　하지 말라는 것도 브리핑이나 이럴 때 전달이 된 건가요?

**건우 아빠**　　해수부 쪽에서 연락을 받은 걸로 알고 있어요, 담당자한테. 우리는 가급적이면 진짜 큰 사안 아니면 얘네들을 안 건드리거든요. 그런데 너무 감추니까, 우리는 알아야겠는데 공개를 거부를 하니까, 그때는 우리가 참다 참다 결국엔 부딪히게 되는 상황이고. 지금도 마찬가지지만 가족들 인내심 정말 대단해요. 우리가 원하는 건 딱 하나밖에 없잖아요, "왜, 그거를 알려달라". 근데 안 알려주잖아요. 우리가 알려고 하는 거고 그런 과정에서 생기는 문제들, 우리 스스로 해결 방법을 찾잖아요. 지금 생각해도 4년 지나고 이제 5년째지만 참 대단한 사람들이에요. 이런 사람들을 볼 때, '아… 진짜 부모라는 거, 아빠라는 존재가 이게 맞구나' 그런 생각이 들어요, 가끔씩. 참 대단한 사람들이죠, 자기 모든 걸 다 내려놓고. 당연히 그렇게 해야 되는 거고. 왜냐하면 내 자식이니까, 내 아들이니까.

지난 5월 달이었나? CBS에서 [방송하는] 정혜윤 피디 아시나요, 혹시. 있어요, 정혜윤 피디라고 계시는데, 그분이 라디오에서의 다큐라고 그럴까. TV에서의 다큐처럼 라디오에서 다큐 형식의 프로젝트를 하나 진행하고 계시는데, 그 얘기를 하시더라고요. "인터뷰를 좀 하고 싶다". 그때 승묵이 [엄마], 김성묵 씨 일반인 생존자, 승묵이 [엄마]하고 같이 인터뷰를 했었는데, 거의 맨 마지막 부분에 정혜윤 피디가 저한테 물어본 게 있어요. "지금까지 왜 이렇게 싸웠고, 앞으로도 이렇게 할 것이냐?" [하길래] "그렇다"[라고 했죠]. "그럼 그 이유가 뭐냐, 무슨 이유로 지금까지 그렇게 처절하게 싸워왔고 또 앞으로도 그렇게 싸울 것을 생각하느냐?" 그걸 물어보더라고. 제가 그렇게 답변했어요. "이유는 딱 하나다. 내가 건우의 아버지이기 때문에" 그렇게 답변을 했었는데.

마찬가지예요, 가족들 다. 지금 열심히 활동하고 계신 부모님들 다 같은 생각일 거예요. 내가 다른 아이를 위해서 싸우는 거 아니에요. 나는 우리 건우를 위해서 싸우거든. 또 장훈이는 장준형이라는 자기 아들을 위해서 싸우고, 정성욱이는 정동수라는 자기 아들을 위해서 싸우고… 다 마찬가지예요. 그런 부모들이, 그런 엄마, 아빠들이 모이면 바로 우리 아이들을 위해서 싸우는 거죠. 그런 생각을 하고 있거든요(한숨).

좀 재밌는, 재밌는 얘기는 아니고(웃음) 한 가지 바람이라면 나 죽기 전에 세월호의 모든 것들이 다 밝혀졌으면 하는 거죠. 내 다른 자식한테 넘겨주고 싶지도 않고, 또 우리 다음 세대의 젊은 사람들에게 이걸 넘겨주고 싶지도 않고 그렇네요.

면담자  어떤 다음 세대들은 "저희 몫입니다"라고 하기도 하잖아요. 그거에 대해서는 어떻게 생각하세요?

건우 아빠  다음 세대들의 몫은 세월호 참사의 진상 규명이 아니고요, 안전사회 건설이에요. "세월호 참사의 진상 규명은 우리가 할게. 너희들은 이 나라 진짜 안전하고, 민주적이고, 국민이 진정한 주권자가 되는 그런 대한민국을 만들어라. 그게 너희들이 할 일이다" 간담회 가면 하는 얘기인데(웃음). 동거차도의 일들은 한꺼번에 생각하려니까 다 생각은 안 나는데, 거의 똑같은 생활이 반복이 되지만 항상 다른 마음이었어요. 거기 들어가면 왜 여기를 와야 되는지, 왜 저 현장을 쳐다봐야 되는지, 지켜야 되는지 그런 것들은 항상 같았지만 마음은 항상 새로웠죠. 단순히 우리가 해야 될 일이기 때문에, 그런 마음보다도 좀 전에 말씀드렸던 내 자식을 위한 길이고 방향이고 방법이기 때문에, 이유가 없는 거죠. 그래서 들어갔던 거고.

면담자　　　그래도 동거차도에서의 기억을 많이 말씀해 주셨어요. 혹시 생각나시는 거 있으시면 또 얘기해 주세요. (건우 아빠 : 그때그때 얘기할게요) 네. 혹시 딱 떠오르시는 거 있으시면 언제든지 다시 얘기해 주세요.


# 3
## 특조위 해체와 인양 실패 과정

면담자　　　다음으로 16년에 특조위가 해체되는 과정인데요. 이 과정을 잘 알고 계신 가요?

건우 아빠　　　특조위가 해체되는 과정은 저는 직접적인 경험이랄까, 직접적으로 선조위의 내부적인 상황들 이런 거에 대해서는 정확하게 몰라요. 그냥 들은 얘기들[만 알아요]. 직접 보고 알게 된 것들은 거의 없고 대부분 다 들은 얘기들인데, 해체되는 과정은 아주 간단해요. 특조위에서 그때 위원이 몇 명이었더라. 아무튼 특조위가 만들어지기 전부터, 특별법이 만들어지는 과정서부터가 그렇죠. 그때 당시에 여당이었던 새누리당은 그거 안 하려고 했어요, 할 생각이 없는 거지. 생각보다도… 하면 안 되는 거지. 대한민국 건국 이래 특별조사위원회가 몇 개였는지 혹시 아세요, 특별조사위원회?

면담자 　　　　잘 모르겠습니다.

건우 아빠 　　　반민특위[반민족행위특별조사위원회], 그렇죠. 그거 하나밖에 없잖아, 세월호 이전에. 맞죠? 반민특위 하나밖에 없었어. 근데 지금 세월호에선 세 번째 특별조사위원회가 만들어졌어요. 세월호랑, 물론 사회적참사특별조사위원회는 말 그대로 사회적 참사, 가습기 피해자들도 같이 포함이 되어 있지만. 어쨌든 그 특별조사위원회가 만들어진 이유라 그럴까, 이유는 세월호 참사기 때문에. 하나의 단일 사건, 세월호 참사 단일 사건이잖아요. 하나의 단일 사건으로 세 번의 특별조사위, 특별법이 만들어지고 특별조사위가 만들어졌다는 얘기는 반대로 생각하면요, 당시에 집권하고 있던 세력들 도대체 얼마나 큰 뭔가 있길래, 뭐가 있길래, 세월호 참사라는 게 지금 5년이라는 과정 동안 이런 과정들을 겪어왔고. 천만이 넘는 국민들이 촛불을 들고…. 많은 분들이 그렇게 얘기하잖아요. "촛불혁명의 시작과 핵심은 세월호 참사다. 세월호 가족들, 유가족들이 있었기 때문에 가능했다"라고 얘기들 하시잖아요. 그런 건 아니에요. 다 똑같이 시작을 한 거고, 대신에 구심점, 원동력을 만들어준 게 세월호 참사라는 거지. 세월호 참사 유가족들이 독립투사도 아니고 람보도 아니고(웃음).

　　그런 측면에서 볼 때 실질적으로 대한민국 사회의 적폐들, 부조리한 것들, 그런 것들에 대해서 국민들이 알고 있었던 사람들, 또 몰랐던 사람들은 알아가는 과정이 된 거고. 알고 있었던 사람들은 그거에 대한 확신이 생겨서 '이 상황에서 뭔가를 바꾸지 않는 이상은 미래는 없다'라고 생각들을 하게 된 거죠. 어쨌든 그렇게 이어진 거고, 세월호 참사의 5년이라는 시간 안에 그러한 일들이 벌어지고 지금도 그렇게 계속되고 있다는 얘기가 반대로 생각하면 무슨 얘기가 되겠어요. "도대체 얼마나 큰일이길래. 왜 구조하지 않았지, 의도적으로? 왜 그렇게 조사 방해를 하고, 특조위를 해체하려고 그렇게 정부에서 노력을 했지, 의도적으로? 그렇다면 과정도 그렇고, 결과도 그런데 그럼 세월호 침몰 원인이 뭐지?" 선조위에서 10개월 동안 밝힌 조사를 한 내용을 보면 거기에 딱 공통적으로 들어가는 부분이 있어요, 내인설이나 열린 안이나. 의도성이 보이는 거예요. 뭔가 '고의적으로 침몰을 시켰다'라는 의도성이 보이는 거예요. 그 목적이 뭔지는 모르겠지만, 그 이유가 뭔지는 모르겠지만 반대로 생각하면 그런 거예요. 단일 사건 하나로 세 번의 특별법이 만들어지고, 또 세 개의 특조위가 만들어지고 진짜 엄청난 거예요. 무슨 얘기 하다 여기까지 왔지.

**면담자**      (웃음) 특조위의 해체 과정에 대해서 여쭤봤는데 특조위의 의미에 대해서 말씀해 주신 것 같아요. 2016년 6월 12일에 선수 들기가 있었고, 17일에 김관홍 잠수사님 타계하셨고, 6월 21일에 해수부가 특조위 조사 활동 기간 6월 말로 종료한다고 정원 축소안을 일방적으로 발표를 했었네요. 6월 달에 많은 일들이 있었는데, 혹시 6월의 기억이 있으실까요?

**건우 아빠**      예, 있었죠. '선수 들기가 실제 성공을 했다'고 표현을 해야 되나. 어쨌든 선수 들기가 된 거는 6월 달이에요. 선수 들기를 하는 목적이 뭐냐 하면 리프팅 빔이라는 것을 선수 쪽에다 넣고, 배 밑으로 넣어야 하니까 넣고, 그다음에 후미 들기를 해서 배 밑으로 넣고. 리프팅 빔은 와이어를 걸어서 배를 들어 올리기 위한 도구거든요, 가장 중요한 도구인데 그것을 배 밑면에 넣기 위한 작업을 하기 위해서 선수 들기를 한 건데, 실제 선수 들기를 처음 시도를 했던 건 4월 달이에요. 제 기억으로는 4월 22일, 4월 20일 그때쯤으로 기억하는데, 거의 목포 다 와서 목포톨게이트 빠져나오기 전에 마지막 터널 있죠? 그 터널을 빠져나올 때 연락을 받았어요. 그때 인양분과장하고 저하고, 또 한 명 더 있었는데 누군지 기억 안 난다. 하여튼 셋이서 "사고 현장에 인양 과정, 선수 드는 과정을 우리가 본다" [했고], 해수부에서도 상하이에서도 "오케이, 그건 보여주겠다" 해서 들어가는 중이었거든요. 현장 들어가기 위해서 내려가던 중이었는데 그때 연락을 받았어요. "지금 기상 여건 뭐 이런 것 때문에…".

면담자      4월 달에요?

건우 아빠      예, 4월 달에. 기상 여건 이런 것 때문에 그리고 또 여러 가지 여건 때문에…. 그때 이유가 뭐였지? 그때 중요한 이유였었는데, 나중에 생각나면 제가 말씀드릴게요. 그것 때문에 "선수 들기를 못 한다, 1차 실패". 못 들었어요.

면담자      참관을 하시기로 했는데 그 전에 안 된다고 한 거 보면은 준비에 문제가 있었나 보네요?

**건우 아빠**    준비가 안 된 건데, 아, 그때 이유가 있었는데 그건 기억나면 말씀드릴게요. 그래서 결국엔 그때 못 들어갔어요. 그러고 나서 한두 달 정도 지나고 난 6월 달에 처음 선수 들기를 시작했는데, 들어 올리는 과정 중에 배가 7.2미터, 6미터 이렇게 잘린 거죠, 선수가. 그런 상황이 발생한 거죠. 얘네들은 그때 당시에 들 당시에 너울성 파도, 선수 들기 실패를 한 원인이 너울성 파도. "갑작스럽게 너울성 파도 때문에 문제가 있었다". 그래서 잘린 것까지 그때 개네들이 발표를 했거든요. 그건 발표를 안 할 수가 없었어. 나중에 만약에 들고 나서 알게 되면 그거 어떻게 할 거야.

**면담자**    그때도 참관하셨어요?

**건우 아빠**    그때 참관했었어요. 그때 센첸하오호라는 배에서 봤는데 결국엔 그 문제가 아니었어요. 물론 너울성 파도가 없었던 건 아닌데 얘네들이 정확한 계산을 못 한 거지, 무게 계산을. 정확한 무게 계산을 못 해서 선수 들기를 하다가 절단된, 훼손이 된 그런 상황이 벌어진 건데. 아무튼 몇 차례 시도 만에 6월 달에 성공을 했어요. 성공을 했고……(침묵). 왜 이렇게 맴돌까, 기억이 맴돌지? 6월 달에 그때 선수 들기를 했고, 리프팅 빔을 끼웠고… 그 후에 후미 들기를 하려다가 결국엔 후미 들기를 못 했어요. 세월호 선수 들기라든가 후미 들기라든가 이런 작업을 하기 위한 브리핑을 했었거든요. 그 브리핑을 들었는데 개네들 논리, 작업 과정은 굉장히 간단했어요. 말 그대로 배 쓰러져 있는 거 와이어를 걸어서 들고 빔 넣고, 그다음에 또 후미도 들고 [아래에다가] 빔을 넣고. 어떻게 보면 간단한 거잖아요. 근데 리프팅 빔을 넣기 위한 작업이, 굉장히 오랜 시간 동안 그 작업을 했어요. 선수 들기 때보다 오히려 후미 때, 결국 후미 들기를 못 하고 선수처럼 리프팅 빔을 못 넣었어요. 후미 쪽에 해저 바닥을 깎아가지고, 깎은 상태에서 공간이 벌어질 거 아닙니까. 그 상태에서 틈으로 넣는 것으로 얘네들이 작업을 했는데 그 작업을 하면서 굉장히 많은 시간이 지났죠. 아, 그 작업 과정은 정확하게 생각나면 다시 한번 말씀드릴게요.

**면담자**    네. 그러면 6월 달에 해수부에서 "특조위 강제 종료 하겠다"고 하고, 가족분들 저지 활동 하신 일에 대해 말씀해 주세요.

**건우 아빠**    (한숨) 그때 진상분과장 광화문에서 단식 들어가고 많은 가족들 돌아가면서 일일단식도 하고 동조단식 하던 거. (면담자 : 또 단식을 한 건가요?) 저는 단식 안 했어요. 삭발은 두 번이나 했는데 단식은 한 번도 못 했어요. 그게 기억나고.

# 4
## 피해 실태조사

**면담자**    7월 달에 특조위에서 세월호 참사 피해자 지원 실태 조사 결과를 발표했거든요. 그게 아버님이 말씀해 주셨던 코호트 조사 그건가요? (건우 아빠 : 네) 그 실태조사 어떻게 이루어졌어요? 그때 코호트 학회에서 "조사가 필요하다"는 연락을 받으셨다고 했는데, 특조위가 했던 참사 피해자 지원 실태조사와 다른 건가요?

**건우 아빠**　　아, 그거는 좀 틀린 거예요. 코호트 연구소에서 했던 실태조사는 2015년도 때의 일이었었고. 16년도에 실태조사 한 거는 특조위 피해지원소위에서 한 거였었고, 그때 온마음센터를 통해서…. 왜냐하면 많은 가족들한테 연락이 되고, 실태조사라는 게 말 그대로 가족들의 상황, 정신적인 거, 육체적인 거 이런 모든 상황들 조사하는데, 전수조사를 한 거였거든요. 그렇기 때문에 특조위에서 온마음센터를 통해서 가족들과 실태조사라는 스케줄들이 다 잡혔고 그때 실태조사를 하기 위한 용역을, 특조위에서 용역 사업을 했거든요. 그래서 거기 들어오셨던 많은 분들을 만났었어요. 만나서 저녁 식사 하면서 그런 상황들 얘기하고…. 근데 실질적으로 조사가 이루어진 것들은 특조위 쪽에서 전부 주관했었기 때문에 온마음센터를 통해서, 개별적 연락해서 만나서 한 것들은 아는데 구체적으로 진행된 내용은 몰라요.

**면담자**　　그러면 코호트 연구회에서 조사한 거에 대해서 조금 더 설명해 주시겠어요?

**건우 아빠**　　코호트 연구회에서 한 거는 2015년도 여름서부터 시작을 해가지고 한 9월, 10월경에, 이때쯤이었을 거예요 아마. 그때 조사를 한 거였었는데 이 조사라는 게 상담이나 면담 형식의 조사가 아니고 설문지를 통한 조사였었어요.

면담자       그것도 전수조사였나요?

건우 아빠      전수는 아니었고 신청했던 가족들[만 했어요]. 왜냐하면 코호트 연구에서는 정해진 예산 갖고 [해야 했고], 그 예산이 그렇게 충분치는 않았어요. 근데 그때 말씀드렸지만 성호 아빠가 심리분과장을 했었을 당시에 우리가 코호트 연구에 요구했던 게 "정신검사, 심리검사도 중요하지만 가족들의 신체적인, 육체적인 검진도 필요하다. 그 부분을 넣어야지 큰 문제없이 가족들이 참가할 수 있을 거다"라고 얘기를 했고, 그래서 그런 방법을 코호트 연구회 내에서도 동의를 했어요, "맞다. 그렇게 하는 게 맞다"[라고요]. 그때 당시에 설문조사 내용이 "아이가 죽은 것에 대해서 지금 마음이 어떻습니까?" 이런 식의 조사 내용이 몇 가지 문제된 게 있었어요. 그래서 1차로 걸렀는데, 좀 더 예민하다고 그래야 되나. 부모님들에 의해서 항의도 있었고, 어떻게 보면 코호트 연구에서 했던 담당자들이 멘붕 상태를 겪었을 거예요, 아마.

그러니까 이런 말씀 드리면 좀 뭐한데, 일반 사람들이 느끼고 생각하지 못하는 그런 것들, 정신적인 것들이죠, 그런 것들이 우리한테 있거든요. 우리가 얘기를 해도 이해를 못 해요, 잘. 잘 이해를 못 해. 역지사지로 생각을 한다고 해도 잘 이해가 안 돼. 왜냐하면 이건 사실이니까 말씀드리는데 기억 속으로, 가슴속으로 느껴지는 것들이 틀리거든요. 그 이유는 당연히 내 자식이 그렇게 희생됐기 때문에 느껴지는 게 틀리거든요. 그래서 그런 상황들을 얘기를 해도 이해를 못 해. 그러다 보니까 좀 맞지 않는 설문 내용도 나오고…. 그럼 거기에 대해서 굉장히 강하게 반응을 하는 부모님도 계시고.

저 같은 경우는, 예를 들어서 좀 전에 말씀드렸던 "아이가 사망을 했는데 지금 부모님 마음이 어떠십니까?" 그런 거에 대해서 그냥 가감 없이 얘기를 해요. 긍정적인 생각으로 그렇게 한다기보다도 좀 전에 말씀드렸듯이 가족들만 알고 있는 그런 마음 상태를 남들한테, 다른 제3자한테 이해를 시키고 하려면 실제 그런 내용에 대해서 우리가 정확하게 얘기를 해주는 게 맞다고 보거든요. 그러면 나중에, 이런 일이 벌어지면 안 되겠지만, 세월호 참사와 유사한 그런 참사라든가 재난이 발생을 했을 때 꼭 세월호 같은 재난은 아니더라도, 참사는 아니더라도, 어떤 재난이 발생했을 때 그때 당시에 피해자들이 느끼는 심리적인 상태를 정확히 알 수 있잖아요. 그런 연구가 우리나라는 전혀 안 되어 있는 거고.

그랬기 때문에 그때 당시에 성호 아빠나 저나 '이거 꼭 필요한 건데, 우리가 마루타가 되면 어때'. 저는 그런 생각이거든요. 많은 가족들은 그것에 대해서 굉장히 불쾌감을 느끼고 힘들어하고 아파하는 거죠. 뭐가 힘들고, 뭐가 아프고 저는 알아요. 근데 [다른 사람들은] 모른단 말이야. '아니 왜 그렇지' 그런 마음은 모르는 거죠. 이해가 안 되는 거죠. 굉장히 거센 항의를 받았었어요.

**면담자**      실태조사는 항의가 많았던 건가요?

건우 아빠        예. 그래서 많은 분들이 못 했어요. 근데 그게 이제 2차, 이번에 3차 해요. (면담자 : 코호트 조사요?) 네, 코호트. 이번에 또 하는데, 이번 10월 달부터 날짜를 잡고 있어요. 건강검진 하고 심리검사 하는 거, 그런 부분들 좀 잡고 있고. 그게 건강검진을 통해서 어쨌든 가족들이 응할 수 있는 방법을 만들어놓은 거고. [그런 조사가] 필요하거든요. 어떤 설문지라든가 이런 것을 통해서 심리검사도 하고.

면담자        거기에는 몇 분 정도 참여하고 계세요?

건우 아빠        지금은 많이 늘었어요, 많이 늘어서…. (면담자 : 오히려 늘었나요?) 네. 처음에는 시행착오를 겪은 거고, 코호트 측도 그렇고 우리도 그렇고. 미처… 나는 그런 생각을 하고 있지만, '다른 가족들은 그런 생각이 아니다'라는 거를 저도 그때 알았어요. 자식 잃은 부모는 다 똑같을 줄 알았는데 지금 와서 보니까 '아, 틀리구나' 그걸 알았듯이, 그때 '아, 이런 경우도 있구나'라는 걸 알았죠. 어쨌든 첫 번째는 시행착오를 겪은 거고, 두 번째부터는 많이 보완이 됐어요, 설문 내용이라든가, 우리가 왜 이거를 하는지, 해야 되는지에 대한 취지, 그걸 충분히 설명을 해주고…. 그럼 가족들이 '아' [하고] 이해를 하죠. 물론 이제 시간이 지나면서 심리적으로나 바뀌는 것들이 있으니까, 변하는 것들도 있고. 그래서 어쨌든 이번에 또 하게 됐고….

면담자        그래도 지속적으로 되고 있어서 다행이에요.

건우 아빠   그때 처음 했던 이소희 과장님이라고 계시는데, 그 양반이 큰 충격을 받았을 거예요. 아마 지금은 그분이 담당이 아니실 텐데, 아무튼 지금도 그렇게 하고 있고. 근데 그거는 굉장히 필요하다고 생각하고 있어요. 왜냐하면 우리가 마루타라고 생각을 하지 말고, 우리가 남겨놓는 것들이 지금 이 구술 같은 경우도 마찬가지잖아요. 우리가 남겨놓는 것들이, 나중에 우리가 원하는 안전사회 건설이라는 거, 맹목적으로 안전사회 건설이 아니고 이러이러한 기본, 이러이러한 토대를 통해서. 사고라는 것은 안 일어날 수가 없어요, 일어나요. 그러면 사전에 얼마나 예방을 하고, 만약에 발생하게 되면 그에 따른 피해자들의 정신 건강이라든가 육체적인 건강에 대해서 "어떤 부분이 필요하다, 뭘 해줘야 된다, 어떤 지원이 필요하다" 이런 것들이 세월호를 통해서 만들어진다 그러면 우리가 말 그대로 안전사회 건설에 일조를 한 거 아닙니까? 그런 긍정적인 면도 필요해요. 당장 '내가 아프다, 내 자식 얘기 하는 게 너무 아프다' 그런 생각만 하지 말고…. 제 생각은 그런데, 많은 분들은 또 "아프다"고 하니까 그 부분에 대해서는 제가 꼭 한마디 해주는 게 있어요. "나도 아파요. 당신만 아픈 게 아니라 나도 아프다"[라고요]. 아프면 치유를 해야 될 거 아니에요. 그런데 치유를 못하는 게 아니라 안 하고 계시더라고, 스스로. 치유하는 방법은 딱 하나밖에 없어요. "나가서 싸우는 거야" 그래요.

면담자   특조위 해체 과정에 대해서는 직접적으로 알고 계시거나 기억하고 계신 게 없다면 일단 넘어갈게요.

건우 아빠 김광배

건우 아빠 　　제가 다음번, 2017년도 할 때 그 내용을 확인을 해볼 게요. 있었는데 지금 정확하게 기억이 안 나고 자꾸 맴돌아, 기억이. 그때 특조위에 가서 우리가 항의했던 거, 마지막 청문회 하면서 이미 예정되어 있는 사실을 알고서 마지막 3차 청문회를 했거든요. 그리고 특검도 신청을 했고. 근데 결국엔 마지막 3차 청문회가 3월 달인가 했었어요, 3월인가, 4월. (면담자 : 9월이라고 되어 있는데요) 3차 청문회가요?

면담자 　　네. 해수부가 청문회 인정하지 않아서 증인들 안 오고 그랬던 게 3차, 9월 1일이라고 되어 있어요.

건우 아빠 　　아, 그럼 내가 잘못 알고 있었구나. 제가 동거차도에서 혼자 들어가서 본 게 마지막 3차 청문회네요.

면담자 　　네, 동거차도에서 핸드폰으로 보셨던 게 3차 청문회인 것 같네요.

건우 아빠 　　맞아요, 맞아요. 1차 청문회가 11월인가, 12월인가 그랬고…. 맞아요, 3차 청문회가 특조위 해산을 앞두고 한 거기 때문에 "3차 청문회를 하냐, 안 하냐"에 대해서 "무슨 소용이 있냐", "아니, 해야 된다" 그런 거에 대해서 좀 논쟁이 있었어요. 가족들하고 특조위하고 좀 논쟁이 있었고. "해야 된다, 반드시 해야 된다" 그래서 그때 주관은 거의 항상 1소위 위원장이었던 진상규명소위 권영빈 상임이 항상 주도를 했지만, 그 사람은 세월호 참사 진상규명의 의지를 갖고 있는 분이거든요. 어떤 방법론적인 거에 대해 조금 차이가 있을 수 있겠지만, 의지만큼은 확실히 우리가 인정을 해주는 분이에요, 권영빈 상임 같은 경우에는. 이번에 선조위 상임을 할 때도 그랬고…. 아무튼 그쪽에서 강하게 얘기를 했어요. "해야 된다, 해야 된다". 우리 가족들도 강하게 얘기를 했고.

그래서 그때 만들어져서 했고, 말씀하신 것처럼 해수부에서 거의 뭐(헛웃음) 증인 심문에 참여를 안 했죠. 그 전에도 마찬가지였었어요. 해경도 그렇고, 해수부도 그렇고. 한 가지 지금에 와서 생각해 보니 좀 아쉬웠던 게 뭐냐 하면, 실제 선원들에 대한 청문회가 됐어야 되는데. 해수부는 참사 이후잖아요. 참사 당시와 당시의 전반적인 상황에 대해서 확인을 하려면 선원들을 해야 되거든요. 해경도 마찬가지죠. 실질적으로 해경에 대해서 김경일 정장 외에 처벌받은 놈들이 없잖아.

지금 특조위의 사참위의 청문회는 그런 부분들까지 생각을 해요. 그게 진짜 아쉬웠던 거거든요. 그때 당시에는 그런 부분에 대해서 정확하게 느끼지 못했기 때문에 청문회가 그렇게 이루어졌는데, 실질적으로 어떤 법적인 권한이 없으니까 그렇게밖에 될 수가 없었던 거였죠. 기껏해야 안 나오면 벌금이나 때리고 그래서 강제집행력이, 강제력이 필요했던 거였었는데. 지금 특조위도 그런 강제력은 없지만 반강제력은 있잖아요. 수사권은 없지만 수사를 할 수 있는 인력은 있거든요. 기소권은 없지만 기소를 할 수 있는 팀이 있고, 법률지원팀이 있거든요. 부장검사로 내려와 계신 분이 계시고 검찰 쪽에서 부장검사님까지 총 세 분, 변호사 두 분 해가지고

건우 아빠 김광배

다섯 분이서 그 팀을 하고 있는데 기소해야 될 것들, 공소시효 다가오는 것들 확인을 하고 있거든요. 그런 부분들이 꼭 있어야 되고.

말 그대로 특조위의 조사 방해라는 게, 그 해체되어 가는 과정에서 결국 특조위 해체가 원했던 거였었고. 그때 당시에 기산일 문제 때문에, 특조위가 언제 시작했느냐 그 문제 때문에 논란이 굉장히 많았잖아요. 법제처에서도 유권해석을 한 내용이 "실제 예산이 내려온 때, 그때를 봐야 된다". 또 법제처뿐만이 아니고 법률가든 많은 사람들이 예산이 내려와서 실제 조사를 개시했을 때, 그때를 보고 있잖아요. 그다음에 또 위원회가 구성이 됐을 때, 특별법이 시행이 됐을 때 정부에서 얘기하는 건 특별법이 시행이 됐던 2015년 1월 1일이었고. 그래서 "2016년 12월 31일이 끝이다" 그렇게 얘기를 했던 거고. 아니구나, 2015년… 헷갈리네. 1년 6개월이었죠. (면담자 : 네, 16년) 2015년 1월 1일부터 12월 31일까지가 1년이고, 6개월이면 2016년 6월 이때가 끝이다[라고 본 거죠]. 근데 특조위에서 얘기한 건 "6월", 거기다 이제 보고서…(침묵). 아, 미치겠다 [기억이 헷갈려서](웃음). 보고서 기간 3개월, 그래서 "9월이 끝이다". "무슨 소리냐, 실제 예산이 나온 8월이다. 8월이 특조위가 시작한 일이다. 백번 양보해서 특조위 조직이 구성이 된 5월 달이다, 5월 달이 특조위 시작일이다".

근데 결국엔 "2015년 1월 1일이 특조위 시작일이다" 해서 조사 기간 3개월까지 해서 2016년 9월, 그렇게 못을 박아버린 거예요. 결국엔 그렇게 됐고 그때까진 박근혜가 대통령이었죠. 김기춘이나 우병우가 목을 세우고 다녔었고 특조위의 활동 기간, 그 문제 갖고 굉장히 많은 논란이 있었고 싸웠어요. 근데 말 그대로 꼴통들이 그렇게 정해놨는데 그게 가능하겠냐고. 어떻게 보면 불가능한 건지 알면서도 우리는 싸울 수밖에 없었던 거고, 도저히 이해 안 가고 납득이 안 되는 일이지만 우리는 그거를 절대로 이해할 수 없었던 거고. 딱 하나예요. 특조위를 그토록 끈질기게 방해하고, 또 특조위를 그렇게 해체[시키려고]… 우리는 "목 졸라 죽였다"고 얘기를 하거든요. 그렇게 표현을 하는데…. 예산 갖고 특조위를 그렇게 굶겨 죽이려고 하더니 결국엔 목 졸라 죽였잖아요. 저희는 그렇게 표현하는데 그 이유는 딱 하나예요. 세월호 참사 진상 규명 안 하겠다는 얘기죠. 그걸 왜 안 할까, 왜? 무엇 때문에, 무슨 이유 때문에. 그걸 밝히는 것이 진상 규명이고, 아무튼 특조위 과정은 제가 생각나는 대로 말씀을 드릴게요.

면담자     잠깐 쉬었다가 16년 가을, 국정농단부터 목포에 인양 되는 것까지는 얘기할 수 있을까요?

건우 아빠     국정농단은 촛불집회가 시작이 된 그 시점인데… 그래요.

면담자     잠시 쉬셨다가 하시죠.

건우 아빠     국정농단에 대해서는 할 말이 별로 없는데.

면담자     촛불집회나 이런 거, 그때 상황이 굉장히 많이 급변

하던 시기잖아요. 그때 기억을 소환해 주시면 돼요.

건우 아빠    소환 거부하면 어떻게 돼요?(웃음)

(잠시 중단)


<u>5</u>
## 2016년도 국정농단 사태로 인한 변화

면담자    말씀드린 것처럼 16년 가을부터 상황이 굉장히 이상하게 변했었죠. 독단적이었던 박근혜 정부가 굉장히 굳건하고 견고하게 있었는데 갑자기 최순실에 대한 보도가 나온 뒤로 매주 탄핵집회까지 하게 되고, 그 과정에서 다시 세월호가 얘기되게 되는 상황으로 바뀌었죠. 사실 국민 여론도 세월호에 많이 피로감을 느끼고 있기도 했고 가족들도 지쳐 계셨잖아요. 국민 여론의 변화나 이런 거에 상처도 많이 받으셨고 그러다가 상황이 많이 바뀌었는데, 그때 이야기가 궁금합니다. 의심스럽던 정부의 문제들이 드러나기 시작했을 때 어떤 심경이었나요.

건우 아빠    가장 중요한 핵심은 대통령의 7시간이에요. 그게 세월호 참사하고 직접적인 연관이 있는 문제인데, 왜 그렇게 생각을 하냐 하면 실제 세월호 참사가, 지네들 입으로도 말을 했지만 컨트롤 타워가 없었어요. 없었다는 게 아니고 컨트롤 타워의 역할을 안 했어요. 컨트롤 타워의 역할의 그 핵심, 가장 위에 있는 그 핵심이 누구냐면 대통령이잖아요. 근데 실제 대통령의 7시간에 대해서, 사실 대통령의 7시간이라는 그 문제가, 그 사안이 결국에 특조위를 방해하고 특조위를 해체시키게 된 시작, 도화선이 된 문제였었는데. 지금 동부지법에서 재판을 하고 있어요. 지금 계속 중인 심문 중에 있는데, 무슨 재판이냐면 당시에 특조위가 만들어진 초기였는데, 그때 직권남용으로 기소된 사람이 다섯 명이에요. 조윤선, 안종범, 이병기, 김영석, 윤학배 이렇게 다섯 명, 실무자들이었었거든요. 그리고 세금 도둑 문제 나온 거라든가, 김재원의 세금 도둑 발언이라든가. 황전원이라든가 조대관, 나중엔 이현도 마찬가지였었지만, 얘네들이 특조위를 와해시키려고 했던, 사전에 공작을 한 게 결국엔 대통령의 7시간을 조사 못 하게끔 하려고 [한 것 같아요].

≪산케이신문≫에서 기자가 발표하고 나서. 근데 지금 돌이켜 생각해 보면 대통령의 7시간 문제를 대두시킨 게 그때 당시의 민주당 쪽의 위원들도 아니고 야당도 아니고 국민도 아니고, 특히 우리 유가족들도 아니에요. 대통령의 7시간 문제를 불거지게 만든 건 정부 쪽이거든요. 그 시작점에 있는 게 ≪조선일보≫고…. 대통령의 7시간의 문제를 대두를 시켰고…. 그 이유가 뭐냐 하면 결국엔 특조위를 아무것도 못 하게끔 초반에 와해시키려고 일종의 공작을 한 거였었죠. 거기에 대해서 지금 명확하게 밝혀진 건 없지만 스토리가 그래요. 지금 다 그렇게 생각하고 있어요.

그 부분에 대해서도 마찬가지로 재조사하고 재수사를 해야 되겠지만, 어쨌든 대통령의 7시간이라는 문제가 대두되면서 특조위가 처음서부터 삐그덕거렸고. 근데 시간이 지나면서 최순실의 국정농단의 문제가 안민석 의원에 의해서 조금씩 드러나고 밝혀지면서 당연히 국민들은 멘붕에 빠질 수밖에 없는 거죠. 정유라도 마찬가지고. 그 이름이 뭐죠, 조카. 검찰의 귀요미. (면담자 : 장시호요?) 장시호. 이름은 다 생각 안 나는데 하여튼 연관되어 있던 모든 사람들, 어쨌든 최순실의 국정농단이라는 건 모든 국민들이 다 태극기부대만 빼고, 모든 국민들이 다 공감한 상황이 [된 거죠]. [그때] 무슨 생각이 들었어요? 제가 한번 여쭤보고 싶은데.

면담자　　　그때 당시에 저요? 아버님의 심정을 알겠네요. 이렇게 물어보시니까… 기억하기가 어렵네요(웃음). 저는 되게 서럽고 섭섭했어요. 국정농단으로 인해서 집회가 시작되고 규모가 커지면서 세월호에 대한 여론이 다시 관심과 반성으로 바뀌었잖아요. 근데 '여태까지는 무슨 생각했나' 싶어서 좀 서럽고 원망스러웠어요. 갑자기 리본 달고 하는 분들이 사실은 원래 계속 생각하시던 분일 수 있는데, 제가 보기에는 '굉장히 피로감을 느끼고 기억하지 않고 있다가 갑자기 관심 보이는 거 아닌가' 싶은 생각 했던 기억이 나요. 그리고 가족분들이 맨 앞에 서서 행진하는 것을 멀리서 봤을 때 '왜 또 가족분들이 맨 앞에 있어야 되지'라고 생각했었어요.

건우 아빠　　　그게 뭐였냐면 만약에 세월호 참사가 없었으면 최순실의 국정농단은 일종의 게이트 정도로 끝났을 거예요. 그런데 왜 세월호가 최순실의 국정농단에 플러스가 되면서 누적인원 1000만 명이 모이는 촛불집회로, 촛불혁명이잖아요. 그렇게 발전하게 된 계기가 뭐였냐면 어떻게 보면 간단한 거였었어요. 박근혜나 최순실, 김기춘 그쪽 걔네들조차도 미처 인식하지 못했던, 느끼지 못했던 거라고 생각을 하는데. 저희 유가족들이나 일반 국민들도 마찬가지였을 거예요. 뭐였냐면 태블릿 PC에 최순실의 문건이 많이 발견이 됐잖아요, 200여 개가. 그런 보도가 나왔을 때 우리가 생각했던 게 뭐였냐면 '저 중에 세월호 관련된 문건이 없을까?'

근데 결국엔 JTBC에서 직접적으로 밝히진 않았지만 "세월호에 관련된 문건이 있다"라고 보도를 했잖아요. 그러면서 추가로 또 밝혀진 게 박근혜가 중대본[중앙재난안전대책본부]에 오기 전에 최순실을 만났잖아요, 그렇잖아요. 그런 사실이 밝혀졌잖아요. 그러면 그게 대통령의 7시간 안에 들어가 있는 건데 그러면 대통령 박근혜가 실질적으로 세월호 참사의, 재난의 컨트롤 타워 역할을 안 한 것이, 못 한 게 아니고 안 한 게 되는 건데 안 한 이유가 최순실이 있었기 때문에 그렇지 않겠느냐 하는 그런 연결 고리가 만들어진 거죠. 그래서 최순실이 세월호 참사에서 관여를 안 했을까? 최순실이 "아, 이거 이렇게 하십시오. 나중에 중대본 가서 이렇게 하십시오" [했을 것 같고], '이런 모든 세월호 참사 연관되어 있는 상황들이 최순실 머릿속에서 나오지 않았느냐' 그런 생각을 하게 된 거죠.

그걸 유가족들뿐만이 아니고 세월호 참사를 아파하는, 진상 규명을 절실히 요구하는 많은 국민들의 가슴속에 다시 터져버린 거죠. 최순실의 국정농단이 국정농단으로만 끝났으면 최순실 게이트 그 상황에서만 그쳤을 텐데 그 많은 촛불혁명이 일어나게 된 원인이, 결국엔 "불씨가 된 게 세월호 참사였다"라는 말씀을 드리고 싶은 거예요. 다들 그렇게들 이해를 하고 계시더라고요. 우리가 미처 거기까지 생각하지 못했던 그런 내용들을 시민들이 얘기를 해주시더라고요. 어쨌든 "촛불혁명의 시작은 세월호 참사다" 그렇게 말씀을 하시더라고요. "그래서 유가족들이, 엄마, 아빠들이 촛불혁명의 맨 앞에 설 수밖에 없었던 거 아니겠느냐" 그런 얘기들 하시더라고요.

가만히 생각해 보니까 '아, 맞아', 맞더라고요. 그래서 어쨌든 최순실의 국정농단으로 시작했지만 결국에 그 흐름은 세월호 참사에 대한 진실 은폐, 조사 방해, 이런 모든 것들이 다 연결이 된 거죠. 그게 핵심의 한 부분이 된 거죠. 최순실이라는 엄청난 사건의 한 부분이 된 거죠. 그 부분 중에서도 가장 먼저 얘기하고, 가장 강하게 얘기할 수 있는 그런 원인이라 그럴까요, 그게 된 거죠. 세월호 참사의 모든 상황에 정부가 개입을 했고, 정부가 나서서 방해를 했고, 그 대표적인 인물들이 김기춘, 또 우병우 그리고 지금 순천의 그 국회의원 이름이 뭐죠?

면담자     이정현이요.

건우 아빠     이정현. 이런 [사람들이] 특조위를 그렇게 없애려고 하지 않았나, 해체시키려고 한 주요 인물들이 다 정부 권력의 핵심들이었지 않나라는 거, 그게 바로 세월호 참사라는 거, 그게 최순실하고의 연관성, 연결성을 생각을 하다 보니까 박근혜의 7시간이라는 문제가 또 다시 대두가 돼버린 거겠죠, 결국엔. 그래서 제가 알기로는 26회인가, 25회인가.

**면담자**   촛불집회요?

**건우 아빠**   예. 25회로 한 걸로 저는 알고 있는데 마지막 촛불집회에서 제가 발언을 했어요, 그거 기억나는데…. 그때 2월 달이었던 것 같은데 2017년 2월. (면담자 : 어떤 말씀을 하셨어요?) 우리가 얘기하는 거는 어떻게 보면, 물론 그때그때 상황에 따라서 조금씩 확장이 되고 그렇지만, 우리가 얘기하는 기조는 똑같아요, "구하지 않았다. 그 이유가 뭐냐", "구하지 않았다"라는 명제라 그럴까요. 그거에 대해서 "무엇을 해야 되고 어떻게 해야 되느냐" 그거에 대해서 얘기를 하는 거죠. 그리고 그때 당시에 미수습자 가족들, 미수습자에 대한 얘기, 그런 얘기를 주로 해요. 사실 어떻게 보면 지금도 마찬가지지만 "구하지 않았다"가 세월호 참사 진상 규명의 핵심이거든요. 거기에서 다 파생이 되거든요. 그런 얘기를 했었죠.

어쨌든 촛불집회를 하면서 항상 대두되는 얘기가 세월호 참사였어요. 대통령의 7시간, 그리고 김기춘, 우병우, 황교안 이런 자들 실제 하나씩 하나씩 드러나는 것들이, 이 사람들이 세월호 참사 당시부터 특조위가 해체될 때까지 정부에서 커튼 뒤의 세력으로 어떤 일들을 했는지, 어떤 역할들을 했는지 그런 것들이 하나씩 하나씩 밝혀지는 것 같고, 그게 바로 최순실과의 연결까지 같이 돼버

건우 아빠 김광배

린 거죠. 어떻게 보면 최순실 국정농단의 핵심은 세월호 참사가 아니었는데, 그렇잖아요. 세월호 참사가 본의 아니게 국정농단의 가장 중심에 서버리게 된 거였죠, 결국. 그렇게 생각을 하고 많은 사람들이 그렇게 판단을 했던 이유가 좀 전에 말씀드렸던, 그때 당시의 대통령의 7시간이라는 거… 그게 굉장히 큰 문제였어요. 그거하고 최순실하고의 연결 고리가 있었다, 그리고 태블릿 PC에서 발견된 최순실의 문건들, 그런 자료들 내에서도 세월호 참사에 관한 내용들이 있었다라는 거. 그거는 참… 우리가 '세월호 참사에 의도적인 면이 있다, 의도성이 있다'고 판단하는 이유들 중에 하나인데, '만약에 그게 어떤 시나리오에 의해서 만들어진 참사라면, 만약에… 만의 하나 그런 참사라면 그들이 원한 게 뭐였을까?' 그런 생각들도 해봐요.

좀 조심스럽고 깊은 얘기지만 권력, 권력 때문에, 그럼 그 권력을 유지하기 위해서 뭐가 필요하죠? 결국엔 그거 때문에…. 삼성 부회장 이재용이가, 지금까지 만천하에 드러난… 걔도 국정농단의 핵심이에요, 이재용이도. 근데 지금까지 대통령 따라서, 바뀐 정권의 대통령을 따라서 북한까지 갔다 올 수 있었다는 거. '그 근원은 뭘까, 원천적인 그 힘은 뭘까' 그런 걸 좀 고민해 봤을 때, '최순실이 국정농단도, 또 그때 당시 박근혜 정부의 모든 세력들이 그렇게 연관되어 있지 않겠느냐' 그런 생각도 조심스럽게 해봐요, 아직 밝혀지진 않았지만. 일단 거기까지 말씀드리고. 그게 뭔지 아시죠?

면담자        그거요?

**건우 아빠**  그거예요, 그거. 사람들이 제일 좋아하는 거. 근데 집회 얘기 좀 더 하면 많은 일들이 있었어요. 제가 그런 집회는 많이 가요. 가서 어떤 역할을 한다기보다는 그때는 제가 할 수 있었던 것들이 뭐냐 하면 가족들을 안내하고, 지킨다 그러면 좀 거창한데 아무튼 가족들이 흩어지지 않게 그렇게 하는 거…. 그때 당시에는 사무처에서 있었으니까 그런 일들이었었는데, 항상 집회가 끝나고 행진을 하게 되면 제일 먼저 세월호 가족들 내보내잖아요, 어떻게 보면 상징처럼 돼버렸는데…. 좀 커다란 반향을 일으킨 게, 우리도 마찬가지지만 청운동 동사무소 앞에까지 거기가 최마지노선이었었는데 그 이후에 거기 뚫었잖아요. 분수대 바로 앞까지 거기까지 가서 거기 앞에서 대치하는 그런 상황도 생기고. 그게 국민의 힘인 것 같아요, 국민의 힘. "되돌려 놔라"가 아니고 "너희들 잘못했잖아, 되돌려 놔" 그게 아니고, "니네들 잘못했으니까 니네들은 잘못한 거에 대한 책임을 받아", "대한민국에 대한 주권은 국민이 갖고 있다". 그런 얘기들이 그때 당시에 구호로 많이 나왔고, 또 얘기하다 보니까 굉장히 거창해지네. 굉장히 또 넓어지네.

하여튼 대한민국의 촛불혁명이라는 게 외국에서도 그렇게 평가를 하잖아요. 이게 진짜 민주적인 집회고, 이 많은 인원이 모이는데 사고가 안 나고, 물론 경찰들이 와서 대치를 하고 있었지만, 그런 것들, 2002년도에 한일 월드컵 때 시청 광장에 몇만의 인파가 모여서 보고 질서 유지하고 쓰레기 치우고 하는 것들, 그런 게 그때 당시의 퍼포먼스가 아니었었다라는 것들, 대한민국 국민들의 단합된 그 힘은 한 정부의 수장 대통령까지 탄핵시킬 수 있는 그 정도의 힘이 있다라는 거 그게 바로 민주주의라는 거, 그걸 보여준 게 촛불혁명이라고 저는 생각을 하거든요. 거창하게 얘기하면 더 거창하게 얘기할 수 있는데, 어쨌든 국민이 주인인 국민의 나라를 국민이 '이제 얘네들한테 못 맡기겠다, 다시 찾아와야겠다'라고 생각을 하고 그렇게 행동에 옮긴 거, 결국엔 대한민국의 주권은 국민에게 있다라는 거, 헌법에도 있잖아요. 그거를 실제로 증명을 한 그런 일이라고 생각을 하거든요. 굉장히 큰 거죠. 거기에 영광스럽게 세월호 유가족들이, 엄마, 아빠들이 그 전면에서 한 역할을 해줬다는 거, 그것도 굉장히 큰 거라고 생각을 하고.


## 6
## 2015, 2016년 5월 대규모 집회 경험과 4, 5월의 의미


**건우 아빠**     2016년 5월 1일 날 무슨 일이 있었는지 아시죠? (면담자 : 2016년 5월 1일이요?) 예, 2016년 5월 1일. 그때 대규모 집회가 있었어요. 5월 1일이 노동절이잖아요. 민노총[전국민주노동조합총연맹]이라든가 많은 시민들이 모여서 안국동 사거리에서 집회를 했었을 때 그때였었는데, 그때 유일하게 경찰에 연행된 사람이 저거든요.

**면담자**     그러셨어요, 왜 그걸 말씀을 안 해주셨어요.

건우 아빠  처음에는 참 법 없이도 살던 사람이었는데.

면담자  그때 얘기 해주셔야 될 것 같아요. (건우 아빠 : 그때 얘기 해줘요?) 그럼요, 해주셔야죠(웃음).

건우 아빠  공소시효 지나면…(웃음). 아, 이유가 있어요. 그때 내가 왜 연행이 됐냐면, 그때 애네들이 진짜 캡사이신 무지막지하게 쐈어요. 어느 정도냐면 물대포 안에다가 캡사이신을, 물에다 캡사이신 섞어가지고 쐈거든. 어깨에 통 메고 다니면서 총으로 쏘는 그런 거하고는 차원이 틀린 거예요. 백남기 어르신 사고 날 때 그때만 해도 애네들이 물대포를 쏘고, 거기다 캡사이신 [섞는] 정도[까]지는 아니었거든요]. (면담자 : 16년이에요?) 그때 2015년이니까.

면담자  네. 아버님이 연행되셨다는 게 16년이에요?

건우 아빠  그때 16년. 백남기 어르신이 몇 년도였죠? (면담자 : 2015년 11월이요) 2015년 11월이죠. 그때 당시만 해도 애네들 그렇게 안 했거든요. 물대포에다가 캡사이신 섞어가지고 안 쐈거든요. 근데 2016년도로 접어들면서 그때 노동절 날 집회 신고 한 걸 보니까 한두 명도 아니고 진짜 대대적인 인원이 모이고, 더군다나 민노총하고 같이 민노총의 모든 산하 조직들 다 연대해 가지고 집회를 하니까 경찰들이 그때 굉장히 대응이 심했어요. 그때 현장에 계셨던 분들은 다 아시지만 물대포에다 캡사이신 섞어가지고, 그것도 조금 섞은 것도 아냐. 섞어가지고 그걸로 물대포를 쐈거든.

근데 그때 가장 선두에 차량이 있었어요, 방송 차량. 그때 제가 그 앞에서 같이하고 있었는데 경찰들의 대응이 시작될 때 물대포 쏘고 캡사이신 쏘고 그러니까. 그때 이 차를 치워야 되는데 당시 옆에 사람들이 있었는데 운전하시는 사람이 없었어요. 나는 그때 아무 생각도 없었지. 근데 어떤 한 여자분이 "이 차를 운전하실 줄 아냐?" [하길래], "안다" [했더니] "이 차를 뒤로 빼야 되는데". 얘네들 [경찰들이] 몰려나올 거 아니에요, 밀고 나올 거 아니에요. 그럼 이 차를 빼야 되는데 운전할 사람이 없다는 거예요. 그래서 "차를 좀 빼주십시오" 그래서 "아, 알겠다"고, 차에 딱 탔는데 그 순간 경찰들이 딱 밀고 들어온 거예요. 나는 급한 마음에 잠갔지, 문을. 그때 차가 스타렉스였었는데, 스타렉스 개조해 가지고 방송차 만든 거였었는데, 잠갔죠.

그랬더니 문을 열라고 막 치는 거예요, 창문을. 안 열었어요. "어떻게 될 줄 알고 문을 여냐"고 그랬더니, 그때 아마 경찰청 정보과에 있던 놈들인데 한 놈이 조수석 쪽 문을 깬 거예요, 창문을. 창문을 깨고 문을 확 열더라고. 그래서 '야, 이거 더 버티면 안 되겠다' 싶어 가지고 문을 열었지. 운전석 쪽에 있다가 문을 딱 열었지. 그랬더니 옆에 있던, 문 밖에 있던 놈이 멱살을 딱 잡더니 끌어 내리더라고. 그래서 끌려 나왔어요. 끌려 나와서 같이 딱 붙들고 있는데, 이 문 깬 놈이, 나 이 새끼 그때 고소를 했어야 되는데…, 이 놈이 오더니 팔을 뒤로 딱 꺾어버리는 거예요. 되게 아프더라고요. 그래 가지고 몸을 막 흔들었지, 막 흔들면서 욕을 했어요, 내가 그놈한테. "너 이거 빨리 놔라. 죽여버리기 전에 빨리 이거 놔라, 이

놈아" 그랬어요. 그랬더니 처음에 옆에 있던 놈이 뭐라고 하더라고요. 그랬더니 딱 놓더라고. 어쨌든 그렇게 끌려갔는데, 끌려가서 연행되면 사람들 승합차에 태워가지고 한꺼번에 끌고 가잖아요. 근데 거기 나 혼자 있는 거야. 그래서 결국에는 은평경찰서로 끌려갔어요, 그날. 나 혼자 끌려갔어.

면담자　　　어떻게 나오셨어요?

건우 아빠　　뭐 조서 쓰고 나왔죠.

면담자　　　조서 내용이 어떤 거였어요?

건우 아빠　　조서 내용? 그대로, 얘기한 대로. "집회하고 있는데 차가 있지 않냐. 근데 있던 사람들이 '운전이 안 되는데 운전할 줄 아냐' 그래서 '안다'. '차 좀 빼야 되는데 빼주시겠냐'. '그래 내가 빼줄게' 하다가 밀고 들어오는 바람에 미처 차 못 빼고, 또 뒤에 사람들 있는데 어떻게 차를 빼냐, 사고 나지 않냐. 그래서 나 겁이 나가지고 무서워서 문 잠갔다. 그랬더니 이 새끼가 깨고 들어오더라" 그대로 진술 다 했죠, 그게 사실이었으니까. 조서만 세 번을 받았어요, 은평경찰서에서 제일 처음 한 번 받고, 고 다음에 안산에서 두 번 추가로 받고. 근데 얘네들이 물어보는 게 그거였거든. "누가 지시했냐, 누가 시켰냐" [하는데 나는] "모른다" [했죠]. 그때 당시에 집회의 주모자들, 주동자들 색출해 가지고, 그러면 당연히 저기 되죠. 어쨌든 차량은 압수가 됐고, 계속 그걸 물어보는 거야, [누가 시켰는지]. "나 모른다. 나 여자라는 거밖에 모르[모른다]"라고 했죠.

면담자　　　　방송국 차였던 거죠.

건우 아빠　　　　운송노조의 방송 차량이었었어요. 하여튼 "여자하고 남자들하고 몇 명 있었는데, 그중에 여자가 나한테 그런 얘기를 했고. 차를 빼야 되는데 자기네들은 안 돼서 못 빼니까 나한테 빼달라고 해서 내가 빼준 거밖에 없고, 빼려고 했던 거밖에 없고" 그러니까 "그 여자가 누구냐", "그 사람이 누군지 내가 어떻게 아냐. 나 세월호 유가족이다. 평생 이런 거 안 하다가 내가 우리 애들 때문에, 세월호 참사 때문에 이런 집회 지금까지 하고 있는데, 그 사람이 누군지 내가 어떻게 아느냐. 모른다. 모르는 사람이다, 처음 보는 사람이다" 그렇게 진술을 했어요. 얘네들이 심문을 하는 게 안국동 사거리까지 오게 된 경위, 어떤 경로를 통해서 왔는지, 뭘 타고 왔는지[더라구요]. "버스 타고 와서 더 이상 진입이 안 돼가지고 지하철 타고 여기까지 종로경찰서까지, 역에서 내려서 걸어온 거[다]".

　　하여튼 쓰잘데기 없는 그런 심문받고 조서 쓰고 그리고 나왔는데, 그 아예 사건조차 안 되는 걸 뭐라 그러죠? 일단 그때 정권 바뀌면서 문재인 정부 들어서면서, 그런 집회하고 관련된 내용들, 큰 것들만 빼고 나머지 이런 것들, 유가족들하고 관계된 이런 것들은 다 없앴어요. 하여튼 뭐 다 없는 걸로 그렇게 해버렸거든, 법적으로. 그래서 거기에서 벌금도 안 받고, 차 찾아가는 비용은 아마 노조에서 찾아갔을 거예요. 얘네들 함부로 못 하더라고, 그거. 찾아갔든지 아니면 그냥 버렸든지 그렇게 했을 거예요. 아, 찾아갔다 그러면 또 문제가 되겠구나. 안 찾아갔겠구나, 운송노조에서. 괜히

"우리 차인데" 찾으러 갔다가, "네가 시켰지" 이런 식으로 되면 골치 아프잖아요.

아무튼 그런 사건이었는데, 5월 1일 날 연행이 돼서 5월 2일 날 아침에 조서 다 끝나고 은평경찰서에서 택시를 타고 다시 안국동 사거리까지 왔어요. 내려가지고 보니까 건너편 쪽으로 가족들이 보도블록 위에 다 올라가 있었고 나머지 사람들은 없었어요. 가족들만 있었거든요. 가족들만 한 5, 60명 정도 있었는데, 딱 도착했을 때 상황이 뭐였냐면, 유경근 집행위원장을 비롯해서 한 10여 명의 아빠들이 목에다가 빨랫줄 걸고 와서 시위할 때, 그때였었어요. 상황을 딱 보니까 이거 좀 심상치가 않아. 그래 가지고 바로 들어갔죠. 들어가서 막 티격태격하다가 이거 풀고 거기서 계속 농성을 하면서 그렇게 됐었는데(한숨). 아무튼 2016년 5월 1일 날 그런 일이 있었고. 희한하게 2015년도 그랬고, 2016년도 그랬고. 17년, 18년은 안 그랬구나.

2015년 5월 1일 날은요, 그날은 청주에 갔었어요. 청주에서 노동절 집회를 하는데, 거기 세월호 가족 발언 요청이 있어 가지고 어떻게 뺑뺑이 돌리다가 내가 돼가지고 갔는데, 가서 거기서도 그런 발언 하고…. "세월호 참사의 진상 규명이라는 게 뭔가", "우리 가족이 요구하는 진상 규명이 어떤 건가" 그런 얘기 하고… 애원했죠. "여러분들 아니면 이거 알 수 없다, 도와달라" 그런 얘기 하고. 그때 당시에 민노총에서 활동하시던 분 한 분이 집회 중에 사망하셨었어요. 그래서 그분의 장례식을 겸해서 도로 행진까지 하셨었거든요. 그때 청주 지부라 그래야 되나요, 민노총 지부 그쪽에서 했었고. 저는 그거까지는 못 있었고, 발언하고 끝나기 전쯤에 인사 올리고 올라왔는데. 2016년도에 5월 1일 날 그런 일이 있었고, 2017년 5월 1일은… 5월 달이 참 대단한 달이네, 그때는 신항에 있었고. 우리 건우가 5월 15일 날 돌아왔잖아요. 5월 12일이 결혼기념일이거든….

　참… 4월 달도. 4월 16일 날 세월호 참사가 일어났잖아요. 4월 8일이 우리 건우 생일이고, 4월 27일이 우리 작은 녀석 ○○ 생일이고, 1991년 4월 15일 날 제가 교통사고가 나서 죽었다 살아났고. 제일 좋아야 하는 4월, 5월, 참 좋은 일도 있었지만 가장 큰 아픔이 그때 있었고. 가족들은 벚꽃 피는 4월 다 싫어해요. 벚꽃 자체를 싫어하죠. 아이들 학교에서 찍었던 반 단체 사진에, 단원고 그 안에 벚꽃나무 밑에서 찍었던 사진들, 그런 거 있고. 4월 8일 날 건우 태어나고 한 2, 3일 있다가 퇴원하면서 건우 데리고 집에 올 때 중앙로, 그러니까 중앙동에서 서울예대 쪽으로 나가는 그 길 있는데, 지금은 벚꽃나무 없어졌더라고요. 그때는 양쪽으로 벚꽃이 쫙 피어 있었거든요. 그걸 보면서 건우 데리고 오고, 그 길 따라 쭉 올라가면 서울예대 앞까지 가면 그때 처갓집이 거기 있었어요. 그런 기억들…. 쓸데없는 얘기들만 한 것 같네.

면담자　　　아닙니다. 자연스러운 이야기죠.

## 7

## 2017년 3월 인양 과정

면담자    인양 이야기로 넘어갈까요, 아니면 더 기억나시는 거나 하실 말씀 있으세요?

건우 아빠    아니요. 인양, 3월 달. (면담자 : 16년 3월이요?) 2017년. (면담자 : 아, 인양될 때요) 네. 2017년 3월 달에 인양 일정, 세월호 들어 올리는 그 일정에 맞춰서 우리 가족들이 들어갔다 그랬잖아요. 가족들이 좀 많이 갔었었는데, 그때 전부 그 센첸하오호에 다 타고 있었었어요. 결국 모니터링하고 있었는데, 야간이 되니까 좀 비도 오고 바람도 불고 파도도 좀 세지고 그랬거든요. 지금 생각해도 참 웃긴 게 세월호가 올라오다가 스톱이 됐어요. 그 상황을 물어보니 애네들이 그 상황 얘기를 해주는데 좌현 쪽 램프가 열려 있는데 그 좌현 램프가 걸린다는 거예요. 바지가 양쪽에 있고 가운데서 이렇게 올리잖아요. 좌현 램프가 이렇게 열려 있는데 그 좌현 램프가 바지에 걸린다는 거예요. 그래서 더 이상 못 올린다는 거예요. 아니, 램프가 왜 열려져 있어. 이 램프가 그냥 열리는 게 아니거든요, 이게. 사람이 인위적으로 열 수가 있는데 인위적으로 열려면 굉장히 그 과정이 힘들어요. 근데 이게 열려져 있대.

아니, 4월 16일 날 침몰한 당시에 모든 사진을 다 보면 분명히 좌현 램프가 다 닫혀져 있는데 그게 열려 있다는 거야. 그게 또 활짝 열린 건 아니고 한 이 정도 열려져 있다는 거예요. '이게 왜 열려 있지?' [했죠]. 어쨌든 그 램프 때문에 램프가 걸려서 배를 못 올린다는 거야. 그럼 어떻게 해야 되는데? 잘라야 된대. 얘네들 자르는 거 무지하게 좋아해요. 잘라야 된다는 거야, 램프를. 잘라내야지만 배를 올릴 수 있다는 거야. 그래서 결국엔 우리가 자르자고 협의를 했어요, 대신에 램프 절단물 잘 보관하는 걸로. 그거 증거물이잖아요, 다. 잘 보관하는 걸로 그렇게 약속이 다 돼 있었기 때문에, 그렇게 하고 램프를 절단하기로 했어요.

그런데 그 시간이 걸리는 거지. 그사이에 기상 상황도 그렇고, 그 현장에 며칠이고 더, 램프를 자르는 데 한두 시간 만에 자르는 것도 아니고 하루 이틀 만에 자를 수 있는 건 아니거든요. 며칠이라는 시간 동안 더 가족들이 거기 있을 상황도 아니었고. 그래서 그다음 날, 그날이 아마 제 기억으로는 3월 22일인가 23일인가 그랬던 걸로 기억이 나는데.

**면담자**       23일이요?

**건우 아빠**       예. 그다음 날 가족들이 다 빠져나왔어요. 그리고 그 절단 작업 하면서 올리는 건 전부 촬영해 가지고 가족들한테 주기로 했었거든요. 그래서 많이 보도되고, 그때 방송 뉴스 많이 들어왔으니까. 보도되고 했던 그 인양 과정의 사진들 그게 그때 그 사진이고. 아마 인양분과장은 배를 올리는 당시에 또 들어갔어요. 들어가 가지고 배를 목포까지 끌고 오는 전 과정을 인양분과장이 같이 했거든요.

| 면담자 | 혼자 계셨어요? |

건우 아빠    혼자가 아니고 그때 몇 명 들어갔을 거예요, 같이. 우리 가족협의회 배 있잖아요, 진실호. 진실호가 쫓아가고 그런 상황들이 연출이 됐었는데 그때 당시에 한창 우리 가족들이 2016년도부터 자료집을 만들었어요, 가족들 자료집. 당시까지의 그런 모든 팩트들, 그거를 타임라인에 맞춰가지고 그렇게 쭉 기록을 했고. 그리고 또 세월호 참사의 진상 규명에 대해서 우리가 자료집을 만들었어요. 자료집을 만든 이유가 뭐였냐면 그때 당시에 조금씩 조금씩 특조위가 해체가 돼가는 과정 중에 있었고, 그런 전반적인 일들이 벌어지는데 "알려야 된다"라는 목적, "많은 사람들에게 세월호 참사에 대해서 알려야 된다"라는 거, 그런 목적으로 자료집을 만들었어요. 만들어서 2016년 10월경부터 전국 10개 도시를, 제주도까지 갔다 왔는데. 다니면서 그때 진상분과장, 인양분과장, 저 이렇게 셋이서 강연을 했었어요. 세월호를 들어 올린 게 3월 28일. 28일?

면담자    25일이요?

건우 아빠    아니요. 들어 올리기 시작한 거는 그 전이었고요, 완전히 다 들어 올려서 목포로 출발을 한 게.

면담자    도착을 한 게 31일.

건우 아빠    네, 31일이고, [출발한 게] 28일이었어요, 28일 야간.

그때 사고 현장에서 출발을 했고 31일 날 목포 신항에 도착을 했고, 세월호가. 그런 과정이었는데, 그때 31일 날 가족들이 다 내려 왔어요, 목포에. 저는 그때 못 내려갔어요. 왜냐면 마지막 강연이 김포에서 있었거든요. 마지막 강연을 제가 하게 돼 있었거든요. 그래서 저는 못 내려가고, 물론 그다음 날 4월 1일 날 내려갔지만, 31일 날 못 내려갔는데 신항으로 들어오는 그 상황들은 계속 얘기를 듣고 보고 있었죠. 그때 김포에서 강연을 할 때 총 강연을 세 사람이 해요. 모든 강연회를 하면 세 명이 하는데 그때 당시에는 오현주 작가님 아시죠? 모르세요?

면담자          네.

건우 아빠          〈비공개〉 『약전』[『416 단원고 약전』]을 또 작가분들이 같이 집필하고 『약전』을 만드는 데 앞장서서 하셨던 분이거든요, 모든 걸 다 기획하고 조정하고 하셨던 분. 오현주 작가님이 먼저 우리 아이들 『약전』에 대해서 얘기를 하고, 박주민 의원님이 그때 당시에 사회적참사특별법을 만드는 데 국회선진화법에 의해서 우리가 300일 넘게 기다렸잖아요. 그 의미, "특별법은 어떻게 만들어져야 되고 어떻게 준비하고 있다"라는 거, 우리가 특별법에서 만들고자 하는 게 뭐다, 어떤 것들이 필요하고, 어떻게 준비하고 있고, 뭐 그런 특별법에 관한 전반적인 사항들을 박주민 의원님이 얘기를 해주고, 마지막으로 제가 세월호 참사 진상 규명에 대해서 쭉 강연을 하고 그런 순서였는데, 박주민 의원님이 한 30분 해야 되는데 한 10분, 15분 짧게 하고, 근데 미리 얘기를 하시더라고요. 뭐라 그랬냐면 "지금 세월호가 목포 신항에 도착했는데 나 거기 내려가 야 된다. 그러니까 이게 원래 30분 해야 되는데 한 10분, 15분만 하고, 설명만 하고 내려가겠습니다" 사전에 양해를 구하고, 하여튼 마이크 딱 놓자마자 그냥 바로 가버렸어요. KTX 타고 혼자 내려가 더라고.

면담자        아버님도 두고요?

건우 아빠        대단한 양반이에요, 하여튼(웃음). 어쨌든 그런 상황 이었고. 저도 그날 강연을 하고, 마지막 강연이었는데 그날 김포에 있는 중학교하고 고등학교하고 아이들이 많이 왔었어요. 근데 기 억에 남는 게, 물론 학교 이름은 기억에 안 남지만, 담임선생님이, 선생님이 두 분이 계셨었는데, 두 선생님이 전교조 선생님이라 그 런지 몰라도 세월호 참사에 대해서 굉장히 큰 의지를 갖고 계시더 라고요. 그러면서 아이들을 데리고 온 이유가 "이거 아이들한테 알 려줘야 된다. 세월호 참사라는 게 얘네들이 언론을 통해서 듣고 지 나가는 얘기로 듣는 게 아닌, 실제. 미안하지만 피해 당사자인 유 가족에 의해서 세월호 참사라는 게 무엇이고 진상 규명이라는 게 무엇이고, 무엇을 어떤 방향으로 해야 되는지 얘들이 정확하게 알 아야 된다"라는 그런 생각에 얘들을 데리고 오셨다는 거예요. 얼마 나 고마운지…. 굉장히 고마웠는데 덕분에 저는 좀 힘들었었죠. 왜 냐면 얘들 눈높이에 맞는 얘기를 해야 되니까. 그래서 풀어서 얘기하고 하느라고 좀 그랬었는데.

어쨌든 마지막 강연 잘 마치고 4월 1일 날 딱 내려왔더니. 아…. 보도 위에다가 보도블록 위에다가 천막을 쳐놓고 거기 딱 가려놓고 그 스티로폴 두꺼운 거 있잖아요, 그거 쫙 깔아놓고 모포 갖다 놓고, 가족들 거기서 자야 되는데, 4월 달 바람이 참 차갑더라고요. 아, 진짜… '자식 잃은 엄마, 아빠의 모습이 이런가'. 농담으로 얘기하잖아요. "노숙? 우린 그거 진짜 잘해. 노숙 전문가야" 그렇게 얘기할 정도로 진짜 많은 노숙을 하고, 청운동도 그렇고 광화문도 그렇고 많은 노숙을 하면서 이렇게 했지만, 진짜 서럽더라고요, 그때. 비닐을 씌워놓고, 청운동에서도 그랬지만… 그 모습을 딱 보니까, 진짜… 눈물이 다 나더라고. '우리가 이렇게 하는 이유가 분명 우리 아이들을 위한 건데 너무 가혹하다'는 생각이 많이 들었거든요.

그때 인양분과장도 그렇고 당시에 사무처 장동원 팀장이 같이 내려와서 상주하고 있었는데, 그때 목포실천회의 시민연대 이쪽하고 해수부, 그다음에 목포시 이쪽하고 계속 요구를 했어요. 목포시청에다 얘기를 해서, 그때 당시에 양현주 집행위원장님 계셨는데 삼호중공업에 계셨다가, 퇴직이 아니고 잘린 거죠. 잘렸다가, 진짜 투쟁 열심히 하시는 분이거든요, 이번에 다시 [복직]됐어요. 그래서 내년부터라 그랬나? 다시 출근한다고 굉장히 좋아하더라고. 하여튼 지금까지 목포 신항을 지켜오시는 분들이거든요, 지금도 있지만 그 양반. 목포시청에서 굉장히 노력을 많이 해줬어요. 좀 지나고 나서 비로소 하나씩 하나씩 가족들이 숙식할 수 있는 컨테이너 들어오고, 화장실도 만들어지고, 전기도 새로 끌어오고, 이런 준비가 하나씩 하나씩 된 거죠. 4월, 그때가 제 기억으로는 목포에 들어오고 한 일주일 정도 지나면서 그렇게 하나씩 하나씩 만들어진 걸로 기억이 되는데.

**면담자**  목포시가 많이 도와준 거네요.

**건우 아빠**  목포시에서 지원이 많이 나왔죠. 요구를 한 거는 우리가 했지만, 또 전라도에서도 좀 지원이 많이 나왔어요. 그때 당시에 지금 이낙연 총리께서 전라도지사였잖아요. 신경 많이 써주셨어요. 가끔씩 토요일 날, 아니면 평일이면 오후 늦게 느닷없이 오세요, 사모님하고 같이 그냥 평상복 차림으로. 그런 모습들을 많이 봤고, 도움 많이 주셨죠. 지금도 물론, 뭐 세월호 쪽에만 치중할 수는 없으니까, 여러 가지 일을 하시니까, 근데 세월호에 관해서는 많은 것들 신경 써주시고 계시고…. 그렇게 하나씩 하나씩 목포의 가족들 숙소라든가 이런 것들이 준비가 되고 또 많은 분들이 도와주시고. 4·16연대 같은 경우도 엠타운이라는 데 방 하나 지금까지도 잡아놓고 있는데. 엠타운[에 숙소] 하나 잡아가지고 거기서 로테이션 계속 내려오면서 같이 상황 공유하고 그랬고. 그때 제가 4월 1일 날 내려가서 4월 2일, 4월 3일 그렇게 될 거예요, 날짜가. 집에 가면 다이어리 써놓은 게 있는데…….

그때 뭔 일이 있었냐면 그때 당시에는 세월호가 부두로 못 올라오고 네덜란드 화이트마린에 실려져 있는 상태였어요. 근데 육지로 올라오다 보니까 그 안에 있던, 미처 빠지지 못했던 바닷물이라든가 뻘, 특히 뻘들이 많이 빠졌어요. 그거를 코리아샐비지에서 뻘 수습을 했었거든요. 근데 당시에 신항 부두에 들어가는 건 문제가 아닌데 화이트마린에 타려면, 원래 이 선박이라는 건 국적을 갖고 있잖아요. 남의 나라 들어가는 거거든, 그렇잖아요. 그래서 함부로 아무나 탈 수가 없는 거죠. 그래서 우리가 해수부 쪽하고 요청을 해서 "우리 유가족이라고 그러지 말고 코리아샐비지 직원으로 해서 뻘 수거하는 작업 인원으로 넣어라. 넣어달라" 그래서 세 명을 넣었어요. 그때 성호 아빠하고, 5반의 준영이 아빠 그리고 저하고 이렇게 세 명이 선발이 됐다 그래야 되나.

선발이 돼가지고 화이트마린에 들어갔었죠. 들어가서 실제 리프트 빔 위에 올려져 있는 세월호를 그때 처음 직접 그 모습을 봤고. 그리고 밑에, 밑으로 다니면서… 제일 궁금했잖아요, 좌현으로 이렇게 눕혀져 있었는데 좌현 쪽에 혹시 어떤 손상이 있나 없나. 어떤 충돌의 흔적, 흔히 얘기하는 그 잠수함이 충돌을 했는지 어쨌는지, 그 충돌의 흔적이 있나 없나 그거 보려고…. 원래 들어가면 맘대로 다니면 안 되거든요. 몇 번 뭐라 그랬었어요, "가족들 맘대로 이렇게 개별활동 하면 안 된다"[고]. 나중에 화이트마린의 선장이 한 번 "일반인들은 못 들어온다"라고…. 눈치를 챘겠죠. 그렇게 했는데 제가 듣기로는 "아, 사실은 유가족들이다" 그랬더니 조금 저기 했다 그러더라고요.

어쨌든 3일을 들어갔었어요. 아침에 들어가서 나올 때 나오고, 점심 때 나왔다 다시 오후에 또 들어가고, 이런 식으로 해서 3일을 들어갔었는데, 그때 들어가면서 떨어진 뻘 위에서… 첫 번째 수습된 유골 발견했었고, 그리고 또 그때 당시에 분홍색 조그만 캐리어라 그러죠. 조그만 캐리어였었는데 그게 이렇게 떨어졌어요, 바닥에. 바닥에서 뻘 정리하다가, 뻘이 한 이 정도 쌓였었으니까, 떨어지면서.

면담자    종아리까지, 무릎까지요?

건우 아빠    네, 무릎 있는 데까지 쌓였었어요. 그거 다 정리를 하면 하나하나씩 다 톤백[대형마대자루]에 담아가지고 빼면서 발견이 된 거예요. 당시에 발견된 게 몇 개, 아, 그때 휴대폰도 나왔고, 그때 분홍색 조그만 캐리어였었는데 느낌이 '아, 이거 우리 아이들 거 같다' 그런 느낌이 딱 들더라고요. 근데 함부로 가족들은 손을 못 대요, 거기서 나오는 모든 유류품들에 대해서. 왜냐면 가족이 손을 댔을 땐 증거로서의 가치가 상실되거든.

그때 당시에는 선조위가 만들어졌었고, 아직 채용을 하고 있는 단계였지만 직원 채용 단계였었지만, 선조위가 만들어졌었고 선조위의 위원들이 저기[위촉] 됐었고. 그러면서 그 사람들하고 또 해수부, 제 기억으로는 해수부 파견 나와 있는 직원들 그리고 해경도 있었구나, 해경에서 파견 나온 애들도 있었고. 작업은 코리아샐비지에서 하고 있었고, 그런 수습 과정을 했고, 사람들이 모여 있는 상황에서 저는 사진을 다 찍었거든요. 사진 찍고 공개적으로 촬영을 하면서 가방을 오픈을 해요. 밀폐된 가방을 오픈을 할 때는, 예를 들어서 자크[지퍼]가 채워져 있거나 이런 가방을 오픈을 할 때는 삼자가 다 모여요. 가족, 해수부, 선조위 이렇게 다 모여서 거기서 촬영을 하면서 오픈을 하거든요. 오픈을 해서 안에 확인하는데 분명히 가방은 닫혀져 있었는데 가방을 여니까 뻘밖에 없더라고. 그리고 어떤 박스가 나왔는데 박스 안에는(헛웃음) 2년 넘게 담겨져 있던 김치(헛웃음), 김치 한 봉지 담겨져 있었고, 깨끗하더라고. 봉지 겉에 뻘만 묻었지 깨끗하더라고, 밀폐시켜 놨었으니까. 그런 것들[이 있었죠].

면담자　　　다른 물건은 없고요?

건우 아빠　　많은 것들이 나왔었어요, 그때.

면담자　　　그 가방을 열었을 때요?

건우 아빠　　네. 다른 물건은 없었어요. 그때 제가 세월호 앞에 가서 가장 처음 봤던 유류품이었는데 그 가방이, 그 안에 아무것도 없었어요. 주위를 계속 다니면서 촬영을 했어요. 우리는 물론 유류품도 중요하지만 유류품보다 더 중요했던 게 세월호 현재 흔적이었거든요, 그때 당시의. 물론 세월호가 해저에 있을 때, 침몰해 있을 때 제가 아까도 말씀드렸지만 해수부에서, 상하이샐비지에서 어떤 짓을 했는지 몰라요. '증거 인멸을 했다'는 생각만, 그 느낌만 갖고 있는 거고 실제 어떤 짓을 했는지 몰라요. 그래서 세월호가 실제 수색하고 또 조사하기 전에 그때 당시의 영상들을 남겨놔야 된다 그래 가지고 진짜 촬영 많이 했어요. 돌아다니면서, 삥삥 돌면서 촬영하고 그 밑에 들어가서 좌현 쪽 다 촬영하고 그랬던 기억이 있고.

그리고 나서 제가 처음에는 4월 1일 날 내려가서 한 일주일 있었어요. 일주일 있다가 올라오고 또 다른 일도 있고, 위의 쪽 일도 있고 [해서] 올라왔다 내려가고 올라왔다 내려가고 이런 식으로 계속했었는데, 처음에는 가족들이 반별로 돌아가면서 한 3박 4일, 4박 5일 이렇게 돌아가면서 내려왔었거든요. 처음에는 많은 분들이 내려오시다가 좀 시간이 지나니까 마찬가지더라고. 동거차도와 마찬가지로 인원이 줄어들더니 나중에는 안 내려오시더라고.

그때부터 어쨌든 세월호가 신항에 들어온 그날부터, 지금 현재도 그렇지만 10월 달에, 10월 말이면 다 끝나요. 10월 25일 날 마지막 수색이, 미수습자 수색이 다 끝나거든요. 인양분과장은 1년이 넘는 그 시간 동안 목포에서 살았다고 봐야죠. 많은 가족들이 동거차도에 들어갔던 것처럼 목포에 가서 많은 것들을 확인하고 했었어요. 특히 처음에 유류품들에 대해서는 가족들이 거의 뭐…. 물론 해수부 직원들도 나오고 선조위 조사관들도 나오고 하지만. 유류품 세척장이라는 데가 있어요. 거기서 뻘에 묻은 유류품들 하나씩 다 닦아내고 어떤 것들인지, 또 신원이 확인되는 물건도 있고 안 되는 것들도 있고, 그런 것들을 하나서부터 열까지 다 기록을 했거든요.

286
·
건우 아빠 김광배

그때는 항상 엄마들이 거기를 지키고 있었어요. 그리고 안에, 세월호의 수습하는 그 과정들 이런 것들은 항상 인양분과장이나, 진상분과장은 그때 특조위 일 때문에 많이 못 내려오셨고, 주로 인양분과장이 총괄적인 책임과 지휘를 했고, 가족들. 그리고 선조위나 해수부 쪽의 대외적인 문제들도 인양분과장이 다 처리를 했고, 대협분과장… 또 엄마의 몸으로 오랜 시간 목포 지키고 있었고, 그런 많은 분들이 계셨었어요.

참… 가슴 아픈 게 공감을 한다는 거, 같은 마음이라는 게 어떻게 보면 당연한 건데 그런 거를 가지고, 사람으로서 당연한 건데 그런 걸 가지고 감동을 받고 또 고마움을 느끼고 한다는 게 어떻게 보면 참 '이게 뭔가'라는 생각이 들고. 무슨 말씀이냐 하면 그때 유류품들 세척하시던 분들이 아주머니들이 오셨는데, 그 양반들도 참 많이 울었어요, 그거 세척하면서. 눈물 줄줄 흘리면서 "이거 애들 물건이다" 그러면 애들 물건 진짜 조심스럽게 다루면서 다 닦고, 손으로 직접 뻘 제거하고, 또 딱딱한 거 박혀 있는 것들은 솔 있잖아요, 구둣솔. 물로 해서 살살 문지르면서 하고, 그걸 하면서 울고, 엄마들도 당연히 눈물이 나죠, 울고.

제일 슬펐던 게, 저도 그런 느낌을 받았었지만 어떤 가방이 올라오든… 유류품이 올라왔어요. 근데 딱 보니까 알더라고, 희한하게. '아, 이거 우리 애들 교복이다, 우리 애들 물건이다' 그러면 100프로예요, 우리 애들 거야. 하다못해 여자애들이 가지고 다녔던 파우치 안의 화장품들, 파우치, 조그만 손가방, 신발 뭐 이런 것들도

'어, 이거 우리 애들 거다' 그러면 100프로 우리 애들 거야. 애들 물건을 만지고 하면서 그런 감정들이 막 북받치고…. 더 힘들었던 건 가방을 열었는데, 백을 열었는데 그 안에 아이들 물건이 딱 나오고, 지갑이 나와요. 지갑을 하나씩 하나씩 넘기다 보니까 애들 학생증이 나와요. 옷이 있어요. 교복이 있어요. 교복을 이렇게 하나씩 하나씩 펴면서 확인을…. 많이 삭은 것도 있고 깨끗한 것도 있고…. 잘 닫혀져 있던 거는 깨끗한데 열려져 있던 것들은 많이 삭았어요. 그런데 그런 걸 보면서, 거기 아이들 이름표가, 명찰이 붙어 있는 걸 봤을 때 그때는 진짜 어떻게 뭐 말로 표현을 못 하죠, 그런 감정을. 유류품 수습을 했던 엄마들이 굉장히 많은 트라우마를 겪었어요.

우리 건우 엄마도 목포에서 근무하면서 일주일씩 내려와서 근무하고 교대하고 또 내려와서 일주일 근무하고 교대하고 그런 식으로 했었으니까. 유류품 수습을 전담을 했었는데 거의, 우리 건우 가방을 찾았을 때도 엄마니까 딱 알지. '아, 이거 우리 건우 거다'. 근데 확인을 못 하겠더래요, 혹시 아닐까 하는 두려움 때문에. 하루 종일 고민하다 그다음 날 '확인해야겠다' 그래서 열어보니까 낯익은 물건들이 이렇게 나오더래요, 하나씩 하나씩. '아, 우리 건우게 맞구나' 그러다 보니까 그 안에 교복이 있었는데, 교복을 딱 펼치는 순간 우리 건우 이름표가 있었고, 학생증이 있었고. 그래서 알았는데, 그런 마음을 시를 하나 썼더라고. 제가 나중에 한번 보여드릴게요.

건우 아빠 김광배

물론 우리 아이들의 물건이 나왔을 때, 그때가 목포에서 생활하면서 유류품 수습하는 모든 과정이 다, 제일 힘들었던 게 그거죠. 마찬가지로 미수습자들의 유해가 나와서 그걸 또 확인하고 수습하면서 물론 힘들었고. 당사자 가족들은 더 했겠지만… 힘들었고……(한숨). 그러니까 그런 게, 그런 마음이 사람으로선 당연한 거라고 그렇게 생각을 하고 그렇게 알고 있는데, 그렇게 해주는 것들이 그런 마음들이 고마운가[고마울 일인가], 당연히 고맙지만….

**면담자**　　그런 마음을 갖는 게 당연한 건데요.

**건우 아빠**　　네. 당연한 건데 왜 그런 마음을 가져야 되지? 참, 뭐라 그럴까……. 2017년 3월 31일 날 들어와서 4월 달부터, 2018년 5월 10일 날 세월호가 직립이 되고, 그 전에 많은 일들이 있었지만…. 2018년 8월 4일부로 선체조사위의 모든 게 끝나고 조사결과보고서라는 것도 나왔고 지금 백서 만들고 있는데, 아직 세월호는 목포에 있고, 세월호는 이번 2기 특조위에서 다시 정밀조사를 할 부분들이고, 그 증거로 아직 유효하고 아직 세월호가 어디에 보존이 될지 그거에 대해선 결론이 나온 게 없고…. 또 많은 일들이 남았어요. 세월호 참사라는 그 일이 언제쯤 종지부를 찍게 될지는, 마침표를 찍게 될지는 모르겠지만 그때까지 해야 할 일이 굉장히 많고…. 마침표를 찍고 나서도 해야 할 일은 더 많아질 것이고…. 단, 그 마침표는 우리 엄마, 아빠들이 살아 있는 동안 마침표를 찍을 수 있길 바라는 거고 그래요. 아직도 세월호 참사는 현재 진행형이에요. 4년이 지나고 5년째지만 아직도 현재 진행형이에요. 참… 시작만 해요, 어떻게 세월호는. 결과는 없고….

그래서 어떻게 보면 만족하지 못하지만 선체조사위원회에서 만들어낸 결과보고서라는 게 어떻게 보면 공식적인 세월호 침몰 원인에 관한 조사 결과인데, 이게 맞고 안 맞고, 사실이고 아니고를 떠나서 진상 규명, 또는 선체 침몰의 원인 이런 거에 대해서 방향을 잡을 수 있는 그런…, 지침은 아니고 방향을 잡을 수 있는 원인물이 됐다는 거 그거 하나는 좀 평가를 해야 될 것 같아요. 그래서 그렇게 결과보고서를 원했던 거고. 관여 안 했으면 그조차도 안 나왔을 거야. 근데 필요한 거니까, 앞으로 또 밝혀야 될 것도 많고.

목포에 있으면서요, 다른 분들은 어땠는가, 아마 비슷했겠지, 다, 제일 힘들었던 게 뭐냐면 외로움이에요, 외로움. 희한하죠? 목포는 보통 두세 명 정도 같이 내려가요. 내려가면 항상 인양분과장이 있고, 선조위의 직원들이 있고, 또 선조위 직원들 중에서 진짜 가족과 같은 마음을 갖고 하는 사람들도 있고. 그 사람들은 항상 보고 또 같은 마음으로 영상 기록을 남기기 위해서 참여를 해줬던 4·16연대 미디어팀, 감독들, 많은 분들이 그 고생을 했고. 오랜 시간 동안 그 사람들도 있고 그런데, 하루 업무 끝나고 씻고 들어와 있으면 TV에서 뭐라고 자꾸 막 떠드는데, '진짜 공허하다'는 생각이 드는 거예요. '외롭다, 그립다'는 생각 많이 들고, '우리 아이들 보고 싶다'는 생각 더 많이 들고, 아이들의 물건들이 목포에, 세월호 안에 있기 때문에 그때 당시에, 그랬었기 때문에 더 그랬는지

건우 아빠 김광배

모르겠지만 그런 마음이 참 굉장히 많았었거든요.

건우 녀석이 돌아온 것도 늦게 돌아왔지만, 건우 물건도 늦게 나왔어요. 참 많이 늦게 나왔는데, 한편으로는 그런 생각도 했었어요, '못 찾을 수도 있다, 유실됐을 수도 있다'. 왜냐하면 세월호를 물 위로, 수면 위로 올려서 화이트마린, 반 잠수식 선박에 싣기까지 약 한 3킬로 정도를 이동을 했거든요. 근데 동거차도 어민들의 얘기를 들어보면 "아니, 왜 그리로 가느냐, 거기가 물살이 제일 센 덴데⋯ 제일 깊고⋯ 이 근처 해협에서. 희한하네, 왜 거기로 갔지, 왜 멀리 갔지?" 그런 얘기를 또 해요. 그럼 또 의심하는 거지. '왜 그랬을까, 왜 저기까지 갔을까?'. "왜 저기까지 갔어요? 어민들 얘기로는 거기가 물살이 제일 빠르고, 유속이 제일 빠르고 제일 깊은 곳이라고 그러는데 왜 거기로 갔어요?" 그럼 이 사람들의 이유가 뭔지 아세요? "가까운 데로 가면 어민들 양식장에 피해를 입힐까 봐". 아니, 이미 피해 다 줘놓고 어차피 그 양식장 지금 사용 못 하고 있는데, 거기서 아무것도 못 하고 있는데 뭔 피해를 더 줄까 봐 그리로 가.

좌현 쪽에 갈라진 틈들이 굉장히 많아요. 끌고 가면서, 물에 잠긴 상태로 끌고 가다 보면 어딘가로, 물에 잠겨 있는 쪽은 물이 들어올 거 아닙니까? 그러면 어딘가에 들어오면 어떻게 되겠어요? 어딘가가 빠져나갈 거 아니에요. 물만 빠져나가면 다행인데, 배 안에 있던 어떤 것들이 같이 휩쓸려서 빠져나간다면, 유실이라고 얘기하죠. '그런 상황이 없었다'라고 얼마나 확신할 수 있어. 그 2킬로 이상, 3킬로가 되는 그 거리를, 왜 세월호가 침몰해 있던 그 지역은 펜스까지 쳐가면서.

그게 2015년 8월에 계약이 돼가지고 8월부터 상하이샐비지가 들어와서 작업을 하는데 우리가 요구를 했었거든요 그때, "유실방지 작업을 해라" 그래 가지고 리프팅 빔을 넣기 위해서 유실방지 펜스를 쳤어요, 세월호 주변에. 그게 보도가 많이 됐죠, 높이 3미터짜리. 근데 배가 조그만 나룻배도 아니고, 그 큰 배가 10미터를 딱 들어버려. 선수를 10미터를 들거든요, 그래야지 리프팅 빔을 넣을 수 있으니까. 10미터를 딱 들면 3미터 높이 펜스가 있어. 그럼 들면서 쏟아지는 배 안에 있던 물건들, 다 어디로 가겠어요? 펜스 안쪽으로 떨어지면 다행이지만 유속이 빠른 곳인데, 거기가 이게 휙 날려가지고 딴 데로 다 흩어져 버렸지. 그건 고사하고, 화이트마린에 실으려고 그 긴 거리를 이동하면서 거기서 빠져나갔을 유실물들은 어떻게 수습할 거야? 만약에 지금 아직 찾지 못한 다섯 명의 유해가 그 과정에서 유실됐다 그러면 어떻게 찾을 거야? 그런 것들에 대해서 요구를 해야 되는데, 왜 안 하는지 모르겠고… 그러네요.

면담자 　 말씀을 하시다 보니 오늘도 긴 시간이 흘러버렸네요. 너무 장시간 말을 하시면, 피로도도 그렇고 기억도 그렇고, 너무 힘드실 듯합니다. 1회차 정도 더 하셔야 할 듯하여 오늘은 여기서 마무리하도록 하겠습니다. 긴 시간 상세히 증언해 주신 점 감사드립니다. 다음 회차 때 다시 뵙겠습니다.

건우 아빠 김광배

# 6회차

2018년 10월 12일

# 1
## 시작 인사말

면담자     본 구술증언은 4·16 사건에 대한 참여자들의 경험과 기억을 기록으로 남김으로써 이후 진상 규명 및 역사 기술에 기여하고자 합니다. 지금부터 김광배 씨의 증언을 시작하겠습니다. 오늘은 2018년 10월 12일이며, 장소는 안산시 단원구 4·16기억저장소입니다. 면담자는 이예성이며, 촬영자는 강재성입니다.


# 2
## 참사 이후 현실에 대한 회의감

면담자     저희 또 일주일 만에 뵙습니다.

건우 아빠     에, 반갑습니다.

면담자     네(웃음). 아버님 그간에 심경의 변화가 있으셨다고 한 거는 어떤 건가요? (건우 아빠 : 그거는…) 지금 말씀해 주실 수 있으세요?

건우 아빠     지금? (면담자 : 네) 에, 그래요. '가족들에 대한 회의감'이라 그럴까, 그런 거, 첫 번째가 그거고. 두 번째가 '진상 규명에 대한 확실성 그런 믿음이, 반드시 진상 규명이 될 거라고 하는 그 믿음이 조금씩 조금씩 사라져간다' 그럴까? 그런 마음이 들고.

그게 최근에 들어서, '아, 잊혀지고 있구나, 세월호가. 사람들의 기억 속에서 잊혀져 가고 있구나' 그런 느낌이 드는 거예요. 페이스북 하시죠?

**면담자**　　　저, 안 해요.

**건우 아빠**　　　안 해요? 페이스북에 장훈 분과장이, 준형이 아빠 장훈 분과장이 올린 글이 있고 또 오현주 작가님이 올리신 글이 있는데. 애들이 많아요, 다른 쪽보다 그 친구는. 근데 아이 하나가 학교에서 수학여행을 간다고 해서 그 안내문이라는 게 왔는데, 그 안내문 내용이 참 기가 막혀요. 대충 어떤 내용이냐 하면 "아이들의 휴대폰을 낮 시간에는 지급하고 야간 시간에는 뺏겠다".

**면담자**　　　수학여행에서요?

**건우 아빠**　　　예, 수학여행에서. 그러니까 무슨 내용이냐 하면 이러이러한 아이들에 대한 안전을 명분으로 해가지고 그런 말도 안 되는 얘기들을 한 건데. "휴대폰을 저녁 시간엔 뺏고, 또 소란을 피운다든가 뭐 그런 문제들에 대해서 부모의 확인을 받아 오라"는 그런 안내문이 하나 온 걸 공개를 했어요. 그래서 지금 학교 측에, 또 교육청 측에 강력하게 항의를 한 내용이 있어요. 필요하시면 제가 그거 하나 보내드릴게요.

근데 그걸 보면서 '아, 결국에는 세월호 참사, 우리 아이들이 구조되지 못했던 거, 또 학교나 교육청에서 했던 그 이후의 일련들의 대응들, 정부를 비롯해서 그런 것들에 대해서 조금씩 조금씩 잊고 있구나' 그런 생각이 딱 들더라고요. 그러니까 울화가 확 치미는 거예요. 진짜 말 그대로 우리가 항상 하는 얘기대로 '세월호 참사, 4년이 지나고 5년째가 다가오는 이 시점까지도, 아직까지도 그 참사에 대한 무엇 하나 제대로 밝혀진 것이 없는데, 증명된 것이 없는데 벌써 잊혀져 가는 건가' 하는 그런 생각이 드니까 진짜 화가 나더라고.

장훈 분과장이 학교 측과 경기도교육청 측에 굉장히 강력하게 항의를 했다고. 아이들의 안전을…. 그러니까 그런 거예요. "아이들의 안전에 대해서 학교와 교육청에서는 이렇게 이렇게 이렇게 하겠습니다"라는 거를 안내를 해줘야지. 웃기잖아요, 말 그대로. 그런 걸 보면서 많이 화가 났어요, 화가 많이 났었고. 아마 장훈 분과장 그 교수님하고 구술증언 할 때 그 얘기를 할 건데, 결국에는 그냥 말 그대로 '싸우는 사람들만 싸울 것인가, 그럼 그게 끝까지 갈 수 있을 것인가' 하는 그런 어떤 회의감도 들고. '세월호 참사의 진실이라는 게 과연 밝혀질 수 있을까', 그거는 지금 벌어지고 있는 국정감사를 보면서 그런 생각도 들고. 그런 참 여러 가지 면에서 굉장히 실망스러운 한 주였었거든요. 그걸 보면서 회의감과 절망, 그런 느낌 들더라고요.

**면담자**　　정말 힘 빠지는 이야기 같아요.

**건우 아빠**　　그러면서 내가 그래도 마음속에 어느 정도 갖고 있던 외의 것들, 그러니까 '내가 하고 싶은 것, 내가 하려고 하는 것,

꼭 해야 되는 것, 그 외의 것들을 하나씩 하나씩 내려놓아야겠다'라는 생각이 들더라고요. 그래서 그거를 좀 준비를 하고 있고, 시작했고. 근데 그중에 하나가 가족들, 다른 유가족들에 대한 그런 마음, 지금까지 갖고 있었던 그런 마음부터 시작하지 않을까. 어떻게보면 참 어렵고 또 힘든 건데, 그러니까 더욱더 아픈 건데 나름 좀 '필요할 것 같다'라는 그런 생각이 들더라고요. 그것 때문에 힘들었어요, 한 주 동안. '책임져야 돼', 그런 겁니다.

심경의 변화가 있었다는 게 그런 것들이고, 전부터 느꼈지만 대한민국 국회는 절대로 믿어서는 안 되는 조직이고, 국회의원들은…. 물론 안 그런 분들도 계세요. 대표적으로 박주민 의원 같으신 분들. 박주민 의원이 "최고위원이 된 이유가 뭐야?" 물어봤더니 "되는 게 하나도 없잖아요. 할 수 있는 게 하나도 없잖아요. 그래서 그 일을 하려고 최고위원이 됐다"는 얘기를 하더라고요. 지난 추석 때 광화문에서 만나서 잠깐 그 얘기를 물어봤는데 그렇게 답변하더라고. 그게 가슴속에 막 꽂히는 거야, 무슨 마음인지를 알고 있으니까, 무슨 생각인지를 알고 있고. 그런 분들, 말 그대로 의지를 갖고 계시는 분들 빼고 많은 실망을 했어요.

국정감사에서 사회적참사특별조사위원회가 정무위 소관이거든요. 왜냐면 총리실 산하라고 얘기하면 좀 그렇지만, 독립적인 기구지만, 총리실 총무 파트에 있는 조직이다 보니까 정무위 소관인데, 정무위의 다른 위원들은 모르겠고, 위원장이 더불어 민주당 민병두 의원이세요. 그분이 삼선인가 그러실 거예요. 재선, 삼선 정도 되실 거예요, 아마. 그리고 그 위원장 외에 위원 아홉 명 중에 일곱 명이 초선의원이에요, 정무위가. 그러니까 엉뚱한 얘기들이 나오고. 정의당도 그렇고, 정의당 모 위원. 정의당은 한 분밖에 안 계시니까, 추모 위원 그분도 그렇고 좀 실망을 했어요, 이번에 국정감사 하는 거 보면서. 손혜원 의원도 '그런 분이 아니었다'라고 생각을 했는데 '저게 국회의원의 본모습인가' 그런 생각이 들더라고요. 물론 옳고 그름을 따지고, 합리적이고 비합리적이고, 법적이고 불법적이고 이런 것들 모두 따지고 확인을 하고 그래서 그거에 대한 어떤 조치를 한다든가 그게 필요한 건 맞는데 좀 상식에서 벗어난 내용들을 갖고 국정감사를 하더라고.

뭐냐 하면 질문자의 의도가 제3자가 보기엔 그렇게 비춰지는 거예요. 어떤 거냐 하면 선동렬 감독한테 "얘가 타율이 좋은데, 왜 얘를 뽑았어. 여기 뭐 있는 거 아냐?" 이런 질문을 하게 되니까, 그런 식으로 질문을 하니까 다른 사람이 보는 시각에서는 그렇게 생각이 들 거 아니에요. 모르는 사람들이 본다면 '저거 뭔가 물밑거래가 있었나본데. 뭐, 특혜?' 이런 생각들을 할 수 있잖아요. 근데 그게 아니거든. 선동렬 감독이 얘기하잖아요, "얘가 물론 타율이 좋지만, 얘가 더 잘해. 요즘 컨디션이 더 좋고". 그건 감독이 판단할 몫이잖아요. 감독이 판단할 때 얘가 얘보다 지금 현 상황에서는, 현 대회, 현 시합에서는, 경기에서는 얘가 훨씬 더 나아. 그럼 얘를 뽑아야 되는 거지, 당연히 그렇잖아요. 근데 그런 걸 무시하고 숫자상으로 나타난 그 타율만 갖고. 아니, 이대호는 삼진 안 당하나?

이대호도 삼진 당해요. 지명타자로 나와가지고 한 방 큰 거 터뜨리고 스타 되는 사람들 있잖아요, 그런 사람들도 있고. 어떻게 눈에 보이는 것만 갖고 판단하냐 이거지. 과학적으로 설명할 수 없는 그런 감독들의 어떤, 그 뭐라고 표현하지? 뭔가 이렇게 확 와닿는 거, 그런 느낌….

하여튼 과학적으로 증명이 안 되는 자연현상들도 많고 그렇잖아요. 그리고 책에 있는 지식보다 산지식들… 현장, 현장에서 얻을 수 있는 그런 경험들, 이런 경험도 굉장히 큰 거거든. 예를 들어서 우리 같은 경우도 나는 전기를 했으니까… 나는 전기기사자격증이 없어요. 근데 전기기사자격증 가지고 있는 사람들보다, 물론 경험과 지식을 겸비한 사람들하고 게임이 안 되지만, 자격증 딴 사람들하고 나하고 어떤 현장의 대응 능력이라든가 엔지니어로서의 기술력이라든가 실제 전기에 대한 그런 지식, 이런 거 얘기하면 나 안 져, 내가 더 나아. 그러니까 우리나라 사회가 문벌주의라 그러나, 그런 게 있잖아요. 대학만 나오면 다… 학벌주의, 뭐 이런 것들, 그런 모습들이….

지금 21세기를 살면서 그런 비합리적인 모습들이 국회의원의 머릿속에서 입 밖으로 그런 것들이 나온다는 게, 그것도 소위 말해서 자타가 얘기를 하지만 국민, 촛불의 힘으로 정권을 잡은, 국민의 촛불의 마음을, 촛불의 약속을 지키겠다고 얘기했던 그 사람들의 입에서, 머릿속에서 그런 것들이 나온다는 게 그래서 생각이 든게. 지금 이 '사회적참사특별조사위원회', 우리는 '사참특위'라고 불

300

건우 아빠 김광배

러요, 줄여서. '이 사참위에서 진상 규명할 수 있을까, 진짜?' 그런 어떤 회의감이 생기는 거예요. 그런 것 때문에 좀 힘들었습니다, 한 주 동안. 시작한 건 한 3주쯤 됐고 9월 말경부터 해가지고 국회 의원들 만나러 다니면서 이번에 사실 사참위가 뭐 한 게 있어야지. 아직 조직 구성도 다 안 끝났는데 19일 날 발표하거든요. 채용 합격자들 발표를 하는데 아직 아무것도 안 됐는데 무슨 국정감사를 하겠다는 건지, 그 의도 자체가 [이해가 안 돼요]. 〈비공개〉. 지금 큰 이슈가 안 생긴 거 보니까 벵갈고양이 한 마리 들고 나와서 그걸로 다 국정감사를 땜빵을 하더라고. 나 참 기가 막혀(한숨). 아무튼 그런 것들을 보면서 미래에 대한 걱정이 생기더라고요. 그래서 좀 힘든 한 주를 보냈습니다. 그래서 이것도 어젯밤에 봤습니다(웃음).

면담자　　아버님이 이미 말씀해 주셨던 것들을 제가 메모해 놨던 거라서 아마 기억이 나시지 않을까 싶은데, 너무 부담 갖지 마시고 직접 보신 것들 위주로 말씀해 주세요.

건우 아빠　　예, 봤어요. 어제 한번 쭉 내용을 보고 내가 이거를 이렇게 정리했다는 거는 '아, 무슨 말을 할까' 이렇게 정리가 됐다는 거 아니겠습니까.

면담자　　네. 부탁드리겠습니다.

# 3
## 목포 신항에서의 이야기

면담자      목포의 상황을 더 이해하기 위해서 목포에서 계실 때 하루 일과가 어떻게 되시는지, 어떤 사람들을 만나시고 그런 걸 좀 얘기해 주시면 도움이 될 것 같아요.

건우 아빠      가족들이 목포 신항, 그러니까 세월호가 와 있는 목포 신항을 계속 교대로 내려가면서 목포 신항에 있었던 이유는 딱 하나예요. 우리가 동거차도에 들어간 이유하고 똑같거든, 똑같아요. 왜냐하면 세월호라는 건 그 자체가 증거거든. 세월호 자체가 참사의 진실을 밝힐 수 있는 증거거든. 근데 그거를 우리는 정부한테 못 맡겨놓는 거죠. 왜? 믿을 수가 없기 때문에. 그래서 '우리가 지켜야 된다' 그런 마음이고, 그런 점에서는 동거차도에 가족들이 들어갔던 이유하고 똑같은 거고… 실질적으로 그랬어요.

계속 미수습자 수습 과정이 진행되면서 처음에 고창석 선생님, 은화, 다윤이, 이영숙 씨 그분들의 유해 일부가 수습이 되고 하면서 그 이후에 해수부에서, 해수부라고 얘기를 하는데, 해수부에서 유해 일부를 감췄고 모르게 처리를 했고 그런 부분들. 그 의도 자체가 진짜 나쁜 거죠. 감추려고 했다는 그 이유밖에 안 되는 거지. 그건 해수부가 책임을 100프로 다 져야 되는 문제고, 선조위도 마찬가지지만. 근데 선조위는 현장의 당사자지만 수습에 대해서는 어떻게 보면 2차적인 조직이다 보니까 선조위도 무시당했을 수 있어요. 왜? 선조위는 우리가 만들었잖아. 그러니까 해수부에서 선조위를 배제시켰을 수도 있어요. 어쨌든 그런 문제들.

수습 과정이나 세월호 내부의 뻘이라든가 기타 폐기물들, 이런 것들을 수거해 가고 또 정리해 가는 과정에서 가족들이 1년이 넘는 시간 동안 거기에 없었으면 벌써 개판됐어요. 세월호 벌써 다 잘려져 나갔어요. 왜냐면 세월호 처음에 올라오면 3등분을 한다 그랬거든. 수색을 하기 위해서 3등분을 한다 그랬었거든. 그건 말도 안 되는 거거든. 세월호를 자른다는 그 자체가 증거를 인멸하겠다는 얘기거든, 그런 상황이다 보니까…. 그 전에 선체조사위원회라는 독립된 조직을, 특별법에 의해서 만들어진 조직을 우리가 요구하고 만든 것도 그 이유거든. 그렇잖아요.

16년도 9월 말일부로 특조위 해체돼 버렸어. 해체돼 버렸잖아요. 그럼 누가 해? 배는 올라온다는데…. 이 배는 누가 해, 누가 관리를 하고 또 모든 책임을 질 수가 있겠느냐, 그런 문제 때문에 가족협의회에서, 특히 인양분과장하고 진상분과장 그 사람들이 제일 강력하게 어필을 했죠, 담당이다 보니까. 그것 때문에 우리가 국회에 요구해서 선체조사특별법을 만들었고, 또 선체조사위원회를 만든 거고…. 그거는 나중에 연결되겠지만, 결국엔 결론은 개판이 됐지만.

하여튼 우리가 그 선체조사위원회를 만들고 했던 이유는 딱 하나거든요. 침몰 원인에 대한 조사, 첫 번째가 미수습자 수습, 그때 당시에 아홉 명이었어요. 두 번째가 선체 조사, 세 번째가 바로 이 세월호 선체 어떻게 보존할 것이냐, 이게 가장 큰 줄기거든요, 세 가지…. 근데 지금 된 게 하나도 없잖아, 그렇죠? 미수습자 수습, 아직도 다섯 명이 못 돌아왔고. 선체 조사 여기 보면 조사결과보고서에 내인설과 열린 안으로 나뉘어졌고, '침몰 원인이 뭐다'라는 결론을 못 내렸고. 세 번째 선체 보존, 결국에 가족들에게 떠넘겨졌어요, 떠넘기고 갔어. 그러니까 우리는 항상 그런 생각을 해요, 어떻게 우리가 불안해하고 걱정하고 하는 것들은 그런 상황이 꼭 발생을 해. 그런 우스운 얘기도 하고 그러는데 사실 우리가 우려하고 걱정했던 대로 그렇게 됐어요, 선체조사위원회.

하루 일과는 우리가 그런 목적을 갖고, '이 배를 지켜야 된다, 세월호를 지켜야 된다'라는 목적을 갖고 가족들이 갔었는데. 인양분과장 같은 경우는 신항에 3월 31일 날 내려가서, 지금은 안산에 올라와 있지만, 거의 1년이 넘는 시간 동안 신항에 말 그대로……. 우리 텔방[텔레그램 대화방]도 있어요, 텔방 모임 죽돌이, 죽순이 방이라고. 주기적으로 계속 내려갔던 엄마, 아빠들, 그 사람들이 일정 공유하기 위해서 만들어놓은 건데. 인양분과장은 그렇게 했고, 또 대협분과장, 경빈이 엄마도 거의 1년 중에 많은 시간을 목포 신항 쪽에 투자를 했고, 다른 분과장들도 마찬가지고…. 근데 진상분과장 같은 경우는 특조위를 만들면서 그 작업 때문에 아예 구분을 한 거죠, 사전에 얘기를 해서.

그리고 팀장들 중에서도 또 저도 그렇고, 초창기 때 장동원 팀장이 신항의 행정적인 것들, 가족들의 지원 그것 때문에 내려가 있었는데 여기 안산 가족협의회 사무처가 빵꾸가 나는 거야. 그래 가지고 장 팀장하고 저하고도 "야, 우리 같이 내려가지 말고 너는 일주일에 한 2, 3일 정도만 내려가고 나머지는 내가 가고, 우리 일정을 그렇게 맞추자" 해가지고 저도 그때 당시에는 사무처 팀장이었으니까 그렇게 조정을 했고.

그러다가 17년도 6월 초반이었을 거예요. 아마 그때쯤 돼가지고 "야, 안 되겠다. 내가 여기 있을게. 너 올라가라" [했죠]. 왜냐면 어떤 필요한 것들에 제대로 연결이 잘 안 되거든요, 둘 다 내려가 있으면. 또 2일, 3일 내려가 있으면, 이틀이나 삼 일 내려오는 문제 때문에, 장 팀장 같은 경우는 지금 사무처의 모든 행정적인 것들을 다 하는데 그게 빵꾸 날 수가 있고. 그래서 제가 처음에 목포 신항에 거의 붙어 있게 된 거였었죠. 대신에 5반의 준영이 아버님, 대외협력분과 팀장으로서 내려오시고 또 교대하고. 그리고 4반의 성호 아빠가 처음에 이 촬영, 기록 [담당]으로 들어가셨었어요. 기록 팀으로 해서 들어갔었고 그래서 성호 아빠도 꽤 많은 시간, 거반한 5개월?

면담자　　　초반부터요?

건우 아빠　　　예. 거의 5개월 동안 안산에 한두 번 정도 올라오고 거의 뭐 말 그대로 죽돌이었었죠.

면담자　　　지금 얘기해 주신 분들이 그 텔방에 있는 분들인 거죠? (건우 아빠 : 예) 몇 분 정도 되시는 거예요?

건우 아빠　　　지금은 뭐 큰 의미는 없어졌지만 한 8명에서 10명, 10명 정도.

면담자　　　지금 말씀해 주시는 분들 포함해서 인거죠?

건우 아빠　　　응. 근데 성호 아빠 같은 경우는 처음에 그렇게 하고. 그러니까 그 텔방이 만들어진 거는 2016년도, 거의 한 10월 이후에 만들어진 거예요. 그때 성호 아빠 빠지고 촬영 쪽으로는, 영상 기록 쪽으로는 4·16연대 미디어팀이 있어요. 그 미디어팀에서 감독님들, 부성필 감독이라든가 또 안창규 감독도 고생 많이 했고…. 또 지금은 고인이 된… 누군지 알죠? 박종필 감독 이런 사람들이 거의 뭐, 박종필 감독도 처음부터 들어와 가지고 병원에 입원하는 그 순간까지 목포를 지켰었거든요. 처음에 그렇게 내려와서 진짜 혼신을 다 했던 그분들이, 이런 말로 표현하면 좀 민망하지만, 1등 공로자들이죠, 그 현장을 지킨…. 그분들 아니었으면 그렇게 안 됐어요. 인양분과장이지만 인양분과장 혼자 할 수 있는 일도 아니고… 그런 분들이 계셨기 때문에 유지가 됐고.

면담자　　　촬영이라는 게 어떤 걸 기록을 하는 것이고, 무엇을 기록을 했는지 말씀해 주세요.

건우 아빠　　　일단 기록팀은 당시에 모든 걸 다 촬영을 했어요, 현장에서 벌어지는 모든 걸. 예를 들어서 배에서 어떤 작업이 이루어지면, 그 작업이 이루어지는 것들 그 작업하는 과정들을 다 촬영을 했고, 또 선내에서 어떤 폐기물들이나 뻘들이나 이런 게 나오면 그

건우 아빠 김광배

런 것들 다 촬영하고. 그니까 세월호에서 이루어지는 모든 작업들, 그걸 다 촬영을 했어요. 또 유류품 세척하는 거라든가 이런 것들도 다 촬영을 했고. 또 중요한 거는 CCTV가 설치가 돼서 각 작업을 하는 구역마다 CCTV화면으로 다 봤어요. 그거를 또 모니터링하는 담당이 또 있었거든요, 모니터링 담당이. 주로 그걸 한 사람들이 제일 처음에 성호 아빠가 그걸 했었어요.

면담자          직접 하셨어요?

건우 아빠          예. 성호 아빠가 거의 뭐 혼자서 그걸 꽤 오랜 시간 동안 하고.

면담자          CCTV가 몇 개 정도였어요?

건우 아빠          CCTV가 보통 화면이 12개에서 15개 정도 나와요, 큰 모니터에 나오는데. 물론 CCTV 영상 저장된 디스크는 우리가 다 받았어요. 주기적으로 받았거든요. 그거를 실질적 모니터링을 하면서… 무전기가 있었거든, 무전기 갖고 무전을 하는 거지. "지금 어디에 뭐가 나온 것 같다. 뭐가 발견된 것 같다, 어느 구역에" 그러면 인양분과장이 총괄 책임자였으니까 인양분과장하고 선조위, 그다음에 해수부 그리고 우리 기록팀 가서 확인하고 촬영하고. 예를 들어서 유해가 나온다든가, 특히 중요한 게 휴대폰 그런 거 나왔을 때 이런 것들 다 촬영, 그거 다 촬영하고 했어요.

면담자          기록이 다 있다는 거네요, 지금.

건우 아빠    그렇지. 그 기록을 다 가지고 있어요. 지금까지도 기록을 하고 있고. 어쨌든 수습이 이번 달에 끝나는데, 25일 전후로 해서 끝나는데, 그때까지는 단 하루도 빼먹은 게 없어요, 작업 쉬는 날 빼고. 그렇게 기록을 시작했던 거였고. 그리고 광주나 전남 지역에 있는 감독들이 또 지원하러 일주일이면 일주일, 길게는 한 달, 이런 식으로 지원하러 많이 들어와 줬었고. 쉬어야 될 거 아니야. 참 안타까운 게 아마 박종필 감독도 그랬겠지만, 안창규 감독도 그렇고 특히 부성필 감독이 제일 오랫동안 있었거든요. 많은 트라우마를 겪었어요, 가족 못지않게 그런 트라우마를 많이 겪었고. 나중에는 자기도 스스로 견디기 힘든 상황이 되고. 그래서 그게 금년 초에 3월경? 아, 4월, 5월인가 정확한 기억이 안 나는데…. 아, 세우고 나서였구나, 직립하고 나서니까 5월 이후네. 그때 현장을, 목포 정리했고 대신에 목포 쪽에 계시는 이유신 감독이라고 그 사람이 지금까지 계속해주고 있는 거예요.

면담자    이어서 하고 계신 거죠?

건우 아빠    예, 계속하고 있고…. 하루 일과라는 게 특별한 거 없어요. 보통 8시부터 작업을 시작해요. 그럼 코리아샐비지에서, '코쌀'에서 일용직들 불러다가 뻘 제거라든가 이런 작업들을 했는데 그럼 어쨌든 7시경부터 현장 들어가요, 사람들. 실질적 작업은 8시서부터 시작을 하는데 우리도 7시에 일어나요, 보통. 보통 7시에 일어나서 세면하고 씻고 아침 먹을 사람 먹고 하고선 한 10분

전에 먼저 들어가요.

면담자    7시 50분에요?

건우 아빠    예. 작업하기 전에 먼저 들어가서, 들어가면 보통 세 명 내지 네 명. 한 명은 CCTV 모니터링 하기 위해서, 컨테이너 사무실이 있었거든요, 거기로 들어가고. 나머지 세 명은 현장으로 들어가고. 현장에서 벌어지는 모든 활동들, 모든 작업이라든가 이런 것들을 다 확인을 해요. 다 확인을 하고, 촬영을 하고. 그게 하루 일과예요, 똑같은 하루 일과를……

면담자    따라다니면서 촬영을 하는 거네요.

건우 아빠    그렇죠. 보통 감독들이 두 명 정도가 촬영을 해요, 다니면서. 어느 정도 내부가 정리가 돼서 선체, 세월호 내부로 들어갔을 때, 그럼 같이 또 들어가서 촬영을 하고 그런 기록들을 다 남겨놓고.

면담자    배가 워낙 크니까 동시에 작업을 할 텐데, 어느 곳을 직접 촬영을 하시는 거죠?

건우 아빠    아, 뭐냐면 세월호 안에 뻘이 굉장히 많았어요. 사실은 이게, 모듈트랜스포터[모듈로 나뉘어 있어, 여러 대를 이어 붙여 사용할 수 있는 트랜스포터] 그 얘기도 하겠지만. 뻘이 원체 많았는데 이 뻘을 다 빼내야지만 뭐 확인을 한다든가, 수습을 한다든가, 수색을 한다든가 할 수가 있는 거 아니에요. 그래서 그 작업하는 거,

뻘을 빼내는 과정, 뻘들을 수거해 내는 과정 그리고 그 과정 중에서 어떤 유류품들이나 물건들이 나왔을 때 그거를 유류품들 따로 분리하고 수습하고 하는 그런 과정들, 모든 과정들을 촬영을 하는 거죠.

또 예를 들어서 사람이 다닐 수 있게, 흔히 얘기해서 아시방이라고 얘기를 하는데, 철제를 이렇게 세워놓고 사람 다니면서 이렇게 하는 거. 그런 것들 작업할 때 그런 작업하는 내용들 다 찍고, 하여튼 디테일하게 얘기하면 한도 끝도 없고, 세월호 내부, 외부에서 벌어지는 모든 작업을 다 촬영을 했거든요. 돌아가면서 다니는 거죠, 주위를. 다니면서 "어떤 상황이다" 그러면 그거 촬영하고, "무슨 작업이다" 그러면 그거 촬영하고, 그런 식으로, 기록팀은 그런 식으로 작업을 했고. 그리고 말씀드렸지만 CCTV 모니터링하는 거 제일 처음에는 성호 아빠가 몇 개월 했어요. 하다가 성호 아빠도 촬영 쪽으로 빠지고 내가 CCTV 쪽으로 들어갔거든.

면담자     촬영은 기록팀 일인 거죠?

건우 아빠     네, 촬영은 기록팀인데 그때 당시에, 예를 들어서 촬영을 하는 그 감독들이 어떤 개인적인 일이 있고 그럴 경우에 빠질 거 아니야. 빠지게 되면 혼자서는 다 촬영을 못 하거든. 그러면 성호 아빠가 카메라 들고 촬영하러 다니고, 그럼 또 CCTV 모니터링 비잖아요. 그러면 내가, 나는 밖에서 가족들 숙식이라든가 이런 문제들, 또 당시에 우리를 거의 100프로 지원을 했던 목포실천회의 이쪽 분들하고의 어떤 업무적인 관계들. (면담자 : 목포시청이요?) 실천회의, 그러니까 시민연합회예요. 그분들하고의 소통 그런 것들을… 처음에 담당은 그거였거든요. 근데 그렇게 큰일이 없을 경우에, 처음에는.

면담자      세팅을 해야겠네요.

건우 아빠      그렇죠. 그 컨테이너라든가 여름에 또 에어컨, 또 먹거리들 이런 것들 때문에 처음에는 현장 안쪽에 신경을 못 썼는데, 그게 어느 정도 정리가 되고 나서는 진짜 큰 거 아니면 어지간한 것들은 목포실천회의에… 어, 이름을 까먹었다. 양… 양… 이 사람 이름은 까먹으면 안 되는데.

면담자      한번 언급하신 적 있는 것 같기도 한데요.

건우 아빠      아, 양현주, 양현주. 이 사람이 일종의 노조 쪽, 민노총 이쪽 노조 쪽의 집행위원이에요. 전에 그런 직함을 갖고 있었는데, 이분들이 각 파트에서 활동하시던 그런 분들이, 시민단체들이죠, 그분들이 모여서 만든 게 목포실천회의예요, 시민연합체. 거기에서 목포에 있는 가족들의 의식주 문제를 해결해 주기 위해서 목포실천회의가 지금까지도 상주를 하고 있거든, 같이. 같이 시작해서 같이 끝나는 거니까, 그렇게 [함께 했죠].

면담자      몇 분 정도가 상주하고 계세요?

건우 아빠      상주는 보통 한두 명 정도 상주하고. 그러니까 담당은 한 명이야. 한 명이 정해져 있어요, 다른 분들이 정해져 있고. 거의 민노총 쪽에 계시는 분들이 돌아가면서 하고. 그분들이 어떤 관리라든가 이런 책임 있는 일, 그런 역할들을 해주시고. 주위에, 예를 들어서 목포라든가 가까운 데는 광주 또 전라도, 전남 일대의 그런 자원봉사 하시는 분들이 오세요. 오셔가지고 거기서 이제 리본 만들기도 같이 하고…, 그러면서 컨테이너가 따로 있거든. 거기서 같이 오시는 시민들 맞이를 하고, 대응을 하고, 상대를 하고 그렇게 하죠. 아무튼 제가 모니터링을 하러 들어가게 된 것도 어느 정도 그런 부분들이 정리가 되고 나서…….

면담자    자리가 잡히고 나서요.

건우 아빠    실천회의 쪽에다가 진짜 특별한 경우는 연락을 하면 되니까 그런 부분들은 아예 맡겼죠. 어차피 우리가 필요한 것들을 우리가 직접 준비하는 게 아니고, 우리가 필요한 것들을 요청을 하면 그쪽에서 그런 부분들을 채워주고 지원해 주고 그랬던 거였었기 때문에 이렇게 맡기고 들어갔어요, 같이. 모니터링을 제가, 저도 꽤 오래했죠.

면담자    그게 언제쯤부터예요?

건우 아빠    그때가 2017년 여름경부터, 그러니까.

면담자    여름까지는 계속 거기 마련하는 일이 꽤 많으셨던 거네요.

건우 아빠 김광배

건우 아빠　　　그렇죠. 전기 문제도 상당히 어려운 문제잖아요, 전기를 공급하는 문제도. 근데 당시에 제가 뭐 전기를 알고 있으니까 직접 나서지는 않지만 필요한 부분들 같이 협의하고…. 특히 제일 큰 문제가 에어컨 문제였었거든요. 전기를 끌어오는 문제도 있지만 에어컨 문제가…. 그것 때문에 전기를 끌어오는 문제가 그렇게 시급했던 거였죠. 그게 어느 정도 정리가 되고 나서 저는 여름경부터 안에 들어가서, 그 전에도 안에 들어가면 같이 현장을 다녔었어요 현장을 다녔었는데, CCTV 모니터링을 하기 시작한 거는 그때쯤부터예요, 여름경.

면담자　　　아무래도 에어컨이 들어오고 나서니까요.

건우 아빠　　　7월, 8월 이때쯤이었을 거예요. 그때부터 CCTV 모니터링을 꽤 오랫동안 했어요, 저도. 그러면서 거의 한 6개월 이상, 10개월…, 그러니까 4월 달서부터 시작해 가지고 4, 5, 6, 7, 8, 9, 10. 한 7, 8개월 정도 됐을 때네요. 그때쯤 되니까 주기적으로 내려오시던 가족들이 이제 안 내려오시는 거죠. 왜 안 내려오는지는 아직도 이유를 모르겠지만 뭐, '힘들다' 그런 이유가 있지 않을까 싶은데…….

면담자　　　기존에 오셨던 분들이 하신 일은 뭐였어요?

건우 아빠　　　보통 가족들이 반별로 돌아가면서 내려왔었는데, 그분들이 하던 일이요? 그냥 하루에 두 번 오전 10시, 오후 3시에 현장 들어가서 한번 쭉 보고.

면담자　　　직접 이렇게 보시는 거죠?

건우 아빠　　에, 현장 모습 쭉 보고, 뭐 브리핑할 거리들 있으면 브리핑 듣고 나오는 거. 그리고 밖에서 시민들 오시면 오는 시민들 접대를… 접대?

면담자　　　맞이해 주시는 일이요?

건우 아빠　　네, 맞이하고. 간혹 간담회 같은 것들도 하고….

면담자　　　목포에서도 하셨군요.

건우 아빠　　에. 그리고 특히 어머님들이 많이 내려오셨었는데, 어머님들 같은 경우는 리본이라든가 이런 것들 만들어서 하셨는데, 그러니까 그 의미는 뭐냐 하면요. 그것도 마찬가지로 우리 가족들이 망원경으로밖에 볼 수 없는, 동거차도에 들어가서 그 인양 준비를 하고 있는 현장을 바라볼 수밖에 없는 그런 거하고 똑같은 거예요. '가족이 있다, 가족이 있다'라는 의미, 그게 굉장히 큰 거거든요. 해수부도 지들 맘대로 못 해요, 그렇게. 선조위도 마찬가지고 그 누구도 가족들을 무시하고 지들 맘대로 독단적으로 할 수가 없어요. 물론 실무에서 뛰는 인양분과장같이 총괄해서 항상 확인하고 하는 그런 사람도 있지만, 혼자의 힘 갖고는 좀 역부족이라 그럴까. '뒤에는 가족들이 있다' 그런 모습이에요. 그런 모습, 그런 의미를 보여주는 게 가장 큰 거거든. 그런 목적이었는데 한 7, 8개월 지나면서, 이제 시간이 흐르면서 안들[아니들] 내려오시더라고요. 두세 명 태우고 내려오려고 버스 대절해서… 그거 우습잖아요.

면담자   원래 목포에 가는 버스가 규칙적으로 있었나요?

건우 아빠   예, 있었어요, 일주일에 두 번씩 이렇게. "일주일 너무 길다" 그래서 3박 4일, 4박 5일 이런 식으로 나눠서 일주일에 두 번 버스가 왕복을 했었는데, 그래도 안들 내려오시더라고…. 그래서 2017년 10월 달에 목포 신항 그 죽돌이, 죽순이들이 모여가지고, 핵심 멤버라고 얘기할게요. 신항 현장의 핵심 멤버들, 그 10명이 모여서 회의를 하고 결정한 게, "이제 가족들 받지 말자, 내려오지 말자. 너무 미안하다. 그리고…". 비속어 써도 되죠?

면담자   그럼요.

건우 아빠   이 목포실천회의 이 사람들이나 세월호 현장, 물론 안쪽 현장이 아니고 바깥에 시민들이 볼 수 있는 건 제한되어 있었으니까, 거기 자원봉사 하러 오시는 그런 분들, 또 가족들 한 끼라도 더 챙겨주려고 음식 준비해 가지고, 해남이나 이런 데서 많이 오셨었어요. 자원봉사 하시는 분들이, 직접 음식 만들어가지고. "그런 분들한테 너무 미안하고, 솔직히 말해서 쪽팔려 죽겠다. 내려오지 말라고 하자. 한두 명 내려오는 거 갖고 뭘 하겠냐. 우리 의미는 그게 아니었는데". 그런 쪽으로 얘기가 되고 그래서 공식적으로 가족협의회 회의에서, 확대운영위원회에서 얘기했죠. "대신에 대표들이 내려와라. 반에서 가족들 말고 반 대표들이 돌아가면서, 대표들이 주가 돼서 한두 명 내려오든, 이렇게 해서 내려와라" 어쨌든 기본적인 그런 일들은 해야 되니까 그게 그렇게 바뀌었어요. 바뀌었는데 그것도 안 되더라고.

면담자 　　반 대표만 오시는 것도 잘 안 됐나요?

건우 아빠 　　예, 그것도 안 되더라고. 암튼 그렇게 현장에서 열심히, 물론 내 자식의, 자기 자식 일이기 때문에 그렇게 하지만. 그렇게 열심히 뛰어다니고 몸으로 뛰어다니고 고민을 하고 스트레스를 받고 [하는 시민들], 그 사람들은 안 아프냐고, 그 사람들은 트라우마가 없냐고…. 그 사람들 앞에다 "아프다"는 얘기, "힘들다"라는 얘기를 할 수가 있냐, 이거죠. 근데 그런 이유로 많은 분들이 안 내려오시다 보니까, 어떻게 보면 우리가 스스로 마음을 접게 된 거죠. 물론 동거차도 들어갈 때도 그런 생각들을 했었지만, 그때는 현실적인 문제들, 생각을, 판단을 했었거든요. '배 타고 들어와야 되고. 또 끊기지 않고 들어오는 가족들이 있으니까' 그렇게 생각했었는….

목포 신항 현장 같은 경우에는 진짜 실망을 했어요, 저는. 다른 분들은 어떻게 생각하실지 모르겠지만 저는 참 많은 실망을 했어요. 그때 내 기준을, 내가 내 마음속에 잡아놓은 기준이 생겼어요. 그게 뭐냐 하면 '나는 다른 아이들을 위해서 진상 규명하기 위한 활동을 하고, 싸우러 다니는 거 아니다. 나는 내 아들 건우를 위해서 하는 거다. 애 하나만을 위해서 하는 거다. 나는 내 아들 건우를 위해서 싸우고, 인양분과장은 인양분과장 아들 동수를 위해서 싸우고, 진상분과장은 진상분과장 자기 아들 준형이를 위해서 싸우고, 대협분과장은 또 마찬가지로 자기 아들 경빈이를 위해서 싸우고. 다 자기 아들을 위해서 싸우는 그 부모들이 하나씩 하나씩 모여가지고 우리 아이들을 위해서 싸우는 4·16가족협의회가 되는 거다' 그런 기준이 딱 생겨버렸어요.

면담자      그게 그때 생기신 거예요?

건우 아빠     예. 그때 그 기준이 생겼어요. 그래서 지금은 "왜 활동 안 해, 왜 안 나와?" 그런 말을, 속에서는 열받지만 얘기 안 해요. 그때는 농담으로라도 "아, 왜 안 와, 우리도 죽겠어" 이런 농담도 하고 그랬는데 지금은 그런 농담도 안 해요. "뭐 해야 되는데 가족들이 어떻게 어떻게 인력 지원이 돼야 된다". "아, [지원이] 어렵다" 뭐 어쩐다 [그러면], '그래, 알았어. 그냥 우리가 할게' 그렇게 생각을 하게끔 됐어요, 지금은.

면담자      그런 마음에 대해 이전에 말씀해 주신 적이 있는데 그때쯤 생각하시게 된 거군요.

건우 아빠     예. 그러면서 지금은 어떤 일들이 생기면 그런 생각이 드는 거죠. 그런 선입견이 생겨버리는 거죠. '어차피 이거 공지해 봐야 안 올 텐데, 뭐 하러 공지해' 그런 생각들을 하게 되는 거죠. 그러면서 시간이 쭉 지나고, 지금 이 상황에 딱 오다 보니까 "아, 요즘 뭐 간담회 없어요, 요즘 뭐 특조위 회의 같은 거 안 해요, 왜 그런 공지가 요즘 안 뜨죠?" 그런 얘기가 나와요.

면담자        가족분들 사이에서요?

건우 아빠        예. "왜 담당자들 일하러 다니는데 활동하는 거 보고를 안 하죠?", "어, 누가 누구한테 보고를 안 해?" 그런 얘기들 나오고. 그때 당시의 심정 같아서는 진짜 치고받고 싸움이라도 하고 싶지. 근데 지금은 그때 당시에 다 내려놨기 때문에. '그렇지, 뭐. 에이, 수준이 그렇지 뭐' 그냥 그러고 말아요. 그런 상황이 된 거고…. 하루 일과 얘기하다가….

면담자        저희가 인양 준비할 때는 해수부에서 위험하다는 핑계로 가족들을 못 들어오게 했잖아요. 근데 목포에 온 세월호에는 같이 촬영도 들어가셨어요. 같이 일할 수 있도록 합의하는 과정이 있었는지에 대해 알고 계시나요?

건우 아빠        있었어요. 아, 그 얘기를 내가 하려 그랬었는데 역시. 처음에는 해수부에서, 거기 목포 신항 항만사업소도 해수부 거예요. 해수부 거잖아. 처음에는 컨테이너 설치하는 거, 우리 가족들 (면담자 : 머무르시는 곳이요?) 자고 쉴 수 있는 컨테이너 설치하는 것도 반대를 했었어요, 처음엔. 법을 적용시키더라고. 이게 신항이 국가 시설이에요. 국가 시설에서는 몇 미터 앞에, 몇 미터까지 접근 금지. 근데 컨테이너가 그 철책 바로 앞에 있었잖아요. 그런 문제들, 법적인 얘기 끌고 나오더라고.

    그때 인양분과장이 되게 올랐었죠. 무지하게 싸웠어요. 그리고 현장도 "위험하다, 못 들어간다. 가족들 안 된다", 그것도 인양분과장 엄청 싸웠어요. 그래서 결국엔 만들어낸 게 뭐냐 하면, 물론 숙소 설치, 컨테이너 설치하고 이런 문제들은 실천회의에서도 많이 노력을 해줬죠. 그때 당시에 전남도지사로 이낙연 총리님[이] 계셨었는데 그분이 참 많이 힘을 주셨어요, 그때.

면담자    어떤 식으로요?

건우 아빠    전기 문제라든가 상하수도 문제, 컨테이너 문제 이런 것들 목포시청 쪽으로다가 직접 내리꽂아 가지고 지원할 수 있게끔, 근데도 많이 개겼지만… 목포시청에서는. 사실 도지사가 앞에 와서 이럴 순 없잖아요. 그러니까 찌르는 거지. 예를 들어서 치사한 문제들 있잖아요, 예산 문제 뭐 이런 거. 하여튼 그게 밝혀진 건 없지만 그런 내막이 있었을 테고 그때 당시에 이낙연 도지사님이 굉장히 신경 많이 써주셨어요. 그건 알고 있지. 실질적으로 가족들이 머물고 활동할 수 있는 영역을 만들기 위해서 인양분과장, 말 그대로 피 터지게 싸웠었거든요. 그것도 그거예요. 상주할 수 있는 인원, 처음에는 다섯 명까지인가 그랬어요.

면담자    해수부에서 제한을 하겠다고 한 건가요?

건우 아빠    예, 제한을. 일단은 "좋다". 인양분과장하고 촬영 두 명, 모니터링 그리고 유실물 나오면 유실물 세척을 하고 그거 확인하는 거 한 명 내지 두 명.

면담자    한 명이 어떻게 해요, 그걸?

**건우 아빠**　　　아, 거기 작업하는 사람들이 있으니까. 또, 해수부가 같이 나와서 같이 확인을 하니까. 유류품들 나오면 같이 확인을 하니까. 우리는 가서 뭐 작업을 하는 게 아니고 확인을 하는 거죠. 어떤 유류품들이 나오고, 예를 들어서 미디어 장비, 휴대폰이나 USB 뭐 이런 것들. 그런 저장, 기록 장치들이 나오면 거기에 단 하나의, 일말의 어떤 증거가 있지 않을까, 그것 때문에. 얘네들이 못 보는 거 우린 보거든. 그 진흙 속에서도 "어, 여기 뭐 있어. 이 진흙, 뻘 한번 해체해 보세요" 하면, 얘네들이 그냥 팽개쳐 놓은 것들도 우리가 보면 그게 보여요. "이거 해체해 보세요" 해체하면 휴대폰 나오고 그래요. 그 정도였었거든. 그게 마음이 틀린 거지. 처음에는 그 정도 인원밖에 할당을 못 받았었어요. 근데 우리가 더 늘렸지, 그래서 최종 10명까지. 나중에는 예비 인력 다섯 명 해서 15명까지 들어갈 수 있게끔, 진짜 인양분과장 피터지게 싸웠지.

**면담자**　　　철책 안으로 들어간다는 거예요?

**건우 아빠**　　　그 항만 안으로 들어갈 수 있는 거죠. 물론 그 인원이 다 들어간 건 아니에요. 우리가 로테이션을 할 수 있는 인원들, 그 명단, 이름을 등록을 해야 되니까. 그 시설 담당하는 항만에다가 등록을 해야 되니까 15명까지 우리가 그 이름 등록해 놓고 안에서 이름만 확인하면 우리는 수시로 자유롭게 나갔다 들어왔다 할 수 있었으니까. 그리고 항상 세월호가 있는 현장까지 갈 때는 엑스반도라 그래 가지고 엑스반도 차고. 왜냐면 안전 바가 있거든요.

높은 곳에 올라가면 항상 걸어놓고 다녀야 돼요. 헬멧 쓰고 등산화, 안전화 신고 그런 것들을 목포실천회의에서, 안전화도 비싼 거.

**면담자**   지원을 해주는군요.

**건우 아빠**   양현주 그 양반 나하고 동갑이에요, 사실은. "우리가 준비해 주면 좋은 거 못 사주니까 가서 그냥 질러, 내가 얘기할 테니까" 그럼 한 3, 4만 원짜리 사야 될 거, 지네가 사면 3, 4만 원짜리밖에 못 사는데, 안전화 같은 경우. 내가 가서 사면, 나는 사무처 팀장이니까, 가족협의회. 내가 사면 7만 원, 8만 원짜리 한 10켤레 이렇게 사 오거든. 영수증하고 카드만 주면 지가 알아서 "아니 뭐, 이 정도 해야지" 어떻게 뭐 해결했겠지.

근데 사실 실천회의에서 집행이 되는 모든 예산들, 자금들이 목포 신항에 내려오시는 분들이 후원해 주시는 분들도 있었고. 후원금 통, 박스가 있어요. 거기에 이렇게 모금해 주시는 분들 굉장히 많았었거든요. 지금도 있을 거예요, 아마. 안 내려가서 잘 모르겠는데, 그거 갖고 집행을 하고 그랬었는데. 그러니까 많은 분들이 그런 도움을 주셨죠. 그런 부분도 가장 위로가 되었던 것 중에 하나. 아무튼 처음에 우리가 가족들이 현장 안에서 활동할 수 있는, 그 영역싸움이라고 그래야 되나, 활동할 수 있는 바운더리[경계]를 넓히려고 거기 내려가셨던 분들, 처음에 초창기에 있었던 분들 굉장히 많이 노력을 하셨고. 특히 인양분과장 그런 트라우마, 지금 트라우마를 겪고 정신적인 문제를 겪고 또 몸이 많이 육체적으로도 많이 손상이 될 정도로…. 그럴 수밖에 없어요, 그때 당시에.

면담자      예를 들어서 해수부에서는 막는 논리가 '위험'밖에 없었나요? 가족분들은 어떤 이유로 "우리가 들어가야 한다"고 말하고 대응하셨나요?

건우 아빠      "너희들 안전 규칙에 따르겠다". 화이바[헬맷] 쓰고, 항상 안전모 쓰고 엑스반도 메고 안전화 신고. "너희들이 가지 말라고 하는 곳은 안 가겠다. 촬영도 사전에 어떤 촬영을 하게 되면 공유하자". 어떤 작업이 있으면 그 작업에 맞춰서 촬영을 하고. 굳이 안에 들어가야 될 일이 있다, 선체 안에 어떤 상황이 발생해서… 그러면 선조위, 또 가족협의회. 가족협의회 내에서도 담당 책임자, 그러니까 담당책임자가 인양분과장, 인양분과장이 만약에 없을 때는 인양분과장 대타로 내려와 있는 사람들이 있으니까, 그 사람들 그리고 촬영 한 명. 이렇게 세, 네 명. 선조위는 빼고 가족들은 보통 한두 명 내지 세 명 정도가 선체 내부에 [갈 수 있게]. 당시에는 위험했었으니까, 선체 내부에 들어갈 수 있게끔 그 방법을 터놓은 거죠.

면담자      그런데 촬영이랑 CCTV도 쉽게 안 내줬을 거 같아요.

건우 아빠      그것도 싸웠어요. 우리가 지금까지 싸우지 않고 얻은 거 하나도 없어요. 하다못해 광화문광장을 세월호 광장이라고 얘기를 하잖아요. 그 광화문광장 얻는 것도, 박원순 시장님이 많이 도와주셨지만, 실질적으로는 그 담당 공무원들이 처리해야 될 일이잖아요. 예를 들어서 박원순 시장이 "야, 여기 이렇게 세월호 유가족들 위해서 자리 마련해 줘" 한다고 해서 담당자가 "아, 이거 안됩니다" 그래 버리면 못 하는 거예요, 시장도. 그렇잖아요. 못 하는 거라고. 그럼 우리는 물론 시장한테도 얘기를 하겠지만, 우리가 싸워야 되는 사람은 시장이 아니고 이 사람들이거든. 그럼 누가 싸우겠냐 이거지. 그래서 집행위원장, 운영위원장 또 대협분과장 이런 사람들, 분과장들 올라가서 많이 싸웠어요. 그래서 그것도 그렇게 얻었고. 마찬가지로 신항도 무엇 하나 다, 그 CCTV 다는 것까지도 싸워서 달아놓은 거라니까. 그리고 그 CCTV 촬영 자료, 주기적으로 백업받게끔 요구한 것도 우리가 요구했고, 싸워서 그것도 얻은 거고 다 그래요. 진짜 무엇 하나 거저 받은 거 없어요, 우리.

**면담자**    유류품 세척하는 거를 어머님들이 많이 내려와서 하셨죠?

**건우 아빠**    예, 주로 어머님들이. (면담자 : 건우 어머니도 하셨나요?) 그때 담당하셨던 가족이, 그러니까 가장 많이 나올 때 주로 담당이 누구였었냐 하면. 5반의 준영이 아빠하고 건우 엄마하고 두 사람이 주로 담당을 했었어요. 일주일씩 교대해 가면서 내려왔었거든, 그때 당시에.

**면담자**    일주일씩 계신 거예요?

**건우 아빠**    예, 일주일 있고, 보통 일요일 날 교대를 해요. 일요일 날은 쉴 때도 있었으니까 그렇게 교대를 일주일씩. 그 사람들이

다 죽돌이, 죽순이, 많이 했던 사람들인 거죠.

**면담자**  유류품 세척은 몇 월부터 몇 월까지 했나요?

**건우 아빠**  시설 준비를 시작한 게 4월 달부터 준비는 시작했어요. 실질적으로 그 틀을 갖춘 게 5월경서부터야. 5월경서부터 10월? 그때 진짜 많이 나왔어요, 유류품들이. (면담자 : 10월에요?) 10월, 2017년도. 우리 건우 가방도 그때 나왔고, 교복도. 엄마가 있을 때 그게 나오더라고. 그래서 그 내용을, 시를 쓴 게 있는데 나도 그거 보면서 좀 울기도 하고 그랬는데. 주로 두 사람이서 작업을 했고, 또 기억저장소에 있던 재강이 어머니나 은정이 어머니, 기억저장소에 유류품 담당으로 하시던 어머님들, 그분들이 로테이션으로 일주일씩 내려와 계시고… 그렇게도 유지가 되고.

**면담자**  일주일씩 몇 분 정도 내려와 계셨던 건가요?

**건우 아빠**  그때 두 분씩 해가지고, 일주일 정도씩 내려왔었어요. 그게 한 한 달.

**면담자**  온전히 어머님들만 참여를 하신 거예요, 아니면 유류품을 주관하는 다른 인력이 있었나요. 그 규모는 어떻게 되나요?

**건우 아빠**  네. 한 명 내지 두 명이에요, 그러니까.

**면담자**  유류품을 세척하는 인원이요.

**건우 아빠**  아, 세척하는 규모. 난 또, 가족들 얘기 하는 줄 알고.

면담자　　세척하는 인력과 가족분들이 함께하시는 거죠?

건우 아빠　　예. 함께하는데 가족들은 아까도 얘기했지만 세척하는 작업에는 관여 안 하고 확인, 유류품 확인하는 것만 하고 분류하고. 분류라는 건 뭐냐면 폐기물 처리를 해도 될지 안 될지 그 판단. 해수부 애들은 그거 판단 못 해요, 책임 문제 때문에. 그러니까 다 떠넘겨. 그럼 가족들이 보고 판단을 해서 분류를 해요. 판단을 해주지. "이거는 폐기".

　　예를 들어서 세월호 안에 있었던 슬리퍼들, 승객들을 위해서 청해진해운 쪽에서 제공한 슬리퍼들 있잖아요, 그런 건 다 폐기. 그리고 베개라든가 담요라든가 이런 것들, 그거는 필요 없는 것들이니까 다 폐기[해도 된다고 말하죠]. 그리고 또 유류품이, 일반 승객들 유류품이 나왔는데 너무 훼손이 많이 됐다 그러면 이건 찾을 수 있는 방법이 없어요. 예를 들어 어떤 거냐 하면 면 티 같은 것들. 면은 삭잖아. 면 티 같은 경우는 이게 분명히 티는 티 같아, 옷은 옷 같은데 그 흔적을 거의 구분하기 힘든 것들 그런 건 폐기를 해요. 그리고 뭐 화장지 나오고, 그다음에 치약이나 칫솔이 나오는데 전혀 근거 없이 그것만 나올 경우. 어떤 백 안에 들어 있으면 이게 누구 건지 역추적을 해가지고 확인할 수 있지만 그렇지 않은 것들, 그리고 뭐 민감한 부분의 것들이라든가. 뭐 수건만 하나만 달랑 나왔어. 근데 전혀 확인할 수가 없는 것들, 그런 것들에 대한 보존과 폐기의 판단을 가족들이 해줬거든요.

그렇게 작업을 지켜보고 계시면서 판단하시는 거죠?

건우 아빠 그렇죠. 그리고 작업 지시를 내리는 건 아니지만 추가 작업이라든가. 추가 작업이 시간상의 추가 작업이 아니고, "아, 여기 좀 해주십시오. 여기 좀 더 확인해 주십시오"라든가, 아니면 예를 들어서 이 사람들이 하면서 유류품들을 막 그냥 바구니에 담아가지고 툭툭 던져놓고 그런 것들 많았어요. 그러면 그거에 대한 항의라든가 이런 것들. 유류품 세척 전반적인 작업 과정에 대해서 가족들이 책임을 갖고 관리를 할 수 있는 인원들이 들어갔던 거죠. 그런 사람이 바로 5반 준영이 아버지하고 건우 엄마하고 주로 그걸 했었고, 번갈아 가면서 또 같이 지원하는 경우도 있었고.

실제 그 세척장에서 작업했던 인원은 개략적으로 보면, 아주머니들이 했어요, 아주머니 네 분 내지 다섯 분 정도. 보통 네 분이 했고, 유류품 나오면 그걸 옮겨다 주고 또 분리하고 하는 해수부 직원들이라든가 확인하는 해수부 직원들도 있었고. 그러니까 보통 한 현장에 개략적으로 한 10명에서 15명 정도. 항상 거의 상주를 하다시피 했었죠.

예를 들어서 가방이나 캐리어가 나왔는데 이게 닫혀져 있는 것들, 문이 오픈되지 않은 것들. 오픈된 것들은 하나하나 다 확인을 해요. 물론 다 촬영을 해요. 오픈되지 않은 것들은 해수부, 선조위, 가족 이렇게 반드시 참관해야 돼요. 참관한 가운데서 코쌀[코리아 샐비지] 담당 작업하시는 분들, 담당 반장이라든가 있을 거 아니에요, 작업자들. 이 사람들이 촬영을 하면서 직접 개방을 해요. 개방을 하는 모습들 다 촬영을 하고. 유류품 올라오면 올라온 하나하나를 다 촬영을 해요. 그 사진만 해도, 지금 내가 가지고 있는 것만 해도 한 3만 장이 넘으니까. 다 일일이 다 촬영을 해요. 그래서 한 곳에서 나온 거는 넘버링해 가지고 같이 묶어서 같이 보관하고 그런 작업을 하는데, 보통 한 10명에서 15명 정도, 그 정도 인원들이 계속 있었고.

전에 목포해양대학교 애들이 방학 때 한 2, 30명 와서 세척 작업을 하고 유류품들 분리하고 하는 그런 것들 도와준 적이 있어요. 〈비공개〉 근데 확실히 틀리더라고. 예를 들어서 아이들 화장품이 이렇게 나오잖아. 우린 이거 뭔지 몰라. 근데 애네들은 "아, 이거 화장품 뭐요" 이름까지 딱딱 맞혀, 이름까지. 왜냐하면 유류품 대장에 기록을 할 때 그냥 립스틱 하면 뭐 메이커라든가 이런 거 확인이 안 되는 것들은 그냥 '립스틱' 이렇게 간단하게 쓰지만, 확인이 되는 것들은 '립스틱, 회사는 어디 거, 사이즈는 몇 밀리리터짜리 용량, 무슨 색' 이런 거까지 디테일하게 다 적거든. 우리는 이게 뭔지 모르는데 애네들은 그걸 다 알아. 개네들이 와서 한 2, 3일 정도 그걸 해줬었는데, 너무 고맙더라고. 그러니까 이렇게 밀리던 것들이 그냥 한 번에 숙숙 지나가니까, 금방금방 확인이 되니까, 뭔지 확인이 되니까 금방금방 처리가 되는 거예요.

근데 애네들도 참 많이 울었어요 와서, 우리 애들 유류품들 올라왔을 때. 우리 애들 유류품은 우리 엄마, 아빠들이 제일 먼저 알거든. 특히 엄마들이 제일 먼저 알거든요. 뺄 속에 이렇게 다 묻어서 형체를 알아볼 수 없지만, "아, 이거 우리 애들 옷이야. 우리 애들 교복이야" 그러면 교복이에요. 딱 정리를 해보면 교복이야. 그렇게 알거든. 그러면 얘네들 같이 하면서 눈물 나죠.


## 4
## 4·16연대 기록 담당자에 대한 고마움

**면담자**    초반에 기록해 주셨던 4·16연대 감독님들이 트라우마를 많이 호소하셨다고 했었는데, 어떤 어려움, 힘듦을 얘기하시던가요?

**건우 아빠**    내 생각인데, 가장 첫 번째는 가족들하고 똑같이 겪는 그런 트라우마들. 그 감독들도 세월호 현장을 직접 보고 유류품들을 직접 보니까 사람이라면 느끼는 당연한 감정들, 그런 것들이, 처음에는 억누를 수 있는 힘이 있었지만 시간이 지나고 더 많은 것들 또 시간이 지날수록 유류품 같은 경우는 더 훼손이 되잖아요, 그런 것들…. 그리고 예를 들어서 유골 일부가 나오기도 하고, 이게 "사람 유골이다"라고 판정됐을 때, 그때는 사람이다 보니까 그런 상상을 하죠. 그런 아픔들, 그런 트라우마들 그게 첫 번째. 두 번째는 일주일도 아니고 한 달, 두 달, 삼 개월 이런 오랜 시간 동안 계속 반복적인 그런 생활을 하다 보면 사람이 그렇게 되잖아요.

    그리고 마지막으로는 그런 것들이 쌓이면서 시간이, 오랜 시간

건우 아빠 김광배

이 지나고 길어지다 보니까 그런 것들이 쌓이면서 어느 한순간에 폭발을 하게 돼요. 그러니까 본의 아니게 감정적인 걸로 폭발하는 경우가 있거든요, 그런 것들. 특히 해수부하고의 문제, 선조위하고의 문제들. 여기 그런 내용도 있는데 의견이 틀린 거예요, 생각이 틀리고, 대응하는 방법이 틀리고…. 우리는 능동적으로 하는데 얘네들은 다 수동적이야. 우리가 꼭 "이걸 해야 된다, 뭘 해주세요" 해야지만 움직이는 거지, 그런 부분에 대한 스트레스. 그리고 또 우리 내부적으로도 서로 그런 것들이 쌓이다 보니까 어딘가에서는 터져 나와야 되는데 그걸 강제로 못 터져 나오게 막고 있다가 어느 한순간에 팡 터질 경우에는 서로 감정싸움을 하는 경우가 생기죠. 그런 문제들도 사실 있었고, 하루 이틀 지나고 나서 술 한잔 마시고 풀 수도 있는 문제지만 또 그렇지 않은 경우들도 있었고….

그러니까 그게 많은 시간, 오랜 시간이 지나면서 누적되어 왔던 것들이 결국에는 자기 신체적인 걸로 나타나게 되는 거죠. 그러니까 굉장히 많이 힘들었을 거예요. 알지, 나도 그런 걸 느끼는데 더군다나 젊은 애들이, 쉽게 얘기해서 우리야 우리 일이니까 내 일이니까 그런다고 치지만, 얘네들은, 나이 어린 애네들은. 물론 그런 마음, 그런 생각을 갖고 있기 때문에 같이하고 있지만 사실 솔직히 그걸 놓아버리고 싶은 생각도 들 거란 말이죠. 근데 그런 생각을 한순간 또 미안한 마음도 들겠지, 후회를 하겠지. '아, 해야 된다' 한두 번은 그렇게 감정 조절이 되겠지만 그런 것들이 반복적으로 생기고 장시간 동안 계속 누적되다 보면, 이게 표출을 못 하면 안에서 썩게끔 돼 있어요. 고인 물은 항상 썩잖아요. 그런 상황이 되는 거지. 한두 달도 아니고 거의 1년에 가까운 그런 시간들을 그렇게 해왔으니, 그런 게 가장 힘들었을 거예요.

얼마 전에 한번 서울 마로니에 공원 가서, 그때 무슨 문화 행사가 있었는데, 거길 갔었는데 거기에 부성필 감독, 얘가 나이가 어려요. 어리다 그러면 좀 그렇네, 서른이 넘었는데 어리다 그러니까 좀 그렇네. 아직 결혼 안 하고, 여자 친구는 있는데 여자 친구도 참 예뻐. 근데 거기 가서 만났거든. 안창규 감독, 안 감독도 그렇고. 걔가 아직 결혼을 안 했어, 마흔이 넘었는데. 왜들 그러는지 모르겠어. 아무튼 가서 만났는데 진짜 반갑더라고, 그리고 미안하고. 그런 어려움들, 힘든 거, 아픔을 알고 있는데, 내가 알고 있는데 그거에 대해서 제대로 아무것도 해줄 수 있는 게 없다 보니까 그런 게 너무 미안했죠, 미안하더라고. 우리가 해줄 수 있는 건 그냥 맛있는 거 사주는 거, 삼겹살 사주고 짜장면 사주고 어쩌다 뷔페 한번 가고 회도 한번 먹으러 가고, 그런 거 말고는.

근데 사람이 동물도 아니고, 물론 동물은 동물이지만 먹는 것만 갖고 그 빈 곳이 채워질 수 있겠냐고. 근데 알면서도 못 해줬다는 게 너무 미안하더라고. 그래도 또 웃는 얼굴로 반갑게 맞이해 주고, 아는 척해 주고 하니까 너무 고맙고 그랬었는데. 가끔 연락은, 전화 통화는 안 하지만 어디 문화 행사나 이런 데 가면 봐요. 어제 봤던 것처럼 그렇게 하고… 그러면 너무 고맙고 그렇죠.

## 5

## 목포에서 도움을 준 또 다른 사람들

〈비공개〉

면담자　　그 외에 혹시 목포에서 생각나는 분들이 있으실까요?

건우 아빠　　이렇게 오시는 분들, 뭐라 그럴까, 어떻게 얘기해야 되지? 그러니까 현장에, 목포에 오시는 분들이 그냥 한번 오고 '아, 여기가 세월호가 있는 곳이구나, 세월호가 저렇게 생겼구나' 그런 의미가 아니고, 같이 그곳에서 단 며칠이지만 활동했던 사람들, 같이 또 움직이고 자원봉사 하고 그랬던 분들이 꽤 많았어요. 다 기억은 안 나지만 기억나는 애 둘이 있는데, 민주하고 아… 좀 지나고 나니까 또 이름을 다 까먹는구나. 우리 애들 또래 정도의 여자애 둘이 있었어. 〈비공개〉 그런 여자애 둘이 있었는데 굉장히 착해요, 열심히 하고.

얘네들 하다못해 그 더운데, 이런 일이 있었어요. 오는 사람들마다 철책에다가 다 리본을 걸어놓으니까, 이게 걸 때는 모르는데 만약에 태풍이 와가지고 바람 한번 불면 이 철책 그냥 뽑혀요. 왜냐면 철책에 틈이 있는데 바람이 이리로 빠져나가야 되는데 리본 때문에 못 빠져나가니까 저항이 생겨버리잖아. 그래서 항만 본부에서 담당자가 있는데, 가족들한테 굉장히 우호적으로 해줬던 사람이에요. 그 사람이 관리자인데 이 사람이 우리한테 그 얘기를 하는 거예요. 그때가 2017년도 여름경에 태풍 올 때, 그때 그 얘기를 한 거예요. 그래서 "이거를 수거를 해야 된다, 리본을. 다 풀어야 된다".

그래서 일정을 딱 잡았는데, 가족들도 내려와서 이것 좀 풀자니까, 사람이 내려와야지 그거 풀지. 그런 것들이 좀 내려놓게 만든 이유 중에 하나인데. 그런데 둘이서 그 햇볕이 그렇게 내려쬐고 그 더운 여름에…. 2018년도 여름 못지않게 2017년도 여름도 더웠어요. 굉장히 더웠거든요. 더군다나 거기는 바닷가다 보니까 얼마나 습해, 햇볕 쨍쨍하지. 그 날씨에 모자도 안 쓰고 나간 거야. 애들이 조금 너무 순진, 천진무구해 가지고 둘이서 그걸 다 풀고 있는 거예요. 얼마나 미안해. 걔 뭐 시원한 것도 주고 그랬는데, 그래도 좋다고 "삼촌, 삼촌" 하면서 그랬었는데, 걔네들 본 지도 참 오래됐구나.

**면담자** 그 친구들은 어디서 온 거였어요, 부모님이랑 같이 왔어요?

**건우 아빠** 목포, 집이 목포예요. 부모님들하고 같이 온 건 아닌데 걔네 부모님들이 알고 있고. 애네들이 또 따로 자원봉사 그런 것들 많이 했나 보더라고. 많이 한 거 같아. 그쪽에 있는 분들 거의 다 알고 있는 거 보니까, 많이 했고…. 하여튼 걔네들이 그런 남들 꺼려하는 허드렛일들, 잡다한 일들 이런 것들 참 많이 했거든요. 너무 고맙고, 걔네들이 제일 기억나. 제일 열심히 했던 애들이고. 또 목포에… 누구더라. 우리 희생된 여자아이 중에 이모가 거기 살아요, 목포에. 이름이 뭐였더라. 하여튼 그 이모도 자주 와서 같이 활동하고 봉사해 주고 그런 분도 계셨고.

그러니까 자원봉사 오시는 분들이라든가 실천회의에서 오시는 분들이 하는 일은 딱 그거예요. 첫 번째가 가족들 챙기는 거, 전반적으로 다 가족들 챙기는 거. 두 번째가 거기 오는 시민들 맞이하는 거, 그리고 리본 나눔 하는 거, 그런 것들 가장 중요한 일들을 했죠. 참 고마운 사람들이에요. 그분들도 아마 이번에 수습 작업 다 끝날 때까지 그때까지 같이 있을 거고. 11월 달부터 세월호 현장이, 신항 현장이 특조위에서 관리 들어가거든요. 그 전까지는 아마 같이 있을 거예요. (면담자 : 정말 오래 계신 거네요) 예. 진짜 오래 계셨죠.

면담자       이제 육상 거치 과정이랑 그때 트랜스포터 문제에 대해 말씀해 주셨는데, 그거는 약간 다른 얘기고 좀 길어질 것 같아서 잠깐 쉬었다 하면 어떨까요.

건우 아빠       그래요.

(잠시 중단)


# 6
## 세월호 육상 거치 과정


면담자       목포에 세월호가 오고 나서 바로 육상 거치가 된 것이 아니고, 또 그 과정이 있잖아요. (건우 아빠 : 그렇죠. 한 십여 일 정도 걸렸죠) 그 과정이랑 트랜스포터 과정에 대해 말씀을 해주세요.

건우 아빠    처음에 들어와서 부두 안으로 올리기 전에 예상치 못했던 상황이라기보다는 그거에 대해 큰 비중, 큰 문제의식을 안 갖고 있었던 게 뭐냐면, 화이트마린에 싣고 나서 오는 도중 또 도착해서도 세월호 내부에서 뻘이라든가 이런 것들이 계속 쏟아지는 거예요. 그거에 대한 생각을 깊게 못 한 거지. 근데 계속 이렇게 쏟아지다 보니까 '이걸 옮길 수가 있나' 그런 문제가 생긴 거예요. 그것 때문에 뭐 구멍을 뚫는다느니 어쩐다느니 그런 얘기들이 나왔고, 해수부에서. 그래서 "안에 있는 뻘들을 일단 빼내고 나서 옮기겠다". 구멍 뚫는 건 좋은데, 물론 그렇게 해야 되겠지만, 어디를 뚫을 거냐 이거죠. 배가 좌현으로 넘어져 있는데 이 좌현이 확인이 안 된 부분인데, 말 그대로 그때 당시에 외력설에 의해서 잠수함 충돌이니 뭐니 이런 가설들이 많이 나올 땐데, 여기다 구멍을 뚫어? 말도 안 되는 소리거든요. 그래서 그 문제 때문에 좀 많이 지체됐어요.

그리고 또 이 선박이라는 거는, 선박 자체가 국가잖아요. 국가이기 때문에, 화이트마린[은] 네덜란드 선박이었었는데, 그 안에서 할 수 있는 행위들이 그렇게 많지가 않았어요. 사전에 협의를 하고 선장이 오케이 해야지만 할 수 있는 것들이 있거든요. 그래서 그때도 잠깐 말씀드렸지만 가족들 세 명이 코쌀 정리하는 작업자, 코쌀 직원으로 해갖고 가짜로 들어갔었다고. 근데 얘네들도 알았었어요. 나중에 그거 갖고 한 번 문제제기를 했었거든. 어쨌든 처음에 그런 요인 때문에 지체가 됐었고. 그리고 어느 정도 되고 나서 세월호를, 이게 부두면 화이트마린이 처음에 이렇게 접안을 했었어요. (면담자 : 배 앞으로요) 그랬다가 이걸 이렇게 돌린 건데, 돌려서 이렇게 뽑아낸 건데.

면담자            배랑 나란히 있다가 직각으로요?

건우 아빠        그렇죠. 이렇게 해야지 트랜스포터가 들어가서 대고 선 끌고 나올 거 아니에요. 근데 이 모듈트랜스포터를 너무 용량이 작은 거를 사용을 한 거예요. 그 이유가 뭐냐면 실질적으로 이 세월호 안에 뻘이 얼마나 있고, 실질적으로 무게가 얼마나 되는지 제대로 계산을 못 한 거지. 예측을 못 한 거죠. 개판으로 한 거예요. 그래 갖고 그때까지만 해도 상하이샐비지의 임무가, 역할이 이 배를 부두 안까지 끌어다 놓는 거, 올려다 놓는 거까지가 걔네들 해야 될 일이거든.

근데 결국에는 무게 계산을 제대로 못 했고. 그렇기 때문에 트랜스포터 한 대가 견딜 수 있는, 하중이 좀 낮은 거, 그걸 사용을 했어요. 그랬기 때문에 제대로 들 수가 없었던 거지. 문제가 생긴 거지. 기계적인 어떤 오류도 생기고, 고장도 나고. 그래 가지고 급하게 트랜스포터를 더 준비를 해서 투입을 하고 하는 과정들, 그런 전반적인 과정이 시간이 오래 걸린 거죠. 그러니까 제대로 준비 작업을 안 했던 거죠, 결국엔. 그래서 시간을 그만큼 허비했던 거였었고. 그리고 원래는 세월호가 부두에 들어와서 이 배를 바다하고 수평이 되게 놓기로 했었어요. 근데 그게 안 되는 거야. 그것도 무게 계산을 제대로 하고 제대로 된 무게에 맞는 트랜스포터를 썼었다면 가능한 얘기였었는데, 그렇지 못하다 보니까 이 움직이는, 운반하는 과정 중에 어떤 사고가 생길지 장담을 못 하는 거야. 그렇다 보니까 얘네들, 결국에는 이렇게 들어온 이 방향 그대로 세월호를 거치를 하게 된 거죠.

이게 가장 큰 문제예요. 그러니까 해수부에서도 제대로 관리라든가 감독이라든가, 상하이샐비지는 하청업체잖아요. 얘네들 관리를 못 한 거죠, 못 한 게 능력이 없어서 못 한 건지 아니면 의도적으로 안 한 건지 그거는 밝혀야 될 문제지만. 상하이샐비지도 마찬가지로, 얘네들 세월호를 인양을 해서 육상에 거치할 만큼의 기술력을 가지고 있는 업체는 아니에요. 그러니까 얘네들하고의 관계, "인양을 시작한다"고 발표하기 이전부터 이미 해수부에서는 상하이샐비지에 대해서, [조사를] 갔다 왔었고, 거기까지. 그때가 2015년 5월경에 이미 인양 검토까지 다 했었고 그런 전반적인 과정이 의심스럽고, 문제가 많고 또 그 부분에 대해서 전반적으로 다 재수사, 재조사를 해야 된다는 거죠.

실질적으로 트랜스포터의 방법론적인 거에 대해서는 문제가 없었어요. 원래 그렇게 하는 방법이 맞아요. 트랜스포터라는 게 그런 거대한 물체를 이동시키기 위해 사용하는 장비니까. 맞는데, 그런 작업을 하기 위한 사전 준비라든가 계획, 또 그것도 기술이

건우 아빠 김광배

있어야 돼요, 아무나 할 수 있는 게 아니라. 그런 기술력, 이런 모든 것들이 일치가 되지 않았다는 거지. 하나도 제대로 어울리는 쌍이 아니에요, 얘네들. 그러다 보니까 '상하이샐비지라는 업체 자체를 컨택[접촉]을 한 의도가 있었다'라고 생각을 하는데, 그것부터 다시 수사를 하고 조사를 해야 된다는 거죠. 그런 문제였고, 트랜스포터에 대한 문제점이 모듈트랜스포터의 기계 자체의 문제가 아니라, 물론 용량이 작다 보니까 문제가 생긴 거지만 그런 문제점[이 있었죠].

그러니까 결국에는 다음 거하고 연결되는 건데, 해수부의 대응 방법이라 그럴까, 아까도 얘기했지만 진짜 수동적이에요. 얘네들은 얘기하는 거 아니면 안 해, 절대로. 스스로 생각해서 판단해 가지고 하는 경우가 없었어요. 그도 그럴 게, 얘네들은 딱 세월호만 인양해서, 원래 인양도 안 하려 그랬었지만, 인양해서 신항에 갖다 놓는 거. 그 이전에도 많은 문제점들이 있었지만, 어쨌든 결정하는 과정 중에서도 그런 문제점들이 많이 있었지만, 결국에는 그 전체적인 과정, 인양과 신항으로 들어오는, 신항에 거치하는 그 전체적인 과정에서 봤을 때 해수부는 굉장히 수동적이었었어요.

그 이유가 단지 책임 문제, 책임 문제 때문에. 그건 너무 약해, 너무 약해요. 책임 문제 때문이라는 건 너무 약해. 선조위들도, 처음에는 몰랐지만 나중에 같이 생활하다 보니까, 인양분과장이 제일 화가 났던 게, 제일 화를 많이 내고 화가 났던 게 바로 그런 거거든요. 선조위는 세월호의 침몰 원인 조사, 미수습자 수습 그리고 선체 보존 이 문제 때문에 선조위를 만들고, 우리가 국회에서 싸워서 선조위를 만들고 그 조사관들, 선조위 위원들 뽑아놓고 했는데, 얘네들도 할 생각이 없는 건지 굉장히 수동적이었거든. 그러다 보니까 인양분과장이 화가 난 이유가 그거예요. "언제까지, 어떤 것까지, 어느 곳까지 가족들이 해야 되느냐. 이거 니네가 할 일인데 이거까지 우리 가족들이 해야 되느냐".

예를 들어서 제일 처음 휴대폰이 발견됐을 때 얘네들 어떻게 해야 될지조차도 몰랐던 거 같아요. 그리고 또 할 생각들도 안 하고 있었고, 먼 산 쳐다보듯이 그냥 쳐다만 보고 있는 거예요. 그래서 그때 인양분과장이 휴대폰, 그 담을 수 있는 진공 팩이라든가 이런 거 준비하고. 그리고 극초순수 물, 그게 뭐냐 하면 진짜 깨끗한 물이라고 얘기해야 되나, 미디어 기기들 오면 그거 담아놔야 돼요. 안 그러면 전부 삭아버리잖아. 공기 중에 노출되면 다 삭아버리잖아. 그런 거까지 다 가족들이 신경을 써서 가족들이 얘기를 하고 그래야지만.

**면담자**　　　가족들이 직접 알아보시고 뭐가 좋은지 이런 거까지 하신 건가요?

**건우 아빠**　　　직접 알아봤다기보다도 그런 것들을 요구하고, 그럼 선조위 측에서, 해수부 쪽에서 그런 거 확인하고 준비하고 그랬겠죠. 이미 그런 상황에 대비해서 전부 준비가 되고 스탠바이가 돼 있어야 되고, 상황이 벌어지고 나서 그때서야 준비가 되고 또 뭘 해야 될지 우왕좌왕해 버리고 하니까 열이 받는 거지, 가족들은. 그래서 가족들이 처음서부터 끝까지 참견을 해야 돼요. 그런 상황이 발생하게 되는 거고, 그래서 가족들이 도대체 어디까지 해야 되는지 그거에 대해서 화가 나는 거고.

해수부도 그렇고, 선조위도 그렇고 직원들의 업무 수행하는 과정을 보면 굉장히 답답해요. 체계적이지도 않고 굉장히 답답하고 딴생각들만 하고 진짜 '시간 떼우려고 왔나?' 그런 생각들만 들고. 그리고 상호 관계라고 돼 있는데 해수부와 선조위의 상호 관계는 딱 그거 같아요, 느낌이. 윈윈(win-win), 서로 윈윈하자. 이거 빨리 정리하고 빨리 끝내자. 실질적으로 선조위의 기간이 6개월 플러스[더하기] 4개월, 10개월이에요. 거기다 이제 플러스 3개월. 3개월은 보고서 작성하는 기간. 그 기간까지 실질적으로 침몰 원인에 대한 조사를 한다고 했었지만, 제대로 조사한 건 없었지만 그런 짧은 시간 내에 얘네들은 뭘 어떻게 해야 되는지조차도, 어떤 계획이라든가 절차라든가 방법. 하여튼 전반적인 모든 것들에 대해서 생각이 없었어요.

근데 다 그런 건 아니고. 미꾸라지 몇 마리가 흙탕물 만들 듯이 선조위 내에서도 그런 사람들이 있었고. 흔히 얘기하는, 우리가 그런 얘기 하는데 선조위를 보고, 선조위 위원들을 보고 "해피아[해양수산부+마피아에서 나온 말로 해수부 출신 관료들의 이기적 집단을 일컫는 말]가 이런 거구나" 그걸 알았다고 얘기를 하는데, 진짜 '해피아가 어떤 거구나'를 그때 알았어요. 해피아의 대부 격인, 선조위 때

김영모, 그 부위원장, 우리나라 그런 어떤 계통, 구조가 그렇게 될 수밖에 없다고 하더라도(한숨). 물론 이해의 관점이 틀려서 그럴 수는 있겠죠. 이 사람들도 '그런 사고가 나서 희생자가 많이 생긴 거, 그건 너무 안타까워. 하지만 나도 먹고살아야 돼' 그런 관점일 수도 있겠지만, 인간적인 면이 없다는 거죠.

**면담자**　　　최소한의 인간적인 면이요?

**건우 아빠**　　　최소한의. 그러다 보니까 '아, 해피아라는 게 저런 거구나'. 결국엔 선조위의 결과보고서까지 연결이 되는데, 내인설을 주장한 위원들.

## 7
## 선조위의 문제

**면담자**　　　선조위 결과보고서인 거죠?

**건우 아빠**　　　선조위 조사결과보고서에 내인설을 주장한 위원들, 밑에 조사관들도 마찬가지지만 이런 사람들 결국엔 그 위원들의 민낯을 보면서 '저게 해피아구나' 그걸 우리가 알게 된 거죠. 실질적으로 경험을 하게 된 거죠, 진짜 해피아.

　　내인설이 결국엔 뭐냐 하면요, 세월호 참사 처음에 검찰이 발표한 침몰 원인, 또 국정조사에서 발표된 침몰 원인 그거를 뒷받침하기 위한 이론이거든요. "이게 원인이다. 솔레노이드 밸브[전자 밸브), 솔레노이드 밸브가 고착이 돼서 전타[선박의 방향키 각도를 바꾸는 킷가 돌아갔다. 35도 전타가 돌아갔다. 그래서 배가 침몰했다". 그거를 이해를 하라고 얘기를 하는 거죠. 결국에 그 얘기는 뭐냐 하면 사고라는 얘기지, 사고. 인지할 수 없었던 갑작스럽게 생겨버린 사고. "세월호 참사는 참사가 아니고 사고다. 세월호는 사고다". 박근혜 정부 당시에 발표가 됐던 그 침몰 원인에 대한 근거를 만들려고 했던 거예요. "선조위에서 조사해 보니까 그때 그 조사 결과, 수사 결과가 그 침몰 원인이 맞다", 그걸 만들기 위한 거죠.

반대로 이 열린 안도 상당히 맹점이 많아요, 잘못된 점이 많은데. 열린 안에서 얘기하는 건 뭐냐면 "뭔지는 모르겠지만 외부에 충격이 있었다, 외력이 있었다. 그 외력이 꼭 잠수함은 아니다". 예를 들어서 거센 파도, 높은 파도 또 소용돌이 이런 것도 외력이거든요. "그런 거에 대해선 잘 모르겠다. 그래서 더 조사를 해야 된다"라고 얘기한 게 바로 이 열린 안이에요.

왜 이렇게 나눠졌느냐. 그거는 좀 전에 말씀드렸던 감추려고 했던 자와 밝히려고 했던 자의 결과가 그렇게 나온 거예요. 우리는 가장 두려웠던 게, 가장 걱정했던 게 뭐냐면, 선조위에서 소위 말해서 이게 100프로 원인이 아닐 수도 있지만, 또 원인일 수도 있고 원인이 아닐 수도 있지만, 조사결과보고서 자체가 안 나온다는 거, 우린 그게 받아들이기 힘든 상황이었거든요.

그래서 요구를 한 거죠, 선조위에. "어떤 거든 좋다. 만약에 결론을 못 냈으면 결론을 못 낸 거 거기까지, 열린 안도 그렇고 내인설도 그렇고. 그리고 모든 조사관들이 진짜 터무니없는, 허무맹랑한 그런 조사 결과지만 그거 다 넣어줘라. 아직 정확한 침몰 원인이 밝혀지기 전까진 그건 다 가설이다". 우린 그런 취지로 요구를 했거든요. 그래서 결국엔 이렇게 나눠진 거고. 〈비공개〉

　　우리가 참 두려운 게 그거거든요. 내부의 적이 생겨서 내부 총질을 받으면 진짜 헤어날 방법이 없어요. 그것도 "세월호 진상 규명을 해야 된다. 세월호 참사에 대해서 반드시 밝혀야 된다"고 하는 사람이, 그 활동을 했던 그 사람이 당사자인 유가족한테 그런 내부 총질을 한다는 건 이해를 할 수 없는 거죠. 하여튼 그런 점에서 제대로 다 결론이 나야 되는 상황이고. 어쨌든 선체조사위원회에서 발표한 두 가지 결과 보고는 지금 이제 나왔어요. 지금 백서 만들고 있는데, 기억저장소에도 그거 갔을 텐데 시간 진짜 많을 때, 잠 안 올 때 한번 읽어보세요. 잠 잘 올 거예요(웃음).

　　우리가 지난 8월 6일 날 선조위의 조사 기간이, 임기가 다 끝났는데 10개월 그리고 3개월 하면 13개월이네요, 그러니까 1년하고 한 달. 1년이라는 시간 동안 선조위에 원했던 거 그리고 거기서 얻은 거, 그건 제 생각에는 1프로. 100프로를 원한 건 아니었어요. 50프로라도 추후에 다시 또 조사를 하고, 이어서 조사를 하고 할 수 있는 그런 근거만 남겨주기를 바랐었는데. 그리고 가장 중요한 게 미수습자 수습은 빼고, 그건 당연한 거니까 빼고, '침몰 원인이 못 밝혀질 수도 있다'라고 생각을 했었어요. 대신에 침몰 원인을 밝힐 수 있는 근거, 그 방향까지는 우리가 잡아줄 줄 알았거든.

근데 그걸 선조위에서 못 했어요. 결국엔 내부적으로 서로 총질하다가 다 죽었지, 뭐. 그래서 우리가 마지막에 원했던 게 '어쨌든 결과보고서는 나와야 된다'. 왜 그러냐 하면 선조위가 활동하는 그 기간 내내 우리는 2기 특조위, 우리가 얘기하는 2기 특조위, 사회적참사특별조사위원회를 만들 걸 이미 준비하고 진행하고 있었거든요. '여기서[선조위에서] 못 낸 결론은 여기서[사참위에서] 내야겠다. 우린 이게 마지막이다' 이 생각으로 준비하고 있었거든요. 그래서 '여기서 방향만 잡아주면 된다'라고 생각을 했었어요. 근데 그게 안 됐고 여기서 더 힘들어졌지만.

근데 결국에는 뭐냐 하면 선조위를 보면서 공모의 세계, 정보조직에 대한 방해라든가 이런 것들은 이미 봤지만, 아까 말씀드린 해피아라는 존재, 이런 것들. 어떻게 보면 1기 특조위 때보다 좀 더 디테일한 그런 상황들을 우리가 경험을 했거든요. 그래서 이 사회적참사특별조사위원회, 2기 특조위를 끌고 나가는 양분이 됐어요. 영양분이 됐고, 잘 끌고 나가야 되고. 그리고 또 하나는 좋은 사람들도 많이 얻었지만, 어떤 놈들이 나쁜 놈들인지도 알게 됐고…. '영원한 아군도 없고 영원한 적도 없다'라는 것도 알게 됐고. 〈비공개〉

그리고 더 중요한 건 '우리가 특조위를 가족 입장에서 어떻게 운영하고 어떤 방향으로 진상 규명을 해야 되고 하는 거에 대해서 공부를 했다' 그러는 게 뭐냐면, 알게 된 게 많아요. 대표적인 게 에이아이에스(AIS)라는 문제, 흔히 얘기하는 알오티(ROT), 알오에이치(ROH), 레이트 오브 힐(Rate of Heel), 레이트 오브 턴(Rate of Turn) 뭐 이런 전문적인 용어들, 이런 것들에 대해서 가족들이 공부를 하는 계기가 됐거든. 정확하게 그 의미라든가 그런 걸 알게 됐죠. 〈비공개〉 하여튼 그런 상황이고, 어쨌든 4년이라는 세월이 지나고 두 개의 특조위를 거치고 나면서 가족들 참 많은 공부 했어요. 전문가 됐어, 다. 진상분과장[은] 교수들 데려다 놓고 앞에서 강의할 정도가 됐어, 이제. 그 정도로 소위 말해서 전문가라는 사람들이 무슨 소리를 하면 이게 맞는지 안 맞는지 안다는 얘기. 이게 굉장히 중요한 거거든. 소위 말하는 전문가들도 함부로 얘기 못 해요. "이게 뭔지 알아?" 그런 소리 못 해. 그거에 대해서 정확하게 알고 있으니까, 그 의미에 대해서 정확하게 알고 있으니까.

그러니까 우리는, 예를 들어서 사람들이 일반적인 전문가라는 사람들이 생각하지 못하는 부분까지 생각을 해요. 그 대표적인 게 에이아이에스거든. 선조위가 결국에 나눠지고, 결과가 둘로 쪼개지고 실질적으로 침몰 원인에 대해서 증명을 못 했던 게 뭐였냐면 틀에 박혀 있는 고정관념 때문에 그랬어요. 그게 뭐냐 하면 정부에서 발표한 그 에이아이에스, 그 사람… 선조위에 있는 모든 조사관들, 선조위에 있던 모든 사람들은 그 에이아이에스를 진상분과장이 얘기하는 [것을] 바이블로 믿고 있거든. 그런데 우리 알잖아요.

블랙박스에서 나타난, 찾아낸 그 영상, 이게 가능한 얘기냐고. 이거 증명 못 해요. 절대로 할 수가 없어요, 증명을… 이 두 가지다. 배가 그렇게 되려면 딱 두 가지 요건이 필요해요. 그게 뭐냐면

건우 아빠 김광배

첫 번째가 외력. "외력이 어떤 거다"라고는 얘기할 수 없지만, 하여튼 외력. 배를, 알오티(ROT)를 돌릴 수 있는 그 외력, 힘. 그리고 두 번째가 급격하게 넘길 수 있는, 우리는 그 기저에 있는 무엇에서 의도성을 보는 거예요. 만약에 그 복원력이 급격하게 상실돼서 배가 확 뒤집어졌다? 그럼 '왜, 갑자기 이렇게 복원력이 상실이 됐을까?' 그런 의심도 할 수 있는 거고. '그럼 언제부터 복원력이 상실이 됐을까? 인천항에서 출발해서 오는 동안 그런 현상이 왜 진도에서, 그것도 물살이 세다는 맹골수도에서 발생을 했을까?' 그런 것들.

그리고 과연, 가장 중요한 게 정부에서 발표한 대로 '세월호가 그 에이아이에스대로 움직였을까'에 대한 근본적인 의심을 하는 거죠. 만약에 이 에이아이에스가 가짜라면, 조작된 거라면 배는 전혀 다른 형태, 다른 모습으로 움직였을 수도 있다라는 거죠. "이걸 증명해라". 근데 다 못 해요. 못 하는 이유가, 얘기했지만 편견 때문에 그래요, 딱 심어놓은 그 편견. 그래서 우리가 선조위가 처음 시작할 때, 첫 번째 전원위원회의 들어가서 한 말이 있어요. 그 위원들 다 앉아 있을 때 "부탁한다. 절대로 세월호 참사를 재단하지 마라. 그 얘기인즉슨 결과를 짐작하고 그 결과를 만들기 위한 원인들을 만들어내지 마라, 재단하지 마라" 그걸 요구했었거든. 근데 결국엔 그렇게 했잖아.

그게 선조위의, 부드럽게 얘기해서, 잘못이죠. 전문가들의 어떤 독선, 그러니까 '내가 얘기하는 이론에 대해서 반박을 하는 사람들은 다 적이야' 그런 독선. 그 맹종, 에이아이에스에 대한 맹종. 그런 것들이 결국엔, 이 얘기까지 가면 참 깊은 얘긴데, 어쨌든 그런 것들이 결국에 이 선조위를 몰락[하게] 한 거예요, 사실. 내부 갈등이 생기고 두 패로 나눠지고, 3 대 3으로 의견이 갈려서 "두 개 다 조사 결과다" 하고 보고서에 올라오고. 그 자체가 몰락한 거고, 무너진 거거든요. 그런 뼈아픈, 진짜 피가 거꾸로 솟고 뼈가 아픈 값진 교훈을 얻었죠, 우리가 선조위를 통해서. 한편으론 고마워요, 그 사람들한테 너무 감사해. '아, 그런 것도 있구나. 아, 당신 같은 사람들도 있구나' 그런 걸 배우게 된 거죠. 〈비공개〉

진짜 가장 객관적으로 바라보려고 했던 사람이 두 사람이에요. 이동건 위원하고 장범선 교수. 그 사람들이 굉장히 많이 연구를 하고, 근데 이거 증명을 못 하는 거예요. 왜? 에이아이에스를 못 버리기 때문에.

**면담자**　　　　못 버린다는 게 믿고 있다는 이야기인가요?

**건우 아빠**　　　그거에 맞추기 때문에. 그걸 무시하고 반대로 "배가 이렇게 될 수밖에 없는 그 상황, 그 조건들이 뭐가 있을까?" 거꾸로 찾아 올라가다 보면 "이 에이아이에스 문제가 있어" 이렇게 나올 수 있을 텐데, 여기에 맹종하다 보니까 "이 시점에서 이렇게 돼야 되고, 이 시점에서는 이렇게 돼야 되고" 그거 따라가다 보니까 이거 증명을 못 하는 거예요. 배가, 알오티(ROT)가 이렇게 돌아가는 거, 2.7 이상 3.7 이렇게 돌아가는 거, 그거 증명을 못 하는 거예요. "배가 쓰러진 상태에서 이렇게 돌 수가 있을까" 그런 여러 가지 것들. 그러니까 선조위가 우리 가족들한테 가장 큰 가르침을 줬죠. 득도했어요, 득도.

면담자      가슴이 답답한 이야기들이 너무 많은 거 같아요.

건우 아빠   답답해요. 진짜 답답해요. 우리는 전문가라고 얘기하는 사람들을 안 믿어요. 그 사람들 전문가일 뿐이야, 전문가일 뿐.

면담자      전문가의 의미에 대해서 진짜 생각을 하게 되네요.

건우 아빠   진짜 그냥 전문가일 뿐이지 프로페셔널은 아니야, 그 사람들은.


# 8
## 목포에서의 유해 수습 과정


면담자      목포에서 수색 과정과 유해가 수습되는 과정에서 혹시 생각나는 얘기, 보신 것이나 전하셔야 될 거는 없나요?

건우 아빠   우연찮게 유해가 수습되는 거는 내가 목포 근무 안 할 때 대부분 다 그렇게 됐어요. 근데 딱 한 번, 다윤이 유해 일부가 발견될 때, 그땐 내가 있었는데. 만약에 상황이 발생을 하면 모든 CCTV 다 꺼요. 동시에 그냥 보통 뭐 10개 이상, 15개까지 돌아가는 CCTV가 동시에 탁 나가. 그러면 '아, 상황인가 보다' 그러고 이제, 그런 상황이 그때 한 번 있었는데. 나머지의 경우는 나 안산에 있을 때, 우리가 선체기록단이라 그래 가지고 감독들하고 같이 그때 내려와서 촬영을 했던 기록팀, 우리, 내려오는 가족들 또 가족협의회 임원들, 그 사람들이 공유하는 텔방이 있는데 거기에 사진들이 계속 올라오고. 모든 사진들은 거의 다 그리로 올라와요. 그걸 통해서 알았지, 뭐. 은화라든가 이영숙 씨라든가 이런 사람들, 그렇게 알았고.

실질적으로 내가 있을 때 본 건 다윤이었었는데, 그때는 우리가 접근할 수는 없으니까 먼발치에서 봐요. 〈비공개〉 유해가 수습되고 이런 거에 대해서는… 아, 그런 경우 있었구나. 이미 빼낸, 포대에, 백에 담아서 빼낸 거기서 쌓아놨던 자리가 있는데, 거의 폐기시키거나 그럴 것들이에요. 폐기물들… 주로 많은 자리였었는데, 뻘 백 정리를 하고 옮기고 하면서 그 바닥에 떨어져 있는 것들을 쓸어 모으는 과정에서 뼈가 하나 발견됐었어요, 그때 있었는데, 직접 가서 촬영하면서. 그런 상황에는 해수부, 선조위, 가족들 다 전부 같이 공유된 상황에서 수거를 하거든요. 그리고 국과수에서 나온 사람들이 1차적인 확인을 해요. "이거 인골이 확실하다. 내지는 의심이 된다" 하면 국과수에서 DNA 분석을 해요. 그 전 과정까지 우리가 같이 확인을 하고 하는데.

그때 빗자루로 이렇게 쓸고 담는, 흩어져 있는 쓰레기들, 뻘이라든가 뭐 그런 것들 모으는 과정에서 뼈가 발견됐는데 그때 진짜 어처구니없는 거 아니에요? 그게 왜 그런데서, 왜 나오는지 이해를 할 수 없는 거지. 대충대충, 수습도 대충대충, 확인도 대충대충. 그러다가 딱 발견하면 다행이고, 아니면 말고…. 진짜 그런 식인지. 가장 인간적인 생각으로, 상식으로는 이해를 할 수가 없는 거야, 그런 것들을, 모든 것들을 다.

그리고 뼈, 동물 뼈 나오는 거, 동물 뼈가 다 90프로 이상이 상하이샐비지 거기서 버린 게 맞고, 그건 이미 다 확인됐거든요. 거기서 원래 그렇게 할 수가 없어요. 바다에서 못 버려요, 그거. 들고 나와서 육지에서 폐기를 해야 돼요. 근데 그 바다에다 그것도 세월호 위에다가 다 쏟아부은 거고.

면담자     그게 확인이 됐어요?

건우 아빠     다 확인이 된 거예요. 진술까지 다 확보했고 우리 그거 가만 안 놔둘 거예요. 그거 준비하고 있어요. 그리고 그중에 일부는 세월호 식당, 주방에 있던, 요리할 때 쓰려고 했던 그런 동물 뼈도 있고. 동물 뼈 딱 보면 표시가 나요, 절단된 면이 날카롭고 빤빤해. 그런 건 거의 동물 뼈라고 의심을 하거든. 그것도 진짜 가만 안 놔둘 거예요. 해수부가 그거 몰랐냐? 그러니까 다 의심이 되는 거야. 의도적으로 그랬을 수도 있겠다. 의도적이라는 얘기는 뭐냐면 만약에 세월호를 진짜 인양을 할 목적, 인양을 할 생각이었으면 그렇게 했을 거냐고. "어차피 이거 인양 안 해, 그냥 하다 말 거야" 그니까 그 짓거리들을 한 거지. 근데 상황이 딱 바뀌어가지고 갑작스럽게 인양 발표하고 인양이 딱 되고 나니까 그런 부분들이 다 드러나는 거지. 그거 가만 안 놔둘 거야.

## 9

# 사회적참사특별조사위원회의 조직과 관계

**면담자**　　목포에서 정리하시고 올라오시게 되는 과정이 있다면 말씀해 주세요. 좀 바뀌셨잖아요. 최근에는 계속 서울로 가시고 계신데 목포 생활이 정리되던 시기에는 어떤 일이 있었는지요? (건우 아빠 : 내가 정리할 때?) 네, 아버님이 올라오실 때요.

**건우 아빠**　　내가 목포 생활을 정리하게 된 계기가 뭐냐 하면 일단 목포에 내려가는 사람들은, 반 대표들이 내려가기로 했었기 때문에, 그때 당시에는 아까 얘기했던 죽돌이, 죽순이 방에 있던 그 사람들, 주로 이제 각 분과 팀장들이었었어요. 건우 엄마도 심리생계분과 팀장이고 나도 팀장이고 차웅이 엄마라든가, 준영이 아빠도 대외협력분과 팀장이고, 팀장들이 주로 내려갔었어요. 사실 팀장들도 일을 해야지, 분과장들도 일을 해야 되고 그렇기 때문에 "대표들이 좀 내려와라" 그랬던 거였는데…. 그걸 계기로 해서 대표들이 번갈아서 내려오든, 아니면 딱 지정을 해서 한 달이면 한 달 이렇게 내려가든, 그거는 대표단에서 결정을 할 문제들이니까. 그래서 그 참에 올라왔고.

　또 하나는 선조위, 선조위 쪽의 일들 때문에 올라오게 된 거죠. 어떻게 보면 그 생각을 하고, 뭐 계획적인 건 아니지만, '선조위에 가야 된다', 가서 선조위의 회의라든가 이런 것들 확인을 해야 되고. 또 실질적으로 목포에 있는 상황들을 나는 간접적으로 접할 수 있으니까, 확인이 되니까, 목포의 상황들을 이쪽 가족들에게, 예를 들어서 전달한다든가 그런 생각으로, 그런 마음으로 올라오게 된 거고. 실질적으로는 선조위 쪽의 모든 회의, 그때 당시에는 조사 결과라든가 조사 보고 이런 거에 대해서 계속 보고를 하고 회의를 하고 그런 상황들이 계속 이어졌었거든요. 매주 한다든가, 일주일에 두 번 한다든가 이런 식으로 회의들을 계속했었거든. 거기 가족들이 가서 확인하고 그런 문제 때문에 올라왔던 거였었고, 실질적으로 올라와서 주로 선조위 쪽에 갔었고.

그리고 특조위, 그 사참위도 마찬가지고, 그때 지금 사참위 위원장님, 장완익 변호사님이 위원장님으로 임명이 되고, 뭐 다른 소위는 별반 문제지만 가장 중요한 세월호 진상규명소위, 2소위죠. 2소위 문호승 소위원장이 임명되고. 2소위 안에는 세월호 팀이라 그래 가지고 기존의 1기 특조위 쪽에서 활동을 하셨던 분들, 조사관으로 활동을 하셨던 분들, 그분들이 많이 왔어요. 왜? 세월호를 아니까. 그분들이 진상 규명에 대한 어떤 조사 방법이라든가 방향, 모든 것들에 대해서 전반적으로 다 진상분과장하고 같이 협의를 하면서 방향도 정하고 그런 내용들을 했었거든요.

그때 내가 같이 들어간 거죠. 같이 들어가서 같이 논의하고 또 목포 신항 쪽의 상황들도 같이 공유를 하고 그랬던 거였었고. 그런 이유 때문에. 〈비공개〉 사실 그분들이 실질적으로 세월호 참사 진상 규명을 끌고 가야 되는 분들이거든요. 그분들이 목포 내려가서 목포 상황들 정리하고 있고. 왜냐하면 수습이 다 끝나고 나면 11월

서부터는 마찬가지로 사참위에서 목포 신항을 단도리를 해야 되거든요. 세월호를 단도리해야 되기 때문에 그런 준비 작업들을 지금 하고 있고 선조위와 2기 특조위의 그런 일들이 생기고 겹치면서 올라오게 된 거죠. (면담자 : 그게 올해 5월인 거죠?) 그게 5월경이었어요. 그래서 실질적으로 5월 10일 날 선체 바로 세우고, 선체 직립을 하고 그 후에는 계속, 그 후에는 한 번 내려갔었구나, 회의 때문에 한 번 내려갔었는데, 그 정도.

면담자　　　선조위랑 특조위 회의는 아버님 말고 가족분들 중에서는 누가 또 들어가셨나요?

건우 아빠　　　아, 있어요. 사참위라고 할게요. 2기 특조위라 그러면 가습기살균제 피해자 가족들이 굉장히 싫어해. "이게 무슨 세월호 특조위냐"[면서] 굉장히 싫어해요. 우리는 그냥 사참위, 사참특위라고 얘기를 하는데. 지금 사참위, 그때… 까먹었다.

면담자　　　같이하셨던 분이 누가 있었어요?

건우 아빠　　　그때 아마 그 이유 때문에 그랬는데… 가족들이 피해 당사자라는 말, 이해 당사자라는 말, 그 말[을] 선조위에서 들었거든. 뭐냐면 "선조위의 자문위원으로 가족들이 들어가야 된다. 그래서 선조위에서 돌아가는 전반적인 내용에 대해서 가족협의회에서 가족들이 공유를 해야 된다"라고 요구를 했었는데 그때 선조위 비상임위원 중 한 명이 "이해 당사자"라고 "피해 당사자, 당사자들이 왜 들어오느냐. 안 된다" 그래 가지고 결국엔 그게 깨져버리고.

직접적으로 선조위의 내용들을 공유를 하거나 관여를 할 수 있는 자문위원 자격이었었는데, 그게 안 되다 보니까 결국엔 진상분과 장, 인양분과장 이 사람들이 전문위원 자격으로 해가지고 들어갔었 어요. 그래서 실제 선조위 내에서 관여를 했었거든. 그게 필요해요.

면담자    가족이란 이름으로 들어간 게 아니네요.

건우 아빠    그렇죠, 전문위원으로. 말 그대로 지금 사참위도 마 찬가지고, 사참위도 국가의 조직이에요. 근데 여기에 피해자 가족 이라고 해서 들어가서 좌지우지할 수 없는 거거든. 근데 가족들은 꼭 들어가야 되고. 그래서 엉뚱한 방향으로 가는 것들을 사전에 차 단을 해야 되고. 그런 목적도 있고, 또 실질적인 진상 규명의 내용 들을 가족들이 공유를 해야 되기 때문에 사참위에도 요구를 했어 요. 요구를 해서 지금 한 10명이 사참위 자문위원으로 등록이 돼 있고. (면담자 : 가족분들 중에서요?) 가족 중에서. 주로 이제 활동하 시는 분들이죠, 등록이 돼 있고.

면담자    아버님은 포함 안 되셨어요?

건우 아빠    저요. 됐을 거 같아요, 안 됐을 거 같아요?

면담자    되어 있으니까 맨날 가시는 거 아니에요?(웃음).

건우 아빠    예, 포함되어 있고. 그리고 지금 네 개의 소위원회가 있어요, 사참위가. 1소위가 가습기 살균제 피해자 진상 규명소위원 회고, 2소위가 세월호 참사 진상 규명소위원회고, 3소위가 안전사회소위원회고, 4소위가 피해지원소위원회고. 네 개의 소위원회가 있는데, 〈비공개〉 그 2소위, 3소위, 4소위가 있잖아요. 2소위는 전 팀이 다 세월호고 3소위, 4소위는 세월호과가 있고 가습기과가 있고 이렇게 나뉘어져 있고….

그런데 이 세 개의 소위에 가족들이 두 명씩 배정이 됐어요. 그래서 2소위에는 진상규명분과장하고 인양분과장, 그다음에 3소위, 안전소위에는 경빈이 엄마하고, 그러니까 대협분과장하고 저, 4소위에는 추모분과장하고 심리분과장 이렇게 배정이 되어 있어요. 이 사람들이 다 자문위원으로 올라가 있고. 자문위원으로 들어가야 되는 이유가 바로 그거예요. 공식적으로, 비공식적이 아닌 공식적으로 특조위의 모든 상황들을 같이 공유를 해야 되거든. 왜 필요하냐 하면 우리 사람 같은 경우는 2소위원장이나, 뭐 위원장도 마찬가지지만, 2소위원장도 그렇고 이 사람들 '당연히 가족들이 증거인데. 가족들 자체가 증거인데' 그렇게 생각을 하고, '회의라든가 모든 내용들을 공유하는 게 당연하다'라고 생각하는 사람이 있는 반면, "아니, 피해자 가족들이, 유가족들이 왜 들어와?" 얘기하는 사람들도 있어요, 위원들 중에 상임이든 비상임이든. 상임들은 대부분 '가족들이 같이 들어와야 된다'라고 생각을 하는 쪽이고.

3소위, 4소위원장은 우리가 강제적으로 "가족들 넣어" 해가지고 이렇게 된 상황이고. 근데 비상임위원들 중에… 왜 그러냐면 더불어민주당 쪽에서, 더민주 쪽에서 추천을 해서 된 위원들은 당연하게 받아들여요. 황[필규] 위원도 마찬가지고 당연하게 받아들여요. 근데 자한당 쪽에서 추천한 위원들은 "왜 들어오지, 가족들이. 소위원회 회의에 가족들이 왜 들어오냐" 항의를 해요. 그런 경우가 있었거든. 그래서 정리를 했는데, 그런 문제 때문에 우리가 자문위원 자리를 요구를 한 거예요. 그래서 우리 요구대로 들어가 있고… 그거 꼭 필요한 거고, 해야 되고.

자한당 추천위원 중에 비상임위원인데 안전소위만을 담당하는 위원이 있어요. 〈비공개〉 내가 안전소위 쪽에 담당이다 보니까 회의에 딱 들어갔는데 "가족들이 왜 들어오냐"고, "소위원회 회의에 가족들이 왜 들어오냐" 그 얘기를 해요. 그래서 내가 바로 그 얘기를 했어요, 정리를 했지. "예, 그러면 가족들이 이 회의에 참석을 안 하고, 참관을 안 하고 가족들하고 이런 내용들을 공유할 수 있는 그런 방법을 알려주십시오. 그러면 우리 따라가겠습니다" 그랬더니 답을 못 하는 거야. 방법은 그 방법밖에 없거든. "이 방법보다 더 좋은 방법 있으면 우리 그거 따라가겠다, 알려달라". 그다음부터는 좀 아니꼬와도 할 말을, 어필을 못 하는 거지, 가족들한테. 그래서 계속 들어가요. 〈비공개〉

어떤 내용들, 어떤 사안들에 대해서 결정을 해야 될 위원들이란 얘기지, 그렇다면 써먹어야 되잖아. 이 사람을 적대적인 관계로 두면 안 된다는 거거든. 나중에 정 아니다, 구제 불능이다 하면 과감하게 그때 칠망정 지금은 아직 시작도 안 했으니까 어쨌든 써먹어야 된다. 써먹을 방법을 만들려면 딱 한 가지 방법밖에 없어요. 친하게 지내는 방법밖에 없잖아. 근데 그다지 뭐 친해지진 않았지만 그래도 볼 때마다 인사하고 웃으면서 안부 물어보고. 예를 들어서 "추석 명절 잘 쉬셨습니까, 어떻게 고향 댁은 잘 다녀오셨어요?" 하다못해 그렇게 물어보면 "아니요, 집이 서울이라 서울에 있었습니다" 그 정도 얘기가 한두 마디씩 오가면서 볼 때마다, 나중에는 "오늘 시간 되시면 소주나 한잔하시죠" 그런 얘기도 나올 수 있고. 그런 관계를 만들어야 된다는 게 우리 가족협의회의 입장이거든요. 흔히 얘기해서 기조라 그러지, 기조. 이 사참위의 위원들을 끌고 가는 "우리 기조는 그렇게 해야 된다"라고 서로 얘기를 한 적은 없었지만 다 공감을 해요. 이 사람들을 적을 만들면 안 되거든. 그렇게 하고 있고… 그렇게 되면 여기까지 다 끝난 거네(웃음).

면담자　네. 많이 오셨습니다.

건우 아빠　다 왔네. 2018년도까지 왔네.


## 10
## 고마운 사람들


면담자　5월에 오셔서, 4주기도 목포에서 보내셨어요?

건우 아빠　아니요, 4주기는 안산에 있고. 그러니까 올라오긴 그 전에 올라왔어요. 올라왔는데, 수시로는 아니지만 목포 내려갔다가 하루 이틀 만에 올라오고. 근무를 선다기보다도 '꼭 가야겠다, 가고 싶다'라는 그런 생각이 들 때가 있어요. 그럼 내려가요. 여기서 차 갖고 가봐야 4시간, 5시간, 천천히 가서. 거기서 근무를 서는 사람들이 어떤 고생을 얼마큼 하고 있는지 내가 알기 때문에 좀 짠해요. 근데 나도 같은 입장의 같은 부모거든. 그런 마음을, 그런 상황을 모르냐고. 알고 있기 때문에 내려갈 이유가 없더라도 내려가봐야 될 계기가 된다 그러면 갔다 와요.

가서 그냥 보고 그리고 목포에 고구려한의원 원장님, 지금은 전라남도 도의원이 되셨지만(웃음). 그 원장님하고 수간호사님, 우리가 목포에 있는 동안… 아, 그 양반들 얘기를 빼먹었구나. 목포에 있는 동안 일주일에 보통 두 번, 세 번 이렇게 한의원 끝내고 한 8시쯤 돼서 가족 막사로 오세요. 오서가지고 부황도 뜨고 뜸도 놓고 침도 하고 하면서 가족들 불편함을 많이 달래주고 하셨거든. 그 원장님은 우리뿐만이 아니고, 내 기억으로는 우리가 목포에 내려간 그 이후에 얼마 그렇게 많이 안 지나고, 거의 있는 동안 계속 그거를 해주셨거든. 그 양반은 우리만 하는 게 아니고 다른, 특히 노인들 봉사활동 참 많이 하고 그런 양반이에요. 참 괜찮아. 이름이 현옥이야, 조현옥. 조옥현 원장이라고 페북 찾아보면 나올 거야(웃음). 도의원 활동 하면서 도정 소식들 많이 올리고 하는데, 페북에다가. 그 양반들 보러 또 내려가고. 목포에 있는 동안 치료를 참 많이 해줬어요. 나도 그렇고 건우 엄마도 그렇고, 다른 부모들도 마찬가지고 치료를 많이 해줬어요. 〈비공개〉 그런 식으로 진짜 가족들한테 많은 도움을 주신 분이에요. 아, 그 양반 얘기들을 빼먹었네. 참 좋은 사람들이에요.

| 면담자 | 치료해 주시면 대화도 좀 하시게 되고 그러나요? |
|---|---|

건우 아빠　　많이 하죠. 이 사람은 애들 얘기 하면 우는 사람이에요, 우는 사람들이에요. 물론 본인이 직접 당한 아픔은 아니지만 그 아픔이 뭔지 아는 사람이거든. 그 아픔이 뭔지, 내가 당한 아픔은 아니지만 그 아픔이 뭔지 아는 사람들이기 때문에 같이할 수 있는 거지. 서로 느낌이 통하니까, 마음이 통하니까 말이 통하게 되는 거고 그런 거잖아요. 다른 사람들, "아니… 그건 알겠는데, 그래도 그건 아니지" 하는 사람들하고는 차원이 틀려, "그렇기 때문에 이렇게 해야 된다"라고 얘기하는 사람이기 때문에. 그 양반 본 지도 오래됐네(웃음).

면담자　　보고 싶으신가 봐요(웃음).

건우 아빠　　그때 도의원 지방선거 준비하면서 초청을 했어요, 오라고. 그래 가지고 만사 제껴놓고 내려가서 응원해 주고 그리고 올라오고 그랬었는데 진짜 많이 도움이 됐죠. 그 고마운 양반들 중에 한 사람이에요.

면담자　　지금 기억이 안 나셔도 다 언급 못 하셔도 또 도움을 주신 분들이 더 계실 것 같아요.

건우 아빠　　그 진짜 열심히 일했다는 그 아이들, 한 녀석은 민주고 한 녀석이 은지예요. (면담자 : 정확히 생각이 나셨어요?) 좀 덩치 크고 그런 녀석이 은지고, 백은지. 그다음에 그 친구인데 좀 작고 안경 쓴 녀석이 민주, 김민주. 왜 페이스북에 보면 메신저 있잖아요, 그거 뭐더라. 페이스북 메신저가 있어요.

면담자　　　페이스북 메신저요.

건우 아빠　　에. 그 메시지 주고받는 거 있잖아요. 그게 있는데 민주 요 녀석이 가끔 나한테 그 메시지 보내. 그러면서 "응답 좀 해주세요, 응답 좀 해주세요". "나 이거 안 써, 임마. 텔레그램 해".

면담자　　　젊은 친구들이 그걸 쓴대요.

건우 아빠　　어려요. 우리 애들 나이.

면담자　　　요즘 친구들이 그걸 쓴다 그러더라고요.

건우 아빠　　"나 그거 안 써. 나 텔레그램 써. 텔레그램으로 해". 그래도 까먹는 건지 어쩌는 건지 가끔씩 그 메신저를 보내요. 그러면서 "응답 좀 해주세요, 응답 좀 해주세요"(웃음). "제가 페친[페이스북 친구] 신청했어요. 페친 수락 좀 해주세요" 그런 거 보내고. 진짜 예쁜 애들이에요, 착하고. 또 많을 거예요, 다 기억이 안 나서 그렇지. 또 기억나는 분들이 장흥 쪽에 계시는 분들인데, 교회에 계시는 분들인데 그분들이 정확하게 요일은 기억이 안 나는데 일주일에 한 번씩 음식을 해가지고 오세요. 오셔가지고 가족들 식사를 해주시거든요.

　그런 분들이 계셨기 때문에 더 화가 난 거예요. 아니, 이런 분들이 있는데 당사자들은 뭐 하는 건가. 오시면 20명, 30명 여유분 해서 한 3, 40명분 이렇게 해가지고 오시는데, 그러면 목포실천회의 컨테이너에 자원봉사 오시는 분들 같이 먹거든요. 이렇게 준비해 가지고 오시는데. [유가족은] "두 명입니다, 세 명입니다" 그렇게 얘기하는 게 진짜 쪽팔린 거야. 죄를 짓는 기분 있죠, 죄 짓는 기분. 항상 목포실천회의 그 양현주 이 사람도 무슨 요일, 무슨 요일 또 언제 가족들이 교대해서 내려오는지 알아요. 일정 공유를 하니까, 알아요. 그럼 물어봐. "이번에는 몇 분쯤 내려오세요?", "아, 이번에 한 세 명 정도 될 거 같은데" 세 명 내려오면 두세 명 정도 뻥튀기쳐요. "한 다섯, 여섯 명 정도 내려올 거 같다"고. 그럼 내려오면 세 명이야, 두 명이야, "아이고, 못 내려왔나 보네", 근데 알겠지. 나는 그렇게 본의 아니게 거짓말하게 되고, 그런 얘기 하게 되고. 그런 게 진짜 그 사람들한테 미안하고. 〈비공개〉

<br>

# 11
## 4주기 경험

**면담자**　　　올해 얘기 들으면서 마무리를 하면 좋을 거 같아요. 올해 4주기 어떻게 보내셨는지요?

**건우 아빠**　　　(침묵) 일단 4주기를 보내면서 우리가 가족협의회에서 약속을 한 부분들이고, 시민들한테 분향소 정리하는 문제, 약속한 부분이고. 약속한 거 지켜야죠. 다른 부모들의 생각은 내가 관여할 바는 아니라고 생각하고, 내 생각은 '당연히 해야 된다'라고 생각을 했고. '우리 아들은, 우리 건우는 데리고 와야 된다'고 생각을 했고. 우리 건우 영정 사진 있는 거 집에다, 이 녀석 방에다가 갖다 놨어요. 드럼 세트 이렇게 설치돼 있는데 그 위에다가 걸어놨거든. 근데 아직까지는 한 번도 안 치더라고, 얘네들이(웃음).

'당연히 부모로서 그렇게 해야 된다'라고 생각을 했고, 그래서 그렇게 했고. 그리고 많은 부모들이 왔지만 형식적인 거에 얽매이지 않고 상복 입으면 어떻고, 상복을 입든 아니면 양장으로 까만 옷을 입든 그게 중요한 건 아닌데 어쨌든 우리는 똑같은 목적의 가족들이기 때문에 외부로, 일부러 보여주려고 해서 보여주는 그런 마음은 아니지만, 외부로 보이는 모습은 단결되고 하나가 된 모습을 보여야 되는 건 맞아요. 그게 조금 가식이 섞여 있더라도 그건 맞아요. 그렇기 때문에 상복을 입는 걸로 다 결정을 한 건데, 그것도 집행부에서 임원들이 임의대로 결정한 게 아니고 가족들한테 다 물어보고 결정을 한 건데 "나는 못 해" 그랬던 사람들도 있고, "나는 양장 입고 할 거야" 그랬던 사람들도 있고 그런 것들이 생각이 틀려서 '그런가'라고 판단하기에는 좀 안 맞는 거 같고. '저 사람들은 뭐지?' 하는 생각도 들고.

어쨌든 가서 추모제 행사 진행되는 거 다 지켜봤고 그리고 우리 가족들도 왔고, 가족들이라고 하면 우리 형제들 와서 같이 있었고. 또 반가운 사람이 왔었는데, 안금란 씨라고 네덜란드 교민이세요. 근데 그분이 선조위에서 마린, 자유항주실험 하러 세 번을 갔었잖아요. 그 세 번 동안 다 통역을 해주시고 했던 분이거든요. 그때 어머님이 서울에 계시는데, 어머님 뵈러 왔었어요. 왔다가 그때 맞춰서, 그때쯤이어 가지고, 4주기 추모제 할 때 그때 내려왔었어요. 분향소 앞에서 봤고⋯ 만났고.

어쨌든 그냥, 다른 생각보다도 '건우를 집으로 데려와야 되겠다. 이제 집으로 데려와야 되겠다'라는 생각밖에 없었어요. 그래서 데려왔고 그때 MBC에서 다큐팀 와가지고 촬영하고 다큐에 한 번 나갔는데, 그것 때문에 동네에서 스타 됐잖아요. MBC 다큐팀이 그때 당시에 신항에서 가족들 활동하는 부분들을 촬영해서 다큐를 만든 팀이거든요. 그때 무렵이 5월 달에⋯ 아니다, 그 전에 건우 엄마가 유류품 쪽하고 또 현장 쪽도 같이, 그때 당시에 유류품이 이렇게 많지 않아 가지고 유류품이 나오면 모아놨다가 날짜 딱 잡아서 한 번에 쫙 하고 그랬었거든요, 그때 그렇게 유류품이 수거되는 양이 많지 않아서. 그때 당시에는 세월호가 많이 정리가 됐으니까 현장 안쪽도 들어가고, 4월 달 이때, [현대]삼호[중공업] 쪽에서 나와서 선체 직립작업을 하기 위한 작업들을 쭉 하고 있었고 그런 부분들 촬영을 했고. 건우엄마 있을 때 그런 부분들 촬영해 가지고 그 부분을 넣었더라고 다큐에. 근데 그때 추모식 할 때 물어보더라고 "집에 가서 건우 방 만들어놓은 것들 촬영을 해도 되겠느냐" [그래서] "와라. 상관없다. 좋다, 우리는. 고맙다" 그래서 같이 가서 촬영하고, 그게 MBC에 나가고. 많이 나갔어요, 길게. 하여튼 그런 것들.

'특별한 마음을 갖고 4주기를 맞이하고 보냈다'라기보다도, 그 거는 안산 시민들과의 약속이었기 때문에 우리 가족협의회에서 반 드시 해야 될 일이었고. '정리가 되면 당연히 내 아들은 우리 집으 로 데리고 와야 된다'고 생각을 했고. 그거 외에는 내 개인적으로는 어떤 큰 의미를 두고 있는 것도 없고, 그러고 싶지도 않고. 단지 그 냥 '4년 만에 아들 데리고 왔다. 4년 만에 진짜 돌아왔다' 그렇게 생 각하는 거, 그게 나한텐 제일 큰 의미죠.

면담자　　요즘 일상을 더 자세히 여쭙고 싶거든요. 잠깐만 휴 식하고 이어갈게요. 장비 체크하려고요.

건우 아빠　　싫은데?(웃음).

면담자　　죄송합니다(웃음).

건우 아빠　　그래요. 알았습니다.

(잠시 중단)


## 12
## 최근의 일상과 일과


면담자　　최근 하루 일과가 어떻게 되시는지 얘기해 주세요.

건우 아빠　　하루 일과가 좀 많이 바빠졌어요. 보통 고정적으로 월, 화, 수, 금 이렇게, 어쩔 때 화요일 날 빠질 때도 있는데 격주로 할 때 월, 화, 수, 금은 사참위에 올라가요. 본격적으로 사참위 활동 시작하기 전에 아까 얘기했던 그 세월호 팀, 그 팀 회의를 계속하고 일정 공유하고 그 일 때문에 계속 아침에 올라갔다 저녁 때 내려오고… 통상 그렇고. 그럼 이제 목요일 비네. 목요일은….

면담자    구술하고 계시잖아요, 몇 주째.

건우 아빠    아니, 목요일은 재판을 가요, 재판. 금요일 같은 경우는 오늘은 오후에 했지만 보통 오전에 했잖아요. 그건 뭐냐 하면 오후에 보통 2시서부터 사참위에서 세월호팀 토론회가 있거든요. 그거 때문에 오전에 하고 오후에 올라가고 그랬던 거였는데 오늘은 그게 없어. 어차피 오늘은 있긴 있는데 못 갔어요, 아침에 다른 일 때문에. 목요일은 재판 방청을 하고. 그 재판이 뭐냐 하면 1기 특조위 방해 세력, 그러니까 죄목이 직권남용인데 그 다섯 명에 대한 증인 심문 중이고. 그거 매주 열려요, 매주 목요일 날 열리는데 그거 방청하고 갔다 오고.

면담자    방청은 다른 분하고 같이 가세요, 아니면 아버님만 가세요?

건우 아빠    대협분과장하고 계속 다니고 또 이제 준영이 아버님도… 개별적으로 가는 가족들은 없어요, 사실. 어쩔 때 한 번, 그냥 어쩌다 한 번 와가지고 있다 가는 가족들도 있는데, 공지를 내가 하는데. 그러니까 사참위 쪽의 팀 회의라든가 이런 것들은 담당자들만 가고 전원위원회의라든가 그런 것들은 가족들한테 공지해서 가자고 하는데 많이 안 가고, 중요한 건 많이 안 간다는 거, 아예 안 간다는 거지. 재판 방청도 마찬가지고. 그리고 토요일은 특별히 정해져 있는 일정 외에는 토요일은 거의 자료실에서 살아요. 그동안 못 봤던 자료들 좀 보고… 많이 못 봤거든. 그런 것들도 보고.

**면담자**  사참위 자료실이요?

**건우 아빠**  아니, 가족협의회 자료실. 일요일 날은 대부분 집에서 빈둥거려야 되는데, 또 답답하니까 나갔다 오고 그런 거예요. 일주일이 하여튼 금방 가요. 특별히 하는 일은 사참위 쪽의 일, 그거하고 재판 그거 외에는 딱 정해져서 하는 일은 현재는 거의 없고. 간혹 가다가 생기는 일정들, 그러면 그때그때 시간 맞춰서 하고… 그 정도.

**면담자**  가족과 식사는 자주 하시는 거예요?

**건우 아빠**  거의 저녁.

**면담자**  저녁은 그래도 같이 드세요?

**건우 아빠**  운 좋은 날은 하루에 두 끼 먹고, 점심도 어떻게 먹고. 보통 나 같은 경우는 아침, 점심 안 먹어요. 거의 안 먹고 저녁을 먹는데, 저녁은 작은 녀석 다음 달에 11월 26일 날 군대 가고 그래서 그 전에 '저녁이라도 같이 많이 먹자' 그런 생각이고.

**면담자**  그래도 많이 좀 시간을 내주나요?(웃음).

**건우 아빠**  참, 누가 아쉬운지 모르겠어요. 집에서 저녁 먹고 나면 건우 엄마는 압화, 꽃 누르미 재료 만드는 작업 열심히 하고 있고. 가끔씩 집에 들어올 때 "어디 가자, 꽃 따러 가자".

면담자　　　압화는 꽃을 직접 따서 하는 거죠?

건우 아빠　　재료를 그렇게 준비를 해요. 그러면 몰래 숨어서 꽃 따고 그런 거 같이하고.

면담자　　　어머님은 어떻게 지내시는 거예요?

건우 아빠　　건우 엄마는 이번에 사이버대학교 사회복지학과 졸업해요, 금년에. 참 희한해. 사이버대학 하여튼 가라야, 가라. 어쨌든 졸업은 하게 됐는데, "120시간 실기를 이수해야 된다" 그러더라고. 그것 때문에 지금 봉사단체, 장애인 쪽 봉사단체 나가면서 하루에 한 4시간 정도 봉사활동 하고 들어오고.

면담자　　　사이버 대학은 언제부터 다니셨어요?

건우 아빠　　한 3년 된 거 같은데. 2년? 2년인가 3년인가, 그건 모르겠는데 그 정도 된 거 같아요. 어쨌든 요번에 졸업한다고 실기 준비하고 있고. 주로 밤에는, 예전부터 물론 그랬지만, 잠을 일찍 못 자요. 보통 빨리 자면 한 새벽 2시, 좀 늦으면 3시나 4시 정도. 일어나는 거는 거의 고정적, 한 8시경에 일어나고.

면담자　　　잠이 너무 부족하시겠어요.

건우 아빠　　잠은 그때그때 자요. 가다가 피곤하면 아무데나 머리 눕히고 자고. 주로 밤에는 컴퓨터 앞에 앉아가지고 그동안, 마찬가지인데, 자료들 봐요. 보다가 심심하면 영화도 한번 틀어서 보고… 그렇게 하고. 진짜 내가 생각해도 너무 단순하다, 하루 생활이. 그리고 한 달에 한 번씩 그 5인방, 매달 첫 번째 토요일 날 갔다 오는 거 외에 가족들과의 그런 거는 없어요. 근데 그것도 다음 달부터는 안 할 거예요.

**면담자**   왜 갑자기 안 하시는 거예요?

**건우 아빠**   내가 처음에 얘기했잖아요. 심경의 변화가 생겼다고.

**면담자**   그중에 하나가 5인방에 대한 것인가요?

**건우 아빠**   좋게 얘기하면 애들도 다들 지금 스물두 살인데, 나이로 따지면 스물두 살인데, 대학 갈 녀석들은 갔을 테고 또 직장… 대부분 다 군대에 가 있겠죠, 지금 그 나이는. 군대에 가 있을 텐데, 근데 그걸로 우리 아이들의 관계, 우리 아이들에 대한 엄마, 아빠들, 부모들의 관계는, 그 인연은 이제는 '내려놓을 때가 됐다'라고 생각을 해요. 왜 그런 생각을 하게 됐냐 하면 사실 구술 이거하면서 개인적인 얘기 하는 게 주요 목적 아니에요.

**면담자**   그렇죠, 네.

**건우 아빠**   좋은 얘기도 있었을 수 있고 안 좋은 얘기도 있을 수 있고. 어쨌든 개인적인 얘기를 하는 건데, 그런 생각을 하게 된 계기가 그런 거죠. 다섯 가족이 있고 10명의 엄마, 아빠가 있는데, 그 다섯 가족이 틀리더라고. 다른 가족들끼리 틀린지는 모르겠는데,

나하고 틀리더라고. 나하고 생각이 틀리고…. 그래서 내가 어떤 필요성이라 그럴까, 그 명분을 못 찾겠어요. 그게 말 안 해도 직감을 하시겠지만 그런 것들이죠. 그래서 그분들도 그분들의 개인적인 생각이 있고 또 생활이 있고 하고 싶은 게 있겠죠, 그거 하면 되는 거고. 저도 마찬가지로 생각이 있고 하고 싶은 일이 있고 해야 할 일이 있고… 저도 이제 그걸 하면 되는 거고. 그거에 대해서 서로 뭐 옳고 그르고, 나쁘고 그런 걸 얘기할 건 아니지만. 어쨌든 서로 만나면 할 얘기가 없어요, 궁금한 것도 없고.

처음에 그 5인방이라는 걸 물론 엄마, 아빠가 만든 건데, 엄마, 아빠들이 하루가 멀다 하고 모였었거든요. 진짜 매일 모여서 매일 같이 집 돌아가면서 그때는 그때 상황에 맞게 나름대로, 특히 엄마들한테 많은 위로가 됐고 힘이 됐었거든요. 그건 부정할 수 없는 거고. 또 아빠들 사이에서도 그런 게 있었고. 근데 이제 시간이 흐르면서 그런 열정이라 그럴까 이런 것들이 식을 수도 있는 거니까. 그거에 대해서는 자세한 걸 얘기하고 싶은 건 아니고 단지 그냥 그런 생각이 들었고, '그렇게 가야겠구나'라는 판단을 했기 때문에 그렇게 하려고 하는 거고.

그래서 다음 달에, 지금까지 좋게 얘기한 거고 좋은 표현으로 한 거고 나쁜 표현으로 얘기하면 다음 달에 깨버리려고. 그래서 그 생각을 하고 있어요. "어차피"라고 얘기하면 좀 무책임할지 모르겠는데, '앞으로 부모들이 만나고 모이는 게 더 의미가 없다' 그러면 난 접고 싶어요. 단지 그 의미라는 게, 그냥 '아이들 때문에 지금까

건우 아빠 김광배

지 해왔다'고 생각을 하고, 근데 '지금까지 약 5년간 해온 걸로 충분하다'고 생각을 하고. 그렇게 생각하기 때문에 물론 건우한테 허락 맡은 건 아니지만, 그래서 일요일 날 가서 물어보려고. 항상 그래요. 무슨 일을 생각하고 판단을 하고 결정을 할 때 나 혼자라도 건우한테 가요. 가서, 그냥 물어봐. "아빠가 지금 이런 생각 하고, 이렇게 하려고 하는데 네 생각 어떠냐?" 그럼 아무 말도 안 해. 아무 말도 안 하는 건 아빠 뜻대로 하라는 얘기거든. 그렇잖아요?(웃음) 그래서 항상 내 뜻대로 했고. 근데 건우 녀석이 항상 아빠를 지지하고 그러니까 아빠의 뜻을 충분히 이해할 거라고 믿고. 물론 아이들이 만들었던, 가기 전까지 만들었던 그런 추억들이라든가 그건 언제까지나 소중하게 간직을 할 거고. 또 나중에 예를 들어서 뭐 가족보고회 때나, 어쩌다가 길 가다가 만나더라도 "잘 지내셨어요?" 이렇게 간단하게 인사할 수 있는 정도, 그 정도면 되지 않을까 싶어요. 그런 심경의 변동이 있었고 그런 마음적인 결정을 했고.

**면담자**　　　진짜 큰 변화이신 거네요.

**건우 아빠**　　　예, 그게 제일 큰 변화예요. 가장 힘들었던 점이고. 가장 힘들었던 점이 그거거든요, 가족들의 변하는 모습을 봤을 때. 물론 다른 가족이 나를 봤을 때 그 가족도 나에 대해서 그렇게 생각을 할진 모르겠지만. 그럴 거예요, 생각을 하겠지. "저 사람, 저 아빠 왜 저렇게 변했지?" 그렇게 얘기할 수도 있을 테고…. 근데 마찬가지로 저도 그렇게 느끼고 있다는 거죠. 그 변하는 모습이 무엇이냐, 어떻게 변하느냐, 그거를 생각 안 할 수가 없잖아요. 내가 변하는 모습에 대해서 구체적으로 자세하게, 심사숙고하면서 생각해보지는 않았지만 어떤 목적이랄까, 의도, 의지 이런 것들은 나는 변하지 않았다고 생각을 해요. 내가 가족협의회에서 우리 아이들의 일을 시작하면서 마음먹었던 거 아직까지 잘 유지하고 있고, 잘 가고 있고.

조금 변한 건 나도 본의 아니게 그런 생각이나 판단들을 하다 보니까 내가… 어떻게 표현해야 되나, 난 좋게 표현하고 싶은데. 그냥 나쁘게 표현하자. 독단적이 돼버렸고. 내 결정을, 내 판단이나 내 생각, 내 결정을 우선으로 하는 그런 게 돼버렸을 수도 있고. 어떻게 보면 배려심이 좀 없어졌을 수도 있고, 이해심이 좀 없어졌을 수도 있고. 근데 '얼마나 더 이해하고 얼마나 더 배려하라고' 그런 생각이 들 때마다 내가 항상 전제를 하는 게 있어요. 그게 뭐냐면 똑같이 자식 잃은 부모잖아. 똑같이 자식 잃은 부모가 해야 할 일이 지금 뭘까? 우리 애들 왜 그렇게 어처구니없이 갈 수밖에 없었는지 그 이유, 그 진실 그거 하나도 밝혀진 거 없잖아요. 그럼 최소한, 처음에 엄마, 아빠들이 그 얘기 많이 했잖아요. "왜 싸우십니까?" 하면 "나중에라도, 저승에 가서 우리 아이들 만나면, 니네들 이랬다 그래서 열심히 했다는 그 얘기 해주려고. 미안하지 않으려고 이렇게 열심히 싸운다" 그런 얘기들 많이 했잖아요. 그럼 지금까지 그렇게 싸워왔느냐? 앞으로 만에 하나 진짜 저승에 가서, 저세상 가서 우리 아이들 만났을 때 미안하지만, 그래도 미안하지만 당당하게 그런 얘기를 할 수 있겠느냐? 그렇게 생각했을 때 아니라고 생각을 하거든요.

중요하죠. 남은 자식들을 위해서 부모로서의 역할을 해야 된다는 거, 그거 중요하죠. 나도 알고 있어요. 왜? 나도 다른 자식이 있기 때문에 알고 있는데 그 먼저 보낸 자식도 내 자식이거든. 내 소중한 자식이거든. 그러면 부모로서 그 자식을 위한 최소한의 부모의 역할, 부모의 의무라면 의무라고 할까, '부모가 해야 될 일을 다 해야 되지 않는가' 그렇게 생각을 하는 거지. 너무 감동적으로 얘기했나? 그런 생각 때문에 내가 가는 그날까지는 계속할 테고, 이 일을. 그 전에 진짜 세월호 진상 규명이 100프로 다 되고 책임자 처벌 다 되고 안전사회로 가는 기틀이 마련이 되고 그렇게 된다고 해도, 나는 이와 관련된 일들을 하게 될 거 같고, 큰 역할은 아니겠지만. 그런 생각을 해요.

왜 그런 마음이냐 하면 나는 세월호 참사를 다음 세대, 거창하게 얘기하면 다음 세대지만 그냥 내 개인적으로 얘기하면 내 아들한테, 작은아들한테 이거 물려주고 싶지 않거든. 나는 이 결과만 주고 싶어요. 그래서 "니네들이 사는 세상은 니네들이 이제 만들어라" 그렇게 하고 싶거든. 그래서 지금까지 간담회를 다니면서 중학생, 고등학생, 대학생 이런 아이들 간담회를 가면 항상 그 얘기를 해줬거든요. "우리가 싸울게. 너희들이 만들어라", 항상 그렇게 얘길 해줬거든, 내가 바라는 것도 그거고. 그런 생각을 하고 있기 때문에 지금 이 시점에서 우리 엄마, 아빠들은 직장에 얽매이지 말고, 또 환경에 얽매이지 말고 좀 서로서로 힘이 되면서 열심히 싸워줬으면 좋겠는데. 그 다섯 가족조차도 그게 안 되니 250가족은 오죽하겠느냐, 그런 회의감도 생기고 그래요. 그래서 '내가 이걸 갖고 고민하는 시간이 아깝다'라는 생각도 들고.

그래서 빨리 내려놓을 건 내려놓고, 정리할 건 정리하자. 내 장점이 그건가 봐. 내려놓자고 결정한 거는 바로 내려놓거든요. 좋게 얘기하면 욕심이 없는 거지. 나 진짜 욕심 없어요. 지금까지 그렇게 살아왔고, 앞으로도 그렇게 살 거고. 내가 내 부모한테 받은 거 없듯이, 어떤 물질적인 거 받은 거 없듯이 나도 내 자식한테 물질적인 거 물려주고 싶은 생각 없거든. 그놈이 살 수 있는 방법은 내가 알려줄 수는 있겠죠. 알려줄 수 있겠지만 살게끔 물질적인 거를 주고 싶진 않거든. 그래서 그런 생각을 하고 있는데 '또 다른 가족들은 살 목표나 방법이 그게 아닐 수 있다'라고까지만 그냥 이해를 할래요. 그 사람들은 그 사람들의 길을 가는 거고 나는 내 길을 가는 거야. 그렇게 정리하면 될 거 같아요.

**면담자**     이런 얘기를 좀 나누시긴 해보셨어요? 상대적으로 의지나 생각이 비슷한 가족도 있으실 것 아니에요. (건우 아빠 : 있죠) 그런 분들이나 건우 어머니랑 얘기 많이 나눠보세요?

**건우 아빠**     재욱이 엄마하고. 재욱이 엄마 지금 심리분과장으로 활동하고 또 그 사람도 가족활동 할 사람이고, 알고 있고, 또 건우 엄마하고도 얘기를 했었고. 사실은 어제 재욱이 아빠하고 재욱이 엄마, 그러니까 재욱이네 하고 우리하고 모여서 저녁을 먹게 되면 먹고 차 한 잔 마시게 되면 마시고 그러면서 이런 얘기 좀 하려고, 서로 다 알고 있고 공유하고 있는 내용이니까. 그 생각을 하고 약속을 좀 하려 그랬었는데 재판 갔다가 어제 좀 늦게 내려왔어요. 시간이 좀 안 돼가지고 "다음 주에 만나서 얘기 좀 하자" 그렇게 약속을 한 건데 그때는 마무리를 잘해야겠죠. 정리 잘하고 나서, 5인방이라는 그런 생각보다는 똑같이 자식을 위한 싸움을 하는, 자식을 위해서 일을 하는 그런 엄마, 아빠, 그렇게 그냥 만나길 희망하고 바라고 있고.

다른 가족들한테 직접적으로 "나는 이렇다, 너는 어떠냐. 안 맞는다, 우리 이제 그만하자" 그렇게 얘기한 적은 없지만 공감하고 있어요. 나는 그렇게 생각을 해요. 그 부분은 서로 얘기하기 힘든 부분이니까 누구도 말은 꺼내지 않지만 그런 것들은 다 같이 생각을 하고 있는 것 같고. 그런 것들이 행동이나 말투나 그냥 지나가듯이 하는 말 한마디 한마디 속에 느껴지더라고. 그래서 더 '이제 좀 마무리를, 마침표를 찍을 때가 되지 않았나' 그런 생각을 하게 된 거고.

사실 마음 한편에는 그런 생각도 있어요, 그런 마음도 있어요. 뭐냐 하면 '무슨 소리야. 그래도 우리 애들, 내 아들 건우 놈이 가장 좋아하고 가장 친하고 가장 사랑했던 친구 놈들인데. 이놈들의 마음을 이 엄마, 아빠들이 지켜줘야지. 무슨 소리냐, 무슨 생각 하고 있냐' 그런 생각도 요만큼 드는데. 차라리 형식적이라면, 한 달에 한 번 모이는 게 형식적이라면 난 그거 싫고, 그게 "힘들다"라는 내색을 하는 엄마도 있고. 그리고 내가 이유를 만든 게, 명분을 만든 게 그거예요. '얘네들 고등학교 졸업하고 뭘 할지 어떻게 알고. 고등학교 때까지만, 그때까지만 친한 친구지' 그런 이유도 만들었고. 그래서 지금 재욱이네 만나서 서로 얘기를 좀 해보려고 하는 게 대외적인 명분을 만들려고. 이유가 있어야 될 거 아니야. 서로 그냥 무의식중에 끄덕끄덕할 수 있는 이유가 있어야 될 거 아니야. 그걸 좀 만들려고. 하나 있는데 아마 그 이유는 다 공감을 할 거 같아요.

〈비공개〉

면담자　　　고민을 많이 하신 거 같아서 잘 이야기가 되었으면 하는 바람이 있네요.

건우 아빠　　　직설적으로 말씀드리면 지금 움직이는 사람들 한 사람 한 사람이 필요하고, 기존에 하던 사람들 힘들어 죽겠는데, 말 그대로 집에만 있지 말고 좀 나와서 같이, 십시일반이라고 같이해주면 얼마나 좋겠어요. 나도 그런 마음 때문에, 그런 이유 때문에, 그런 걸 봤기 때문에 시작을 했는데, 누구를 보고 그랬는데 만나서 모여서 얘기하면 다 그냥 "어디 놀러 가자, 뭐 하자" 그런 얘기지. "요즘 상황이 어떻고 특조위가 어떻고, 지금 진상 규명이 제대로 가고 있고 가족들 활동이 어떻고" 그런 얘기는 아예들 안 하고 그러다 보니까 코드가 안 맞는다 그럴까. 내가 어색하고 내가 불편해. 그래서 그 생각을 많이 해왔었는데, 꽤 오래된 얘기예요. '이제 정리할 시점이 된 거 같다'라고 최근 들어서 판단을 한 거고. '그래야 되지 않을까, 그래야지 나중에라도 아이들한테 누가되지 않을까' 그런 생각을 해요.

면담자          네. 힘든 얘기 하시게 해서 죄송합니다.

건우 아빠       가장 힘들었던 점까지 했네.

면담자          지금까지 힘드셨던 거 또 다른 건 없으세요?

건우 아빠       무엇보다도 제일 힘든 거는 불현듯, 때와 장소를 안 가리고 생각이 나는 거죠. 처음에도 그게 굉장히 힘들었었거든요. 그래서 어떻게 보면 그때 직장생활하면서 대인기피증 비슷한 그런 게 생기고 그랬던 게 그런 이유였을 수도 있겠어요. 건우 보고 싶은 거. 보고 싶으면 그냥 무작정 가는 거. 뭐 하다 말고 무작정 가서 보는 거, 사진이라도 한번 보고, 그런 게 가장 힘들어요. 그때도 그랬지만 지금도 힘들고 또 앞으로도. 길 가다가 그 또래의 모습들 보면, 또 어렸을 때의 건우 모습 같은 그런 모습들 보면 그게 참 아프더라고요. 그때가 연상이 되는 거죠.

엘리베이터 타고 내려오는 데 밑에 층에서 엄마하고 아빠, 그러니까 좀 젊은 엄마, 아빠가 타고 사내 녀석 둘이 딱 탔는데 두 녀석이 딱 보니까 연년생은 아닌 것 같고 한 두 살 정도 차이? 그 정도 같아 보이는데 그 모습을 딱 보니까 그냥 그 생각이 나는 거야. 옛날에 우리 애들 요만했을 때, 그때 그 모습. 그 모습이 그냥 생각나는 거야. 그런 것들이 가장 힘들어요. 다른 것들 뭐, 밖에 나가면

납골당 그런 건 힘든 게 아니고, 일주일에 4, 5일 서울 올라가고 그런 거 힘든 게 아니고, 싸우고 노숙하고 그런 거 힘든 게 아니고. 건우의 모습이 연상되는 그런 생각이 들었을 때, 그런 모습이 연상이 됐을 때, 머릿속에 떠올랐을 때 멍해지는 그런 느낌 있잖아요. 그게 제일 힘들죠.

요새는 건우 사진도 잘 못 봐요. 미안해서 못 보겠어. 참 많이 들여다봤는데, 건우 사진만 모아놨거든, 컴퓨터에다. 그래서 가끔씩 들어가서 한 장씩 한 장씩 슬라이드 쇼로 놔두고 보고 싶은 사진만 골라서 보고 그랬었는데, 지금은 그 사진 못 들여다보겠어, 미안해서. 그냥, 그냥 미안해요. 미안하다는 생각.

애들이 초밥을 참 좋아했어요. 그래서 엊그제도 작은 놈, 일부러 지금 알바 하는데 알바 끝나는 시간 맞춰가지고 안산에서 태우고 집에 들어가면서 전화해서 "건우 엄마 내려와라" 그래 가지고 "초밥 먹으러 가자". 처음에는 초밥을 롯데마트나 이마트나 이런 데 가서 사 오라 그러더라고. "그거 맛없어. 내려와" 그래서 데리고 스시집, 회전초밥 있잖아요. 그거 셋이서 7만 얼마어치 먹었어요. 꽤 많이 먹은 거야. 근데 그걸 먹으면서 미안한 거지. 그걸 먹었다는 자체가 미안해, 그냥 미안한 거지. 건우 놈이 초밥을 참 좋아했거든요, 참 좋아했고. 어쩌다가 삼겹살 사가지고 들어와서 삼겹살 구워 먹으면서 그러면 미안하고, 건우 놈이 삼겹살 참 좋아했거든. "아빠가 구워주는 삼겹살이 제일 좋다, 제일 맛있다"고 입에 발린 소린지 어쩐지 그건 모르겠지만 삼겹살 참 좋아했거든. 그런 것들.

376

건우 아빠 김광배

그런 어떤 특별한 이유가 있어서 보고 싶고 그런 생각이 드는 게 아니고 평상시가 그래요, 모든 것들이. 모든 것들이 그렇고 그게 제일 힘든 거예요. 비단 저뿐만이 아니고 다른 부모들 다 자식에 대한 마음은 다 같겠지, 똑같겠지. 그것마저도 틀리다 그러면 진짜 할 말 없는 거고. 그렇진 않겠죠. 그게 제일 힘든…. [이제 질문] 두 개 남았다(웃음).

**면담자**　　카운트 열심히 하시네요(웃음). 추가 질문 할 수 있는데. (건우 아빠 : 하세요) 몇 시까지 괜찮으세요?

**건우 아빠**　　아니야. 이제 4시 45분인데, 6시까지 하자며.

## 13
## 투쟁 활동 중 위안이 되는 것

**면담자**　　위안이 됐던 건 아무래도 찾아와 주시고 도와주신 분들이라고 말씀하셨는데, 혹시 그 외에 또 위안이 될 만한 것이 있었을까요?

**건우 아빠**　　많이 있겠죠. 지금 번뜩번뜩 생각이 안 나서 그렇지 많이 있겠는데, 어쨌든 가장 위로가 되고 위안이 되는 것들이, 예를 들어서 많은 분들이 찾아와 주고 그런 거겠지만. 그 핵심은 뭐냐면 우리는 혼자가 아니라는 거. 그런 마음, 그런 생각이 들었을 때 그게 가장 큰 위로거든요. '우리는 지금 혼자 싸우고 있는 게 아니다' 그런 생각이 들었을 때 그런 느낌이 들었을 때가 가장 큰 위로가 되죠. 그게 모든 경우에 다 통틀어서. 하다못해 간담회를 갔는데 사람들이 많이 왔어. 진짜 위로돼요. 한 2, 30명 왔는데 젊은 애들이 많이 왔어. 대학생들, 이런 젊은 애들이 많이 왔어. 진주에 갔을 때 한번 그런 느낌을 받았는데 그거 진짜 위로가 돼요, 위안이 돼. 그리고 한 10명도 안 돼. 근데 귀 기울여서 얘기를 듣고 같이 얘기하고 질문하고 같이 울고 웃기도 하고. 같이 어울려 있다는 거 그 자체도 큰 위로가 돼요. 그러니까 뭐냐 하면 그런 모든 상황들이, 우리가 느끼는 그 느낌, 받아들이게 되는 그 느낌이 '우리는 혼자가 아니구나. 우리 혼자 싸우고 있는 게 아니구나' 하는 그런 느낌이 들었을 때, 그런 생각이 들었을 때 굉장히 큰 위로죠. 그거 외에는 뭐 달리 이렇게 얘기해봐야, 그런 거예요. 아까 진주 얘기 했었잖아요. 진주에 있는 대학교, 그게 무슨 대학이죠? 진주에.

**면담자**      경상대요.

**건우 아빠**      경상대. 맞다, 진주 경상대. 서울대학교 나오셨다 그랬죠? (면담자 : 지금 현재 다니고 있어요) 아, 다니고… 서울대학교. 관악? (면담자 : 네) 난 대학 근처에도 못 가봐 가지고. 아, 가봤구나. 대학교, 숭실대학교 근처에 가봤구나(웃음). 농담이고. 그때 왜 그런 생각이 들었었나 하면, 그때가 정확하게 기억은 안 나지만 내 생각엔 아마 2015년도 같아요. 2015년도 같은데 10월, 11월 아마 이때쯤이었던 거 같아요. 아니다, 2016년도. 〈나쁜 나라〉 끝나고 나서가 2016년도죠? 아, 진짜 큰일 났다 [기억이 안 나서]. 2016년도 일 거예요, 아마. 2016년도다, 맞다. 그때인데 그 먼 길을, 또 시간도 저녁 7시인가에 시간이 잡혔어요. 그러면 내려갔다가 올라오면 다음 날 새벽이니까⋯. 그래도 진주까지 내려갔어요, 차 끌고 내려갔는데. 그 경상대학교 세월호 무슨 동아리 같은 건데, 대학생들 동아리 같은 건데 경상대학교 앞에 골목이 있고 거기 2층에 '공감'이라는 카페 같은 게 있어요. 거기 사장님이 세월호 활동을 하시는 분인 거야. 그분이 스티커라든가 배지, 뭐 이런 것들 나눔 활동 하시고. 2016년도 그때 촛불 할 때 진주 쪽에서 같이 촛불집회 하고 그렇게 활동하시는 분인데, 그분하고 어울려 가지고 만들어진 대학생들 모임이 있어요. 거기를 그때 배서영 4·16연대 사무처장하고 같이, "간담회를 하자" 그래서 갔는데.

그때 가서 한 얘기는 당시에 인양 문제, 특조위 문제 주로 이런 얘기죠. 그런 팩트에 관련된 부분은 배 처장이 얘기를 하고, 저는 가족들의 활동이라든가 가족들의 얘기를 좀 했었는데 내가 그때 착각을 하고 있었어요. 아이들을 '너무 어리다'고만 생각을 했었어. 그때 내가 그런 생각을 했었던 거 같아요. 뭐냐면 '우리 아이들 또래보다 한두 살 많은 또래 아이들인데, 이 아이들이 이런 부모의 마음, 이런 마음들, 이런 것들을 받아들일 수 있을까?' 그런 건방진 생각을 하고선 가서 그 얘기를 했는데, 애들 그 반응을 보고 진짜 깜짝 놀랐어요. 애들 표현이 "이 가슴속에서 커다란 불덩어리가 막 솟구쳐 가지고 막 터져 나오는 그런 느낌"이래. 그러니까 부모로서 자식에 대한 애틋한 그런 감정이라든가 또 지금 자식을 잃은 아픔이라든가 이런 거에 대해서 받아들이고 그걸 느끼는 거예요, 애들이. "그런 마음이다, 그런 감정이 든다, 그런 생각이 든다"라고 얘기를 하는 거예요. 그거 보고 '역시 대한민국의 미래는 밝다' 그런 생각을 많이 하고 그랬었는데.

아무튼 그런 경우, 그런 아이들, 젊은 아이들, 어린 고등학생, 중학생 아이들의 마음속에, 머릿속에 이 세월호라는 것이 제대로, 세월호의 의미가 제대로 정립이 돼 있는 거예요. 그런 모습들을 봤을 때 진짜 뿌듯하고 위로가 되는 거죠. 위안이 되고 힘이 생기는 거죠. '우리가 싸우는 목적이 진상 규명이지만, 결국엔 너희들, 너희들을 위해서 싸우는 거다'라는 우리들의 대의명분이랄까, 그런 것들이 딱 맞아떨어지는 거죠. 그러니까 '너희들이 이 나라, 진짜 대한민국 이 나라를 살기 좋은 나라, 안전한 나라로 만들어라. 우리가 지금 싸울게' 그런 대의명분이 맞아떨어지는 거죠. 뿌듯한 거죠, 그런 걸 보면서.

얘기했지만 3월 31일 날 김포에서 마지막 진상 규명 강연을 할 때도 그때 온 아이들, 중학생 애들, 고등학생 애들 그거 얼마나 뿌듯한 줄 알아요? 나중에 한번 해봐요. 진짜, 진짜 뿌듯해. 아이들 이렇게 모여 있는 거, 아이들이 목 쭉 빼고 이렇게 듣고 있는 모습을 보면 감정이 북받친다니까, 막 울컥한다니까. '그런 아이들이 있기 때문에, 그런 대한민국의 미래가 있기 때문에 우리가 싸울 수 있는 이유가 있구나, 싸우는 이유가 있구나' 그런 생각이 들고, 그게 가장 큰 위로고 힘이 되는 거죠. 끝. 하나 더. 벌써 얘기했네, 다 얘기했네.

## 14
### 삶에 대한 태도의 변화

**면담자**    저희가 3차 질문이 삶의 변화와 삶의 태도의 변화에 대한 거거든요. 아버님이 자연스럽게 얘기해 주신 게 많지만 다시 여쭤볼게요.

**건우 아빠**    내가 얼마나 중구난방으로 얘기를 했으면, 정리 안 하고(웃음).

**면담자**    많이 그렇게 돼요. 특히 최근에는 시간이 많이 지나서 그렇게 될 수밖에 없고요. 그래도 혹시나 질문을 드렸을 때, 생각이 다르게 정리되실 수도 있고 해서 여쭤보는 거거든요.

**건우 아빠**    삶에 대한 태도, 삶에 대한 태도라. 관점, 어떤 변화. 내가 그 얘긴 안 했을 거예요. 나 이명박 찍은 사람이거든. 박근혜도 찍었거든. 박정희 추종자였어요. 지금 내 변명거리를 만드는 중이야. 왜 그랬냐면 돌아가신 우리 아버지가 30여 년을 군생활을 하셨어요. 공군 중령으로 예편을 하셔가지고 공군 정보부에 계셨었거든, 정보부. 지금 공군 정보부가 따로 있지는 않아요, 지금은. 그래서 국민학교 다닐 때부터 1년에 두 번씩, 여름방학, 겨울방학 해가지고 판문점이니 땅굴이니 숱하게 갔어. 그러니까 아버지가 군 제대하고 나서 군무원, 공무원이 아니고 군무원이라 그래요, 군무원, 군인 공무원이지, 그걸 하셨었거든. 근데 직급이 좀 높으셨었어요. 서기관급, 그때 당시에. 서기관급이었었는데, 가면 다른 군인 가족들 오잖아요. 그러면 토론 같은 것도 시키고, 지금 다 기억나는데. 다는 아니다, 한 80프로 기억나는데 그런 것도 시키고 뭐 체험학습 같은 것도 해요. 담력훈련 같은 것도 했고 그랬었거든. 그거를 중학교 다닐 때까지 했어요. 왜 그러냐 하면 중학교 때 아버지가 그만두셨으니까. 그러다 보니까 흔히 얘기하는 군인 가족, 멸공, 반공, 방첩 뭐 이런 쪽에, 빨갱이 이런 쪽에 굉장히 외골수적인 생각을 갖고 있었어요. 사실 그건 부정 안 해요, 박정희에 대해서 어떤 신 같은 존재, 그때 당시에는. 지금 핑계 대면 뭐 어려서, 어려서 그런 걸 받아들일 수 있는 능력이 안 됐기 때문에 그런 것밖에 몰랐지만. 〈비공개〉

그때 당시에는 뭐, '먹고살기도 힘들어 죽겠는데, 내가 뭐 정치할 것도 아니고, 그냥 우리가 일하는 게 편하고 돈 벌 수 있게 해주는 사람 찍으면 되지' 사실 그랬었어요. 그래서 이명박 찍고 박근혜 찍었거든. 근데 세월호 참사를 겪으면서 나 하나뿐만이 아니고 그런 생각을 하고 있는 많은 사람들이 있었기 때문에 그런 사람들이. 〈비공개〉 '만약에 그때로 돌아간다면 내가 과연 그때도 그랬을까, 지금 이런 상황을 알고 그때로 돌아갔을 때와 이런 상황을 모르고 그때 상황하고 똑같이 돌아갔을 때, 나는 어떤 결정을 할까?' 그런

건우 아빠 김광배

생각을 해보니까 덜컥 겁이 나는 거예요. '우리 다음 세대들도 우리 기성세대들하고 똑같은 이런 시행착오를 겪는다면, 그 이후의 다음 세대들이 또 우리와 똑같은, 이 세월호 참사와 같은 아픔을 겪을 텐데' 그런 생각이 드니까 진짜 섬찟해지더라고.

그래서 그런 삶이라는 거, 사람이 산다는 거 그거에 대한 기준이 바뀌었어요. '등 따시고 배부르고 잘 먹고 잘사는 게 사람이 사는 게 아니구나' 그런 걸 배웠거든. 구체적으로 인간의 역사는, 삶의 역사는 투쟁이라고 얘기도 하는데, 그게 꼭 '으샤으샤'라기보다도 '먹고살기 위해서 일을 하고 싸운다' 그런 의미보다도, 기준이 정해진 게 뭐냐면 옳고 그름에 대한 기준이 좀 더, 이 나이 먹고 옳고 그름에 대한 기준이 명확하게 선 거예요. 어떻게 보면 좀 많이 늦었지. 많이 늦었는데, 참사 이전에는 '내가 다른 사람들한테 폐만 안 끼치면 돼. 이 사람들이 뭘 하건 어찌 되건, 나는 이 사람들한테 폐만 안 끼치면 돼. 이 사람들한테 욕먹을 짓만 안 하면 돼. 그냥 내가 하던 대로 하고 싶은 대로 하면 돼' 그런 생각으로 살았었는데 그런 생각들이 바뀌었어요.

이 사람들이 하는 일이 잘못된 것이 있다면 내가 "당신 잘못됐다"라고 얘기할 수 있는 그런 용기도 필요하고, 또 우리가 가야 할 길이 이 길인데 내가 리더가 돼서 하는 건 아니지만 "같이 가자"라고 얘기할 수 있는 그런 거. 그리고 옳고 그른 거에 대해서 "이거는 옳고 이거는 그르다"라고 얘기할 수 있는 거. 그게 다 어떤 용기, 그런 용기와 이런 것들이 결국에는 머릿속에서 나온 거잖아요, 그게 의지고. 그렇게 바뀌었어요, 생각이. 생각이 그렇게 바뀌어서…
그렇다고 내가 뭐 이렇게 나가서 활동가로 활동하고 싶은 생각, 그
런 건 아니지만. 2014년 4월 16일 이후에 조금씩 조금씩 내가 바뀌
어 가는 모습을 보는 거죠. 그런 것들이 아까 말씀드렸던 그런 맹
목적인 거, 나만 남들한테 피해 안 주게 나만 되면 된다는 거, 그런
생각. 그리고 민노총이라든가 전교조라든가 이런 부분들, '이거 사
회악이다'라고 생각했던 그런 사고방식들, 이 사람들이 왜 그렇게
투쟁이라는 것을 하고 왜 싸우고 왜 요구를 하고 하는지 그 이유에
대해서 좀 더 깊게 생각해 보고 그걸 받아들이고 이해할 수 있는
그 정도. 참 많이 컸다(웃음). 그렇게 생각이 바뀌었다는 거죠.

　내가 참사 이후에, 그 삶이라는 거에 대한 기준이 새롭게 만들
어졌기 때문에 그걸 받아들일 수 있고, 그걸 이해할 수 있게 됐다
고 생각을 하거든요. 삶에 대한 태도와 관점이 이렇게 변한 거죠.
내가 앞으로 어떤 사회활동이라든가 이런 건 할지 안 할지 모르겠
지만, 거의 안 할 가능성이 많은데…, 근데 최소한의 것들은 하고
싶고, 또 하면서 살 거 같아요. 그게 뭐냐면 좀 단적으로 말씀드리
면 그동안 내가 받은 거, 세월호라는 사건, 계기, 이걸 통해서, 세월
호를 통해서 내가 그동안 받았던 것들, 그것을 다 주면 내가 좀 힘
들어지니까 조금씩 조금씩 나눠서 다시 돌려줄 수 있는 그런 삶을
마지막까지 살고 싶은 그런 욕심이 좀 생겼거든요. 그래서 내가 어
려서부터 이성이라는 걸 갖고, 이성이라는 걸 느끼고 살게 됐던 그
시점부터 지금까지 보면 불과 한 30년 정도밖에 안 됐는데 '그 시간

384
•
건우 아빠 김광배

이 참 많이 길었구나, 내가 깨우치고 느끼게 된 시간이 너무 길었구나' 하는 어떤 후회감도 생기고 그러더라고요. 어느 점쟁이가 나 보고 "벽에 똥칠할 때까지 살 거"라고 그랬거든요(웃음).

면담자     진짜요, 언제요?

건우 아빠     결혼하기 전에. "벽에 똥칠할 때까지 살 거다" 그랬는데 그때까지 살면 곤란하고. 하여튼 살 수 있는 만큼 많은 시간을 살면서 남은 시간 동안 받은 것들 갚으면서 살고 싶어요. 많은 게 되지는 않겠지만 그렇게 살고 싶어요. 그게 참사를 통해서 얻은 거, 얻고 변화된 거라 그럴까, 그런 생각을 하게 됐어요. 근데 그 부분에 대해선 건우 엄마한테도 암묵적으로 내가 요구를 했고, 대답 없는 오케이를 받았고. 재밌죠?

면담자     어머님도 동참하시기를 요구하신 거예요?

건우 아빠     작은 녀석한테도 그런 비슷한 얘기를 한 적이 있었는데, "형이 주고 간 건 내가 너한테 안 줄 거야. 근데 네가 잘 살 수 있는 만큼은 형이 너한테 준 선물이라고 생각하고 너한테 줄 거야". 이렇게 얘기한 건 아니고, 이런 뜻으로 얘기를 하고 그렇게 받아들였다는 얘기고. "그러니까 너 형한테 이만큼 받을 거니까, 형한테 이만큼 덕을 받을 거니까. 너 나중에 엄마, 아빠 죽으면 네 자식한테는 대물림하지 말고, 너 살아 있는 동안만큼만 너 형하고 같이 살아줬으면 좋겠다. 그리고 너 가기 전에 그냥 아빠 곁으로 보내, 아빠하고 엄마 곁으로 보내" 그런 얘기를 했거든요. 아직도 찜

찜한 게, 고개는 끄덕끄덕했는데 "예" 하고 대답을 안 했거든.

면담자    한 번 얘기하셨어요?

건우 아빠    1년에 한 번씩 확인해요. "너 그거 기억나?", "뭐? 뭔 얘기?", "아빠 이런 이런 얘기 했었잖아", "어, 알어". "알았어"도 아니고 "알어" 그리고 그냥 넘어가는데(헛웃음), 소설을 쓰고 있다 지금. 아직 남은 생이라고 얘기하기엔 좀 건방지지만 만약에 몇 년이 남았건 간에 앞으로 남은 삶은 그렇게 살고 싶고, 그렇게 하고 싶어요. 그러려면 빨리 진상 규명이 되고 책임자 처벌이 돼야 되는데. 근데 뭐 안 돼도 상관없고, 상관없는 건 아니지, 참 무슨 소리하는 거야, 지금. 하여튼 그렇게 살고 싶습니다.

면담자    네. 마지막으로 건우를 생각하시면 지금 어떤 생각이 드시는지요, 아버님에게 건우가 어떤 의미인가요?

건우 아빠    (침묵) 건우의 의미는 내 아들이라는 거, 그거 외에는 더 큰 것도 아니고 더 작은 것도 아니에요. 내 아들이고, 거기에 덧붙이자면 어리석었던 아빠가 앞으로 살아가는 방향을 잡아준 키, 키가 돼준 아들이라는 거, 내 아들이라는 거. 그 이상 그 이하도 아니에요. 그 얘기 잠깐 했었나? 얼마 전에 CBS의 정혜윤 피디 그 얘기 했었나요? 그 양반도 그때 인터뷰하고 나서 나한테 그거 물어봤지만 "싸우는 이유가 뭐냐?", "내가 건우의 아빠기 때문에". 마찬가지로 세월호 참사로 희생된 단원고등학교 학생, 그 외에 국민들이 깨우치고 촛불을 들게 만들어서 촛불혁명을 만들어 정권을 교체할 수 있게 된 원동력. 그런 이유, 근거, 그런 거창한 거보다도 그냥 건우는 내 아들이거든, 나의 아들. 운명을 믿지는 않지만 '운명이 없다'고도 생각을 안 해요. 그래서 운명적인, 운명이라면 운명으로 만난 내 아들이야. 내 아들이라는 거 그 이상도 아니고 그 이하도 아니고 내 아들이라는 거. 그래서 내 아들을 위해서, 아빠가 아들을 위해서 해야 하는 그런 것들을 하고 있고 또 하려고 한다는 거예요. 건우는 아빠인 저한테 그런 의미입니다. 저는 건우의 아빠니까, 아버지니까.

면담자　　　너무 긴 시간 고생 많으셨고요. (건우 아빠 : 수고 많았어요) 힘든 말씀 많이 해주셔서 진짜 감사드리고요.

건우 아빠　　정리 안 되게 얘기해서 미안합니다.

면담자　　　아니에요. 전혀 그렇지 않습니다.

건우 아빠　　정리 좀 잘해주세요. 수고하셨습니다.

면담자　　　고생하셨습니다. 여기까지 하겠습니다.

4·16구술증언록 단원고 2학년 5반 제9권

그날을 말하다 건우 아빠 김광배

ⓒ 4·16기억저장소, 2019

**기획 편집** 4·16기억저장소 ┆ **지원 협조** (사)4·16세월호참사가족협의회
**펴낸이** 김종수 ┆ **펴낸곳** 한울엠플러스(주)
**초판 1쇄 인쇄** 2019년 4월 1일 ┆ **초판 1쇄 발행** 2019년 4월 16일
**주소** 10881 경기도 파주시 광인사길 153 한울시소빌딩 3층
**전화** 031-955-0655 ┆ **팩스** 031-955-0656 ┆ **홈페이지** www.hanulmplus.kr
**등록번호** 제406-2015-000143호

Printed in Korea.
**ISBN** 978-89-460-6750-9 04300
        978-89-460-6700-4 (세트)
* 책값은 겉표지에 표시되어 있습니다.